Die Praktische Theologie Otto Haendlers

Wilfried Engemann (Hrsg.)

Die Praktische Theologie Otto Haendlers

Spurensicherung eines Epochenwechsels

EVANGELISCHE VERLAGSANSTALT
Leipzig

Bibliographische Information der Deutschen Nationalbibliothek
Die Deutsche Nationalbibliothek verzeichnet diese Publikation in der Deutschen Nationalbibliographie; detaillierte bibliographische Daten sind im Internet über http://dnb.dnb.de abrufbar.

Printed in Germany

Das Buch wurde auf alterungsbeständigem Papier gedruckt.

Cover: Zacharias Bähring, Leipzig
Satz: Konrad Triltsch GmbH, Ochsenfurt
Druck und Binden: Hubert & Co., Göttingen

ISBN 978-3-374-04042-1
www.eva-leipzig.de

Vorwort

Otto Haendlers Denken hat seit Beginn der 40er Jahre des letzten Jahrhunderts einen wachsenden Einfluss auf die Diskurse der Praktischen Theologie gewonnen, der bis in diese Tage nachwirkt. Insbesondere seine Weichenstellungen auf dem Gebiet der Predigtlehre und der Seelsorge hatten erhebliche Weiterungen und Vertiefungen der bis dahin geläufigen Argumentationsmuster dieser Disziplinen zur Folge. Sie gehören heute zum Standardrepertoire praktisch-theologischer Arbeit, ohne dass die entsprechenden Impulse und Anstöße Haendlers, was ihre Urheberschaft angeht, in allen Fällen offensichtlich wären.

Angeregt durch die laufenden Arbeiten an der Edition von Otto Haendlers Schriften und Vorträgen zur Praktischen Theologie (OHPTh)[1] fanden zwei Symposien[2] statt, die einerseits dem Spätwerk Haendlers, dem Grundriss der Praktischen Theologie (1957), andererseits seinem homiletischen Schrifttum gewidmet waren, insbesondere seiner Homiletik (»Die Predigt«, 1941) und der bis dahin unveröffentlichten Habilitationsschrift (»Die Idee der Kirche in der Predigt«, 1930). Die Vorträge und Workshops gingen nicht nur der Rekonstruktion des praktisch-theologischen Diskurses von 1930 bis zur Gegenwart sowie der Rezeption der Schriften Otto Haendlers in der Fachliteratur nach, sondern mündeten auch in die Frage, worin der Ertrag seiner Einsichten, Prinzipien und Methoden für die Fragestellungen von Theologie und Kirche heute liegen könnte.

---

1 Zwei Bände liegen nunmehr vor. Bd. 1: Otto Haendler: Praktische Theologie. Grundriss. Aufsätze und Vorträge (= OHPTh 1), herausgegeben, kommentiert und eingeleitet von Wilfried Engemann, Leipzig 2015; Bd. 2: Otto Haendler: Homiletik. Monographien, Aufsätze und Vorträge (= OHPTh 2), herausgegeben, kommentiert und eingeleitet von Wilfried Engemann, Leipzig 2017. Folgende weitere Bände sind geplant: Seelsorge (= OHPTh 3, 2018), Glaube und Lebenswelt (= OHPTh 4, 2019), Praxis des Christentums (= OHPTh 5, 2019).

2 Das erste Symposion fand vom 24.–26. Mai 2013 an der ehemaligen Wirkungsstätte Otto Haendlers in Neuenkirchen bei Greifswald statt (zur Biographie Haendlers vgl. OHPTh 1, a.a.O., 603–606), das zweite in Ludorf a.d. Müritz (22.–24. Oktober 2015).

Bei ganz bestimmten, für die Entwicklung der Praktischen Theologie zentralen Themen wurde deutlich, wie weit Haendler seiner Zeit voraus war: Mit der von ihm vorgenommenen Einbettung dieses Fachs in gesamtgesellschaftliche Entwicklungen, mit der Profilierung der Anthropologie zu einer Grundlagenwissenschaft von Liturgik, Homiletik und Seelsorge, mit der Wiedergewinnung des Personen- bzw. Subjektbegriffs als theologische Kategorie und nicht zuletzt mit seiner Suche nach einem am Menschsein des Menschen anschließenden Glaubensverständnis ist Otto Haendler ein wichtiger Impulsgeber für entsprechende Herausforderungen bis in die Gegenwart hinein.

Die Anordnung der Beiträge dieses Bandes widerspiegelt nicht den chronologischen Ablauf der Symposien. Das Buch erschließt den Diskurs der beiden Tagungen, indem es von allgemeinen Themen zu spezielleren führt: Teil I (S. 9–52) gilt den biographischen Orten und wissenschaftlichen Kontexten Otto Haendlers und nimmt seine Praktische Theologie als ganze in den Blick. Teil II (S. 53–140) ist den homiletischen Akzentuierungen Haendlers gewidmet. Hier wird ein Bogen vom ersten homiletischen Text Haendlers, seiner Habilitationsschrift, bis hin zu seinem Standardwerk »Die Predigt« geschlagen. In Teil III (S. 141–162) wird anhand einer bislang unveröffentlichten Predigt ein Workshop dokumentiert. Eine Predigt von Jürgen Ziemer – gehalten in der Kirche, in der Haendler von 1934–1949, parallel zu seinen akademischen Verpflichtungen an der Universität Greifswald, als Pfarrer tätig war – sowie ein Nachwort runden diesen Teil des Buches ab.

Als die Beiträge dieses Buches entstanden, lagen die in Anmerkung 1 genannten Bände der Edition von »Otto Haendler: Schriften und Vorträgen zur Praktischen Theologie« noch nicht vor. Allerdings standen den Teilnehmerinnen und Teilnehmern einzelne unveröffentlichte Texte Haendlers, wie zum Beispiel dessen Habilitationsschrift, bereits zur Verfügung. Um einer einheitlichen Zitierweise willen wurden die Seitenangaben aller Fußnoten, soweit sie sich auf die neu oder erstmals edierten Texte Haendlers beziehen, für das vorliegende Buch an die Seitenzählung in OHPTh 1 und 2 angepasst. Möge diese Erleichterung des Zugangs zu den nun in neuer Gestalt und mit zusätzlichen Kommentaren versehenen Texten Haendlers das Ihre dazu beitragen, sich mit den wegweisenden Impulsen dieses Praktischen Theologen auseinanderzusetzen und sich von seinem leidenschaftlichen Ringen um eine zeitgenössische Theologie und eine Kirche für Menschen anregen zu lassen.

Birte Bernhardt und Jeanine Lefèvre haben mich bei der Vereinheitlichung der Manuskripte sowie bei der Korrekturlektüre der Texte zuverlässig unterstützt, wofür ich ihnen auch an dieser Stelle herzlich danke.

Wilfried Engemann
Wien, im Mai 2017

Inhalt

Neuenkirchen und Greifswald

Lebens- und Arbeitsorte des Pfarrers und Professors Otto Haendler

von Volker Gummelt

Wenn der heutige Besucher an das Grab von Erika und Otto Haendler auf dem Kirchfriedhof von Neuenkirchen bei Greifswald tritt, kann er auf deren Gedenkstein neben den Namen und den Lebensdaten der beiden Verstorbenen lesen, dass Otto Haendler in den Jahren von 1935 bis 1949 als Pfarrer dieses Ortes wirkte. Wer war jener Otto Haendler, der am 18. Dezember 1934 aufgrund des der Greifswalder Universität zustehenden Patronatsrechts vom Rektor Wilhelm Meisner (1881–1956) zum Pastor des Kirchspiels Neuenkirchen berufen wurde?[1] Warum war Haendler diesem Ort und seiner Umgebung so verbunden, dass er und seine Frau hier im Jahre 1981 ihre letzte Ruhestätte fanden?

1. Der Werdegang Otto Haendlers bis zu seinem Einstieg in die akademische Lehrtätigkeit in Greifswald

Geboren wurde Otto Haendler am 18. April 1890 in Löwenhagen, Kreis Königsberg, als erstes Kind des dortigen Pfarrers Wilhelm Haendler (1863–1938) und seiner Frau Elisabeth (1863–1925).[2] Am 6. Mai 1890[3] wurde Johannes

---

1 Vgl. dazu die Berufungsurkunde aus dem Nachlass Otto Haendlers. Dieser Nachlass wurde vom Sohn Gert Haendler im Jahre 2010 der Kirchengemeinde Gristow-Neuenkirchen übergeben und wird seitdem im Archiv der Kirchengemeinde Gristow-Neuenkirchen aufbewahrt. Auf dieser Berufungsurkunde findet sich der handschriftliche Vermerk Haendlers: »Die vorstehende Berufung nehm ich hiermit an. Stettin, 19. Februar 1935.« Auf der Rückseite der Urkunde steht die Bestätigung der Berufung »zum Pfarrer der Kirchengemeinde Neuenkirchen, Kreis Greifswald, lutherischen Bekenntnisses« durch das Konsistorium der Provinz Pommern in Stettin vom 28. Februar 1935.

2 Die vorliegende Studie liegt den Schwerpunkt auf Haendlers Beziehung zu Greifswald und Neuenkirchen. Ein grundlegender biographischer Entwurf zu Haendler stammt von Kerstin Voigt: Otto Haendler – Leben und Werk. Eine Untersuchung zur Struktur seines Seelsorgeverständnisses, Frankfurt a. M. u. a. 1993, 13–26. Darauf aufbauen konnte die Darstellung von Michael Meyer-Blanck: Tiefenpsychologie und Strukturtheologie: Otto Haendler (1890–1981), in: Christian Grethlein/ders. (Hg.): Geschichte der Praktischen

Maximilian Wilhelm Otto von seinem Vater getauft. Bereits im Jahr 1892 zog die Familie in die in der Provinz Posen gelegene Stadt Bromberg, wo Wilhelm Haendler eine der zwei Pfarrstellen übernommen hatte. Hier begann der kleine Otto seinen Schulbesuch.[4] Im Jahre 1903 wechselte die Familie erneut den Wohnort, nachdem der Vater zum Superintendenten von Potsdam und zum Ober-Pfarrer an der dortigen Nikolaikirche berufen worden war.[5] In dieser Kirche wurde Otto Haendler am 26. März 1905 von Wilhelm Haendler eingesegnet.[6] Am Viktoria-Gymnasium zu Potsdam legte Otto Haendler im März 1908 seine Reifeprüfung ab, die ihn gemäß des ausgestellten Zeugnisses zum Theologiestudium befähigte.[7]

Im Mai 1908 wurde Haendler an der Berliner Universität im Fach Theologie immatrikuliert, wo er sich sogleich zur Ableistung eines einjährigen Wehrdienstes beurlauben ließ.[8] Zum Sommersemester 1909 wechselte Haendler dann an die Universität Tübingen.[9] In den drei Semestern, die er dort studierte, besuchte er Lehrveranstaltungen sowohl im Neuen Testament als auch in Dogmatik vor allem bei Adolf Schlatter (1852–1932). Zum Wintersemester 1910/11 ging Haendler wieder zur Berliner Universität zurück.[10] Prägende Lehrer für ihn

---

Theologie. Dargestellt anhand ihrer Klassiker, Leipzig 2000, 389–432. Einen detaillierten Lebensüberblick bietet Christian Plate: Predigen in Person. Theologie und Praxis der Predigt im Gesamtwerk Otto Haendlers, Leipzig 2014, 18–70. Wilfried Engemann legt in Band 1 der »Schriften und Vorträge zur Praktischen Theologie« von Otto Haendler eine »Tabellarische Biographie zu Otto Haendler« vor: Otto Haendler: Praktische Theologie. Grundriss, Aufsätze und Vorträge (= OHPTh 1), eingel. u. hg. von Wilfried Engemann, Leipzig 2015, 603–606.

3 Vgl. den Konfirmationsschein im Nachlass Haendler (s. Anm. 1), auf dem das Taufdatum 6. Mai 1890 angegeben ist. Die Jahreszahl 1891 bei Christian Plate: Predigen in Person, a.a.O. (s. Anm. 2), 20 ist somit nicht richtig.

4 Vgl. ebd.

5 Vgl. ebd.

6 Vgl. den Konfirmationsschein im Nachlass Haendler (s. Anm. 1).

7 Vgl. das Reifezeugnis vom 10. März 1908 im Nachlass Haendler (s. Anm.1).

8 Wie das am 10. April 1909 ausgestellte Abgangszeugnis der Berliner Universität aus dem Nachlass Haendler (s. Anm. 1) belegt, war Haendler im Sommersemester 1908 beurlaubt und hatte im Wintersemester 1908/09 lediglich die Vorlesung »Geschichte der protestantischen Theologie« bei Karl Holl besucht.

9 Christian Plate: Predigen in Person, a.a.O. (s. Anm. 2), 23 behauptet, dass Haendler zum Wintersemester 1909/10 nach Tübingen wechselte. Jedoch belegt das Abgangszeugnis der Tübinger Universität vom 5. Oktober 1910 im Nachlass Haendler (s. Anm. 1), dass Haendler von Ostern 1909 bis zum Herbst 1910 in Tübingen studierte.

10 Christian Plate: Predigen in Person, a.a.O. (s. Anm. 2), 24 meint, dass Haendler erst 1911 nach Berlin zurückkehrte. Vgl. jedoch das Abgangszeugnis der Berliner Universität vom 13. März 1913 im Nachlass Haendler (s. Anm. 1), wonach Haendler am 25. Oktober 1910

während seiner Studien bis einschließlich dem Wintersemester 1912/13 waren in der Kirchengeschichte Adolf von Harnack (1851–1930) und Karl Holl (1866–1929) sowie in der Praktischen Theologie Friedrich Mahling (1865–1933). Da der Vater Wilhelm im Jahre 1911 zum Generalsuperintendenten von Berlin-Land berufen worden war, lebte seit dieser Zeit die elterliche Familie ebenfalls in Berlin.[11] Vom 20. bis 23. September 1913 legte Otto Haendler im Konsistorium zu Berlin seine Erste Theologische Prüfung mit dem Prädikat »recht gut« ab.[12]

Sein Antrag auf Aufnahme in das Königliche Domkandidatenstift zu Berlin wurde am 14. März 1914 genehmigt.[13] Im April/Mai darauf begann er dort seine pastorale Ausbildung.[14] Freilich musste Haendler diese durch den Beginn des Ersten Weltkrieges alsbald abbrechen,[15] denn bereits am 2. August 1914 wurde er als Leutnant der Reserve in den Kriegsdienst eingezogen.[16] Während eines Genesungsaufenthaltes legte Haendler am 4. März 1915 im Berliner Konsistorium seine Zweite Theologische Prüfung mit der Note »gut« ab. Da diese Prüfung als »Notprüfung« verstanden wurde, war ihm die sonst geforderte wissenschaftliche Prüfungsarbeit erlassen worden.[17]

Nach einer weiteren schweren Verletzung im August 1915 schied Haendler aus dem aktiven Kriegsdienst aus und war ab April 1916 als Garnison-Hilfsprediger in Berlin tätig.[18] Am 3. Juli 1916 wurde er von seinem Vater in der

---

wieder in Berlin immatrikuliert wurde und ab dem Wintersemester 1910/11 Lehrveranstaltungen in Berlin besucht hat.

11 Vgl. Christian Plate: Predigen in Person, a.a.O. (s. Anm. 2), 19, Anm. 11.

12 Vgl. entsprechendes Zeugnis vom 23. September 1913, das sich im Nachlass Haendler (s. Anm. 1) befindet.

13 Vgl. Schreiben vom 14. März 1914 im Nachlass Haendler (s. Anm. 1). Die Angabe bei Christian Plate: Predigen in Person, a.a.O. (s. Anm. 2), 26, nach der Haendler bereits im Jahr 1913 seine pastorale Ausbildung am Domkandidatenstift zu Berlin begonnen habe, ist somit nicht korrekt.

14 Gemäß dem Schreiben vom 14. März 1914 (s. Anm. 13) wurde die Aufnahme zum 1. Mai 1914 genehmigt. Gemäß den handschriftlichen Zeugnissen von Ernst von Dryander vom 22. Februar 1915 und vom 18. Dezember 1918, die sich ebenfalls im Nachlass Haendler (s. Anm. 1) befinden, war Haendler am 1. April 1914 Kandidat des Stifts geworden.

15 Haendler bemerkte in einem maschinenschriftlichen tabellarischen Lebenslauf, den er in der Zeit seiner Tätigkeit als Berliner Professor in den fünfziger Jahren verfasste, dazu: »Vikariat im Domkandidatenstift in Berlin, durch den Kriegsbeginn abgebrochen.« Ein Durchschlag dieses Lebenslaufes befindet sich im Nachlass Haendler (s. Anm. 1).

16 Vgl. hierzu genaue Rekonstruktion des Kriegsdienstes Haendlers bei Christian Plate: Predigen in Person, a.a.O. (s. Anm. 2), 31–35.

17 Vgl. die Abschrift des Zeugnisses vom 15. Juni 1916 im Nachlass Haendler (s. Anm. 1).

18 Vgl. Christian Plate: Predigen in Person, a.a.O. (s. Anm. 2), 34.

Berliner Nikolaikirche ordiniert.[19] Seit dem 15. März 1917 war Otto Haendler zudem die Stelle des ersten Adjunkten am Domkandidatenstift und damit verbunden eines Domhilfspredigers übertragen worden.[20]

Zu Ende des Jahres 1918 bat der »Garnisons-Pfarrer und Domhilfsprediger« Haendler beim Ephorus des Stifts, dem Oberhofprediger Ernst von Dryander (1843–1922), um ein Zeugnis für eine Bewerbung auf eine Pfarrstelle in der Provinz Brandenburg.[21] Nachdem Haendler am 19. Mai 1919 die Krankenschwester Erika Badstübner (1897–1981) geheiratet hatte, übernahm er zum 1. August des Jahres das Pfarramt in der Gemeinde Gumtow im Landkreis Prignitz.[22] In dieser Zeit wurde der erste Sohn Gert am 17. August 1924 geboren.[23] Neben der pfarramtlichen Tätigkeit hat Haendler sich mit seiner Promotionsschrift beschäftigt. Betreut von seinem einstigen Berliner Lehrer für Systematische Theologie Reinhold Seeberg (1859–1935), verfasste er eine Abhandlung zur Christologie des Erlanger Systematikers Franz Hermann Reinhold Frank (1827–1894). Noch vor Abschluss des Promotionsverfahrens zum »Lic. theol.« am 6. November 1925 in Berlin[24] wurde Haendler am 16. Januar 1925 durch den Bürgermeister Carl Heydemann (1878–1939) und den Rat der Stadt Stralsund zum »zweiten Geistlichen an der St. Nicolai-Kirche hierselbst« berufen.[25] Daraufhin verließ die Familie ihren bisherigen Berlin-Brandenburgischen Lebensraum und zog nach Pommern, wo die Tochter Ethelinde am 26. Oktober 1926 geboren wurde.[26] Im gleichen Jahr legte Haendler in einem ausführlichen Aufsatz »Zur Christologie Franks« in der Zeitschrift für Systematische Theologie die

---

19 Vgl. das sich im Nachlass Haendler (s. Anm. 1) befindliche Ordinationsattest, das am 9. Juli 1916 ausgestellt wurde.

20 So die Anstellungsbezeichnung im Schreiben des Verwaltungsrates des Domkandidatenstifts vom 19. März 1917, das sich im Nachlass Haendler (s. Anm. 1) befindet. Haendler selbst bezeichnet in seinem Lebenslauf (s. Anm. 15) diese Stelle als »Stellv(ertretender) Inspektor des Domkandidatenstifts«. Diese Bezeichnung wurde nachfolgend in der Literatur übernommen, vgl. beispielsweise Kerstin Voigt: Otto Haendler (s. Anm. 2), 16 und Christian Plate: Predigen in Person, a.a.O. (s. Anm. 2), 34.

21 Vgl. handschriftliches Zeugnis, datiert auf den 18. Dezember 1918 im Nachlass Haendler (s. Anm. 1).

22 Vgl. die entsprechende Berufungsurkunde des Evangelischen Konsistoriums der Mark Brandenburg vom 28. Juli 1919 im Nachlass Haendler (s. Anm. 1). Handschriftlich ist darauf notiert: »Berufen zum 1.8.19.«

23 Vgl. Christian Plate: Predigen in Person, a.a.O. (s. Anm. 2), 37.

24 Vgl. die Promotionsurkunde vom 6. November 1925 im Nachlass Haendler (s. Anm. 1).

25 Vgl. die Vokationsurkunde vom 16. Januar 1925 im Nachlass Haendler (s. Anm. 1), auf der von Haendler handschriftlich vermerkt ist: »die vorstehende Berufung nehm ich hierauf an. Gumtow. 23. Januar 1925.«

26 Vgl. Christian Plate: Predigen in Person, a.a.O. (s. Anm. 2), 37.

Ergebnisse seiner Dissertation und damit auch zugleich eine erste wissenschaftliche Publikation vor.[27]

2. Erste akademische Lehrjahre in Greifswald

Gemäß einer kurzen Angabe im Personal- und Vorlesungsverzeichnis der Universität Greifswald für das Wintersemester 1927/28 war Pfarrer Lic. theol. Haendler von der dortigen Theologischen Fakultät mit der Abhaltung von homiletischen und katechetischen Kursen beauftragt worden.[28] Dieser Eintrag findet sich gleichlautend in den Vorlesungsverzeichnissen der folgenden Semester bis einschließlich dem für das Wintersemester 1930/31.[29] Später gab Otto Haendler an, dass er neben seinem Stralsunder Pfarramt im Jahre 1927 Assistent an der Greifswalder Universität geworden sei.[30] Da Haendlers Kurse nicht in der Lehrübersicht der Fakultät aufgeführt wurden, ist der Umfang dieser nebenamtlichen Lehrtätigkeit schwer einzuschätzen. Seit dieser Zeit arbeitete Haendler auch an seiner Habilitationsschrift mit dem Titel »Die Idee der Kirche in der Predigt«. Am 2. August 1930 konnte er diese vor der Theologischen Fakultät Greifswald verteidigen.[31] Für den 8. November des gleichen Jahres lud der Dekan Friedrich Baumgärtel (1888–1981) zu einer öffentlichen Vorlesung Haendlers zur Erlangung der Lehrerlaubnis für Praktische Theologie ein.[32] Das gewählte Thema lautete: »Die Berneuchener Bewegung in ihrer kirchlichen Bedeutung für die Gegenwart«. Damit war Haendler in den Status eines Privatdozenten gelangt und konnte nunmehr eigenständige Lehrveranstaltungen abhalten. Wie dem Vorlesungsverzeichnis der Universität Greifswald für das Sommersemester 1931 zu entnehmen ist, kündigte er neben einem homiletischen Proseminar eine erste

27 Vgl. ZSTh 4, 1926, 744–776.

28 Vgl. Personal- und Vorlesungsverzeichnis der Universität Greifswald für das Wintersemester 1927/28, Greifswald 1927, 16.

29 Vgl. auch die Übersicht über die Lehrtätigkeit Haendlers bei Kerstin Voigt: Otto Haendler, a.a.O. (s. Anm. 2), 316f.

30 Vgl. Angabe im maschinenschriftlicher Lebenslauf (s. Anm. 15) im Nachlass Haendlers (s. Anm. 1) sowie im Mitarbeiterverzeichnis in: RGG (3. Auflage), Bd. 6, Tübingen 1965, 82.

31 Im Personal- und Vorlesungsverzeichnis der Universität Greifswald für das Sommersemester 1935, Greifswald 1935, 9 wird als der Tag der Ernennung zum angegebenen Dienstgrad beim Privatdozenten Haendler der 2. August 1930 genannt. Vgl. auch die Angabe in den Verzeichnissen der folgenden Semester. Haendler gab in seinem handschriftlichen Lebenslauf (s. Anm. 15) sowie im Mitarbeiterverzeichnis (RGG Bd. 6, Tübingen 31965, 82), an, dass er bereits 1928 Dozent in Greifswald geworden sei.

32 Vgl. die gedruckte Einladung vom 1. November 1930 im Nachlass Haendler (s. Anm. 1).

Vorlesung mit dem Titel »Psychotherapie und Seelsorge« an.[33] Doch ist es sehr unwahrscheinlich, dass diese Lehrveranstaltungen in Greifswald gehalten wurden,[34] denn im März 1931 erhielt Haendler durch den Evangelischen Oberkirchenrat in Berlin die Ernennung zum Studiendirektor des Evangelischen Predigerseminars in Stettin zum 1. April des gleichen Jahres.[35] Wie dem Personal- und Vorlesungsverzeichnis für das Wintersemester 1931/32 zu entnehmen ist, war Haendler zu dieser Zeit von seiner Lehrverpflichtung als Privatdozent beurlaubt worden. Diese Beurlaubung wurde bis zum Sommersemester 1934 immer wieder erneuert.[36]

3. Die Tätigkeit als Dozent in Greifswald und Pfarrer in Neuenkirchen

Erst für das Wintersemester 1934/35 kündigte der Stettiner Studiendirektor Haendler dann erneut eine Vorlesung an der Greifswalder Fakultät an.[37] Die Absicht, in die universitäre Lehrtätigkeit einzusteigen, zeigt Haendlers Bemühen in der zweiten Hälfte des Jahres 1934, sich beruflich neu zu orientieren. Zu dieser Zeit wurde er nämlich von der von den »Deutschen Christen« gestellten Kirchenleitung der pommerschen Provinz, die einen ihrer Anhänger zum Studiendirektor einsetzen wollte, aus dem Stettiner Amt gedrängt. So dürfte Haendler die Berufung in das Pfarramt des in der unmittelbaren Nähe zur Universitätsstadt Greifswald gelegenen Kirchspiels Neuenkirchen zu Anfang des Jahres 1935 gern angenommen haben.[38] Am 20. Februar des Jahres zog die Familie in das alte, geräumige Pfarrhaus aus dem 18./19. Jahrhundert. Am 10. März fand die Einführung in der mittelalterlichen Pfarrkirche statt, bei der neben dem seit 1933 im Ruhestand lebenden Vater Wilhelm der Nachbarpfarrer Johannes Gudopp (1873–1945) aus Wieck bei Greifswald sowie als Vertreter des Patronats der Greifs-

33 Vgl. Personal- und Vorlesungsverzeichnis der Universität Greifswald für das Sommersemester 1931, Greifswald 1931, 24.

34 Dies gegen die Annahme bei Kerstin Voigt: Otto Haendler, a.a.O. (s. Anm. 2), 17.

35 Vgl. die Ernennungsurkunde vom 12. März 1931 im Nachlass Haendler (s. Anm. 1). In dem der Urkunde beigefügten Schreiben des Evangelischen Oberkirchenrates ist als Beginn der Tätigkeit der 21. April 1931 festgelegt.

36 Vgl. Personal- und Vorlesungsverzeichnis der Universität Greifswald für das Wintersemester 1931/32, Greifswald 1931, 7 bzw. Personal- und Vorlesungsverzeichnis der Universität Greifwald für das Sommersemester 1934, Greifswald 1934, 7.

37 Vgl. Personal- und Vorlesungsverzeichnis der Universität Greifswald für das Wintersemester 1934/35, Greifswald, 1934, 40.

38 Vgl. zur Annahme der Berufung oben Anm. 1.

walder Professor für Systematische Theologie Rudolf Hermann (1887–1962) anwesend waren.[39]

Im folgenden Sommersemester 1935 hielt Haendler eine Vorlesung zum Thema »Seelsorge als Grundanliegen der Kirche«.[40] Diese Lehrveranstaltung dürfte Dietrich Bonhoeffer (1906–1945) und die ihn begleitenden Kandidaten aus dem Predigerseminar Stettin-Finkenwalde bei ihrem Aufenthalt in Greifswald im Juni 1935 besucht haben. Danach schloss sich ein Gespräch im Neuenkirchener Pfarrhaus an.[41] Jenes Haus wurde gern von Studenten und Mitgliedern der Greifswalder Theologischen Fakultät aufgesucht, aber auch Freunde aus der Jugend- und der Berliner Zeit wie etwa der Pianist Wilhelm Kempff (1895–1991) waren oftmals zu Gast bei Haendlers in Neuenkirchen.[42]

Neben seiner pfarramtlichen und universitären Tätigkeit absolvierte Otto Haendler von 1935 bis 1937 eine psychotherapeutische Ausbildung am »Berliner psychologischen Institut«. Nach deren Abschluss im November 1937 wurde er zum Mitglied des »Deutschen Instituts für Psychologische Forschung und Psychotherapie« sowie der »Deutschen allgemeinen ärztlichen Gesellschaft für Psychotherapie« ernannt.[43]

Hatte Haendler im Wintersemester 1934/35 und im Sommersemester 1935, im ersten Jahr seines Wiedereinstiegs in den Lehrbetrieb in Greifswald, zunächst lediglich je Semester eine zweistündige Vorlesung angeboten, so erweiterte er im Laufe der Zeit stetig den Umfang seiner Lehrveranstaltungen. In den Jahren 1935 und 1936 wurden von ihm je vier Lehrstunden, verteilt an drei Tagen der Woche, abgehalten.[44] Im Wintersemester 1936/37 bot Haendler eine vierstündige Hauptvorlesung und außerdem ein zweistündiges homiletisches Proseminar

---

39 Vgl. Memorabilienbuch der Kirchengemeinde Neuenkirchen, begonnen 1822 von Johann Karl Balthasar. Das Buch befindet sich im Archiv der Kirchengemeinde Gristow-Neuenkirchen und ist nicht paginiert. Haendler hat als 17. Pfarrer nach der Reformation auf dieser Pfarrstelle seine Erinnerungen am 13. und 14. November 1974 in dieses Buch handschriftlich eingetragen.

40 Vgl. Personal- und Vorlesungsverzeichnis der Universität Greifswald für das Sommersemester 1935, Greifswald 1935, 27.

41 Vgl. Memorabilienbuch (s. Anm. 39).

42 Vgl. ebd. sowie Christian Plate: Predigen in Person, a.a.O. (s. Anm. 2), 20 und 50.

43 Vgl. entsprechendes Schreiben des Instituts vom 25. November 1937 im Nachlass Haendler (s. Anm. 1). Die Aufnahme Haendlers in das Institut war an die ausdrückliche Bedingung geknüpft, »sich nicht als Laien-Psychotherapeut zur Ausübung einer Praxis nieder[zu]lassen, sondern Ihre Kenntnisse über seelische Vorgänge in der Ausübung Ihres Berufes [zu] verwerten.« Somit ist die Angabe bei Christian Plate: Predigen in Person, a.a.O. (s. Anm. 2), 53 nicht richtig.

44 Vgl. Personal- und Vorlesungsverzeichnis der Universität Greifswald für Wintersemester 1935/36 und Sommersemester 1936, Greifswald 1935, 28 und 54.

an.[45] In den folgenden Jahren waren es zumeist auch zwei bis drei Vorlesungen bzw. Seminare, die von ihm an drei verschiedenen Tagen abgehalten wurden.[46] Zumeist vier Lehrveranstaltungen je Semester hielt Haendler dann zu Anfang der vierziger Jahre.[47] Im Sommersemester 1941 waren es sogar vier Vorlesungen und ein Seminar, in einem Umfang von sieben Wochenstunden, die der Dozent Haendler anbot.[48] Dabei ist zu beachten, dass er gleichzeitig seine erste umfangreiche Monographie »Die Predigt. Tiefenpsychologische Grundlagen und Grundfragen« für den Druck vorbereitete. Das Vorwort dieses Buches, das eines seiner Hauptwerke werden sollte, ist auf den August 1941 datiert.[49]

Die Folgen des Krieges erreichten in dieser Zeit auch unmittelbar die Familie Haendler. Im Jahre 1942 wurde der Sohn Gert Soldat. Im Jahr darauf bekamen erste Flüchtlinge Unterkunft im Pfarrhaus, auch Verwandte seiner Frau Erika aus Berlin zogen in das Neuenkirchener Pfarrhaus. Zudem war Haendler in jenen Jahren als Lazarettseelsorger in den Greifswalder Kliniken tätig. Im Winter 1944/1945 fanden bis zu 40 Flüchtlinge Zuflucht im Pfarrhaus zu Neuenkirchen.[50]

4. Die Nachkriegsjahre als Professor in Greifswald und Pfarrer von Neuenkirchen

Auch für Otto Haendler und seine Familie war das Kriegsende ein tiefer Lebenseinschnitt. Unmittelbar nach der kampflosen Übergabe der Stadt Greifswald an die Rote Armee Ende April 1945 wurde auch das Dorf Neuenkirchen von dieser besetzt. Das Pfarrhaus diente als Kommandantur, sodass Haendlers

---

45 Vgl. Personal- und Vorlesungsverzeichnis der Universität Greifswald für das Wintersemester 1936/37, Greifswald 1936, 28.

46 Vgl. entsprechende Übersicht über die Lehrtätigkeit Haendlers von Kerstin Voigt: Otto Haendler, a.a.O. (s. Anm. 2), 316f.

47 Vgl. beispielsweise Personal- und Vorlesungsverzeichnis der Universität Greifswald für das Sommersemester 1942, Greifswald 1942, 38. Die Übersicht von Kerstin Voigt: Otto Haendler, a.a.O. (s. Anm. 2), 317 bricht beim Wintersemester 1939/40 ab und setzt erst wieder zum Wintersemester 1946/47 ein. Dieses führte zur Annahme bei Michael Meyer-Blanck: Tiefenpsychologie und Strukturtheologie, a.a.O. (s. Anm. 2), 400, Haendler hätte längere Zeit seine Lehrtätigkeit ausgesetzt. Gemäß dem Personal- und Vorlesungsverzeichnis der Universität Greifswald für das Sommersemester 1945, Greifswald 1945, 30, hatte Haendler sogar noch für dieses Semester vier Lehrveranstaltungen in einem Umfang von sieben Wochenstunden angekündigt. Freilich dürfte er diese nicht gehalten haben, denn nach der kampflosen Übergabe der Stadt Greifswald Ende April 1945 wurde die Universität zunächst geschlossen.

48 Vgl. Personal- und Vorlesungsverzeichnis der Universität Greifswald für das Sommersemester 1941, Greifswald 1941, 31.

49 Die erste Ausgabe erschien in Berlin bei Töpelmann im Jahre 1941; die 2. überarbeitete und erweiterte Auflage ebd. 1949 und die 3. Auflage ebd. 1960.

50 Vgl. Memorabilienbuch (s. Anm. 39).

zeitweise bei einer befreundeten Familie in Greifswald wohnen mussten. Trotzdem versuchte Otto Haendler seine pfarramtliche Tätigkeit in Neuenkirchen aufrechtzuerhalten.[51]

Von Seiten der Universität beabsichtigte man, alsbald wieder den Lehrbetrieb aufzubauen. Am 20. Juni 1945 wurde Haendler vom amtierenden Rektor Ernst Lohmeyer (1890–1946) für den aus Greifswald geflohenen Ordinarius für Praktische Theologie Walter Bülck (1891–1952) zum Universitätsprediger berufen.[52] Nur wenige Wochen später, am 3. August 1945, erfolgte in Anerkennung seiner langjährigen Dozententätigkeit ebenfalls von Lohmeyer die Ernennung zum außerplanmäßigen Professor.[53] Im beginnenden Lehrbetrieb ab Sommersemester 1946 übernahm Haendler nun jedes Semester eine Lehrverpflichtung von acht Semesterwochenstunden.[54] Am 14. November 1946 wurde er dann vom Rektor der Universität Rudolf Seelinger (1886–1965) auf den ordentlichen Lehrstuhl der Praktischen Theologie berufen und zum beamteten außerordentlichen Professor ernannt.[55] Schließlich erfolgte zum 1. März 1947 die Ernennung durch den Schweriner Kultusminister Gottfried Grünberg (1899–1985) zum Ordinarius für Praktische Theologie an der Greifswalder Universität.[56]

Wie ein Schriftverkehr Haendlers mit dem Dekan der Theologischen Fakultät aus dieser Zeit belegt, war Haendler die Annahme dieser Professur nicht leicht gefallen, fühlte er sich vor allem durch die gemeinsam durchlebte Kriegszeit mit seiner Neuenkirchener Kirchengemeinde sehr verbunden. So einigte man sich darauf, dass Haendler für eine Übergangszeit weiterhin Pfarrer in Neuenkirchen bleiben könne.[57] Schließlich übergab er zum 1. Februar 1949 das Pfarramt Neuenkirchen an Pastor Kurt Born (1879–1952). Dieser, ein emeritierter Pfarrer, hatte

---

51 Ebd.

52 Vgl. Schreiben vom 20. Juni 1945 im Nachlass Haendler (s. Anm. 1). Bülck war neben dem Professor für Systematische Theologie Wilhelm Koepp (1885–1965) zweiter Universitätsprediger gewesen. Vgl. Personal- und Vorlesungsverzeichnis der Universität Greifswald für das Wintersemester 1936/37, Greifswald 1936, S. 9 bzw. für das Sommersemester 1945, Greifswald 1945, 11.

53 Vgl. entsprechendes Schreiben im Nachlass Haendler (s. Anm. 1). Bereits zwischen 1939 und 1942 hatte die Fakultät versucht, Haendler zum außerplanmäßigen Professor zu ernennen. Vgl. dazu Christian Plate: Predigen in Person, a.a.O. (s. Anm. 2), 55 f.

54 Neben einer vierstündigen Hauptvorlesung bot Haendler zumeist eine »praktische Auslegung« einer neutestamentlichen Schrift oder eine Spezialvorlesung sowie ein Seminar an.

55 Vgl. entsprechendes Schreiben im Nachlass Haendler (s. Anm. 1). Die Angabe bei Christian Plate: Predigen in Person, a.a.O. (s. Anm. 2), 59 nach der Haendler von Ernst Lohmeyer berufen sei, ist nicht korrekt. Lohmeyer starb am 19. September 1946.

56 Vgl. Schreiben vom 13. März 1947 im Nachlass Haendler (s. Anm. 1).

57 Vgl. Christian Plate: Predigen in Person, a.a.O. (s. Anm. 2), 59.

nach der Flucht aus Hinterpommern im Neuenkirchener Pfarrhaus Unterkunft gefunden und Haendler seitdem bei dessen pfarramtlichen Aufgaben unterstützt.[58]

Die Familie Haendler zog im Sommer 1949 aus dem liebgewordenen Pfarrhaus Neuenkirchen in die Stadt Greifswald, doch blieb die besondere Verbundenheit mit dem Ort weiterhin bestehen.[59]

5. Die Jahre in Berlin (1951–1981)

Bereits am 1. April 1951 nahm Otto Haendler den Ruf auf den Lehrstuhl für Praktische Theologie seiner Berliner Alma Mater an.[60] Zu Anfang des Jahres 1952 zogen Haendlers dann nach Berlin. Erst im Jahre 1959 und damit im Alter von 69 Jahren erfolgte die Emeritierung.[61] Bis einschließlich Herbstsemester 1966/67 hielt Haendler jedoch noch weiterhin Lehrveranstaltungen ab.[62]

Auch in dieser Berliner Zeit blieb die Verbundenheit mit Greifswald/Neuenkirchen bestehen. Zumeist zur Greifswalder Bachwoche im Juni eines jeden Jahres weilte man an der einstigen Lebens- und Wirkungsstätte, pflegte Freundschaften etwa mit dem Greifswalder Kirchenmusikdirektor Hans Pflugbeil (1909–1974) oder mit dem Nachfolger im Neuenkirchener Pfarramt Gerhard Masphul (1909–1975). So konnte Haendler am Ende seiner im November 1974 geschriebenen Erinnerungen im Memorabilienbuch der Kirchengemeinde Neuenkirchen formulieren: »Die fünfzehn Jahre Neuenkirchen haben uns mit ihrem Licht und ihrem Ernst durch die weiteren Perioden unseres Lebensweges begleitet – und wecken immer wieder tiefen Dank.«

Am 12. Januar 1981 verstarb Otto Haendler im 91. Lebensjahr in Berlin. Fünf Tage später, am 17. Januar fand seine Beerdigung auf dem Kirchenfriedhof von Neuenkirchen statt – »dem Ort, der ihm während seines bewegten Lebens zur eigentlichen Heimat geworden war«[63].

---

58 Nachfolger im Pfarramt Haendlers wurde dann im Jahre 1950 der Pfarrer Gerhard Masphul.

59 Vgl. Memorabilienbuch (s. Anm. 39), demnach weilten die Haendlers »wenigstens zweimal je Woche zu Besuch in Neuenkirchen«.

60 Vgl. Christian Plate: Predigen in Person, a.a.O. (s. Anm. 2), 61.

61 Vgl. a.a.O., 66.

62 Vgl. Kerstin Voigt: Otto Haendler, a.a.O. (s. Anm. 2), 320.

63 So Christian Plate: Predigen in Person, a.a.O. (s. Anm. 2), 69.

Geburt der Pastoralpsychologie zur Unzeit

Otto Haendlers Stellung in der Entwicklung der Praktischen Theologie des 20. und 21. Jahrhunderts

von Michael Meyer-Blanck

Die Praktische Theologie ist insofern die hermeneutisch genaueste theologische Disziplin, als sie auf ihre eigenen ideologischen Fallen aufmerksam oder besser: mit ihnen unausweichlich theoretisch konfrontiert wird, wenn sie sich denn traut, genau hinzusehen. Der Zeitbezug, der Kontext, die »Zeitstelle« dieser theologischen Disziplin macht sie besonders sensibel und besonders anfällig für den Zeitgeist. Die kulturelle Enzyklopädie ist der Text der Praktischen Theologie. Darin bestehen die Schwäche und die Stärke dieser Disziplin zugleich. Die Moden, oder wissenschaftlich formuliert, die »Paradigmen«, denen die Praktische Theologie folgt, liegen deutlich zutage, weil sie mit den herrschenden kulturellen Mustern eng verbunden sind. Die Mitteilungsformen von Glauben und Religion wie »Predigt« und »Verkündigung«, »Gespräch« und »Kommunikation« oder »Lernprozess« bestimmen nicht nur die Bedingungen der Praktischen Theologie, sondern sind selbst Inhalte der praktischen Disziplin der Theologie. Die Inhalte (Freuden und Ängste, »Gaudium et Spes«, Hoffnungen, Orientierungen und kulturelle Stile dessen, was uns unbedingt angeht) einerseits und die Mitteilungsformen andererseits bilden zusammen das Formal- und das Materialprinzip, ohne dass man zwischen beiden deutlich die Grenze ziehen kann. Das Formalprinzip ist zugleich Materialprinzip und *vice versa*. Eigentlich gilt das für alle theologischen Fächer, weil sie ja als theologische auf die Verantwortung des Christentums und damit auf die Gegenwart ausgerichtet sind – und nicht nur religionshistorisch bzw. in einer sonstigen Weise deskriptiv auf die Vergangenheit oder auf eine Theorie von Existenz und Zusammenleben. Theologie ist als normative Theorie immer praktisch, wenn auch die historischen Fächer dieses Axiom aus arbeitsökonomischen Gründen leichter hintanstellen können.

Die Praktische Theologie hat ihre Paradigmen und Moden, die man erst aus dem historischen Abstand heraus klar erkennt. Je näher man der Gegenwart kommt, desto eher läuft man Gefahr sich zu irren. Gegenwärtig betreiben wir unsere Disziplin vor allem unter den Kategorien von Empirie, Ästhetik und Performativität. Demgegenüber lehrte Otto Haendler in einer theologischen Enzyklopädie mit den Kategorien Schriftauslegung, Verkündigung und Ekklesiologie. Sein eigenes Grundverständnis von Praktischer Theologie ist vor allem auf Subjektivität, lebensphilosophische Organologie und Meditation bezogen – und steht damit der Zeit seiner eigenen akademischen Lehre (1945–1959) ebenso fremd gegenüber wie unserer Gegenwart. Ich möchte im Folgenden zunächst einige bekannte Grundlinien des Haendlerschen Werkes im Zeithorizont nachzeichnen und danach einige Impulse für die Gegenwart benennen. Beide Abschnitte sind durch das Attribut »zur Unzeit« verbunden, weil Haendler damals ebenso deutlich außerhalb des Hauptstromes lag wie er uns heute an Orientierungen erinnern kann, die erst nach seiner eigentlichen Wirksamkeit, in den 1970er-Jahren, an Bedeutung gewannen und die heutzutage bereits wieder drohen, vergessen zu werden.

1. Die Geburt der Pastoralpsychologie

Schon diese Überschrift klingt altertümlich lebensphilosophisch – in den 1970er Jahren hätte man sicher von der »Entdeckung« der Pastoralpsychologie gesprochen bzw. von pastoralpsychologischen Konzepten, Perspektiven oder Rekonstruktionen. Was um 1970 handlungstheoretisch ausgedrückt wurde, klang zu Haendlers Zeiten berneuchenerisch-expressiv – darum also spreche ich von der »Geburt« der Pastoralpsychologie. Haendler schreibt eben dies im August 1941, hier in Neuenkirchen bei Greifswald, im Vorwort zur ersten Auflage seines wahrscheinlich bedeutendsten Buches »Die Predigt«:

> »Wer von der Theologie her kommend und in ihr verwurzelt die Psychologie nicht nur literarisch erarbeitet, sondern als Schicksal erfahren hat, ist in die Lage versetzt, beide Gebiete als Wirklichkeiten mit ihren befreienden und bedrängenden Mächten erleben zu dürfen – und zu müssen. Der Wirbel dieser beiden Ströme wird zum einheitlich tragenden Strom nur durch tiefgreifende Wandlung hindurch. [...] Alles, was hier gesagt wird, ist in diesem Sinne nicht ›gedacht‹, sondern der Wirklichkeit abgesehen und abgerungen. Das Buch ist nicht aus einem Interesse, sondern aus einem Schicksal – einem mit dem Schicksal der Kirche verwobenen – geboren. Es ist geboren, nicht gedacht.«[1]

Im August 1941 scheint das Schicksal allerdings ganz andere Wendungen zu nehmen: Es sieht so aus, als ob der Vormarsch der Nazis nicht zu stoppen ist – deutsche Truppen schlagen die Briten in Nordafrika, marschieren von Bulgarien nach Griechenland, erobern mit Fallschirmen Kreta und stehen kurz vor Moskau.

In diesem brutalen und grenzenlos erscheinenden Sommer 1941 schließt Haendler seine Homiletik ab, in der von den subjektiven und objektiven

---

1 Otto Haendler: Die Predigt. Tiefenpsychologische Grundlagen und Grundfragen [1941, ³1960], in: Ders.: Homiletik. Monographien, Aufsätze und Vorträge (= OHPTh 2), hg., eingel. u. kommentiert von Wilfried Engemann, Leipzig 2017, 269–632, 277.

»Mächten« beim Werden der Predigt, vom »Schicksal« des Predigers, von seiner Persönlichkeitsstruktur – und vom »Weg des Subjektes zum Evangelium und zum Text«[2] die Rede ist. In grandioser Unzeitgemäßheit stellt Haendler damit die nach sieben Jahren Kirchenkampf übliche Reihenfolge um: An die Stelle des Evangeliums, das über den ausgelegten Text seinen Weg zum Hörer macht, begibt sich der Prediger zum Evangelium, zu dem, was gut ist, und erschließt sich von daher erst einmal selbst den Text, bevor er diesen homiletisch bearbeitet und anderen nahebringt. Haendlers Homiletik mutet also einen langen Umweg zu, der zum einen aufwendig zu werden verspricht und der zum anderen unter dem Vorwurf des liberalen Subjektivismus steht.

Als das Buch nach 1945 rezipiert wurde, blieb der Streit darüber nicht aus. Wie unzeitgemäß das Werk war, zeigt die von Hans-Joachim Thilo berichtete Reaktion Martin Doernes (1900–1970). Bei seiner Besprechung der ersten Auflage von Haendlers Homiletik in der Vorlesung geriet Doerne so in Zorn, dass er mitten in der Vorlesung einige Seiten seines Manuskriptes zerriss. Thilo weiter: »Als O. Haendler dies erfuhr, nahm er es lächelnd zur Kenntnis, setzte sich in den Zug und besuchte M. Doerne in seinem Haus.« Später habe dann Doerne »mit hoher Ehrfurcht«[3] von den Arbeiten Haendlers gesprochen. In der dritten Auflage erwähnt Haendler kurz und sachlich die Kritik Doernes[4]: Die Arbeit mit dem Ansatz beim Subjekt sei ebenso »Sach-Homiletik« wie die von Doerne präferierte Text-Homiletik, denn, so Haendler, »der Prediger gehört zur ›Sache‹, die untersucht werden muss.« Die psychologische Arbeit sei »bei allem Eingehen auf das Subjekt doch sachgebunden« und wehre so »der subjektivistischen Willkür«[5].

Von der »Pastoralpsychologie« ist hier explizit noch nicht die Rede, wohl aber von dem, was man später darunter verstehen wird. Haendlers Homiletik, mit der ich mich exemplarisch befasse, lässt sich nach meiner Einsicht durch drei Punkte charakterisieren:

1. Haendler betont die Bedeutung der Subjektivität des Predigers gegenüber der einseitigen Objektivität des Verkündigungsinhaltes und damit die Frage nach dem Verhältnis von Theologie und (komplexer) Psychologie.
2. Haendler weist auf die Meditation im Sinne der Selbstreflexion, Selbsterfahrung und ruhigen Vertiefung in die eigene Geschöpflichkeit und Lebensgeschichte als Schlüssel zur Predigt hin.
3. Haendlers Homiletik rehabilitiert den Religionsbegriff und plädiert für eine Theologie vom 1. Glaubensartikel her.

---

2 A.a.O., Überschrift des III. Kapitels, 430–510.

3 Hans-Joachim Thilo: Zum Schauen bestellt. Begegnungen mit Otto Haendler, in: WzM, Jg. 34, 1982, 163–168, 166f.

4 Vgl Otto Haendler: Die Predigt, a.a.O. (s. Anm. 1), 300.

5 Ebd.

(Zu 1) - Die Bedeutung des Subjektes für die Predigt liegt nicht in einem egoistischen Movens, sondern ist letztlich in der Orientierung an den Hörenden und damit an der Predigtaufgabe selbst begründet. Dazu formuliert Haendler prägnant: »Wo der Prediger noch gewaltsam ist gegen sich selbst, ist er es auch in der Predigt gegen andere.«[6] Dieses negativ formulierte Prinzip lautet positiv: Wenn der Prediger seine eigenen Tiefen kennt, wird er auch die Hörer in der Tiefe ihrer Seele erreichen. (In den 70er-Jahren hätte man formuliert: Nur wenn der Prediger sein eigenes Ich kennt, dann kann er mit den Hörern kommunizieren.)

(Zu 2) - Konsequent werden die Fragen prinzipieller, materialer und formaler Homiletik entsprechend vom Subjekt her beantwortet. Mit Schleiermachers Praktischer Theologie gilt der Grundsatz: »Jeder kann nur das darstellen, was in ihm ist.«[7] Es sei gerade ein Missverständnis, dies mit »Selbstdarstellung« zu verwechseln.[8] Im Gegenteil: Der objektiven Predigtaufgabe, die Wirklichkeit Gottes zu verkündigen, könne nur dienen, wer seine eigene Subjektivität kenne, diese gezielt (anstatt ungewollt störend) wirken lasse und so objektiv die Predigtaufgabe erfülle: »Subjektivistisch sein, als Verzerrung von subjektiv sein, bedeutet, durch seine Subjektivität die Sache stören. Objektiv sein bedeutet, als Subjekt von der Sache getragen sein und als Subjekt die Sache tragen. [...] die Ausschaltung des Subjektes lähmt auch die Sache.«[9] Die »unwandelbare Wahrheit der Offenbarung«[10] könne nicht von anderen Theologen übernommen, sie müsse selbst erarbeitet werden. Übernommene Formeln seien nicht objektiv, sondern »eine Ausflucht, in der das Subjekt gleichsam einen fremden Mantel trägt«[11].

Der Weg zu einer solchen erfahrenen, subjektiven Theologie und Predigt kann vor allem über die Meditation gebahnt werden. Damit ist nicht an die »Predigt-Meditation« gedacht, sondern an wirkliche Meditationsübungen. Dabei steht Haendler in der Gemeinschaft der Michaelsbruderschaft und der Berneuchener, die Anfang der 30er-Jahre mit Meditationen begannen. Daran hatte Haendler durch vom ihm geleitete Meditationen auf Berneuchener Freizeiten direkt Anteil. In Haendlers Homiletik sind denn auch Berneuchener Kategorisierungen[12] aufgenommen. Beachtenswert sind dabei Haendlers theologische Zuordnungen. Er unterscheidet explizit die Begegnung mit der *eigenen Tiefe* von der *Gottes*begegnung und grenzt sich so von der östlichen Meditationspraxis ab:

---

6 A.a.O., 371.

7 A.a.O., 331.

8 Vgl. a.a.O., 511.

9 A.a.O., 329.

10 A.a.O., 377.

11 A.a.O., 329.

12 Zum Beispiel zu meditierende Naturdinge, Zeichen, Worte, Bibeltexte, Stufen; vgl. dazu a.a.O., 440–455.

»Soweit der Osten in den positiven Kräften dieser Tiefe unmittelbar das Göttliche sieht, steht er damit im Widerspruch zur christlichen Erkenntnis. Aber diese Divergenz geht nicht von der Meditation, sondern von der Religion aus. [...] Wer Christ ist, muss die eigene Tiefe als Tatbestand hinnehmen: mit ihrer Gefahr, darum ist er gehalten, sie in der Meditation heraufkommen zu lassen; und mit ihrer Größe, aber die wird dem Christen nun nicht zum Göttlichen, oder zu dem 'Gott in uns', sondern er nimmt sie als die schöpfungsmäßigen Kräfte, die ihm, dem Geschöpf, vom Schöpfer gegeben sind.«[13]

Hier ist in aller Klarheit die reformatorische Unterscheidung zwischen geschöpflich verstandener Leiblichkeit und dem *extra nos* des Heils durchgeführt, wie dies Luther in der Auseinandersetzung mit der Mystik erarbeitet hatte:

»Bonauenturam ea de re legi, aber er hett mich schir toll gemacht, quod cupiebam sentire unionem Dei cum anima mea [...].«[14]

(Zu 3) - Schließlich wird - als notwendige Folge des Ausgehens von der Meditation - die Theologie des ersten Artikels in die Praktische Theologie reintegriert. Dabei wird der Begriff der Religion rehabilitiert, wie es inzwischen wieder selbstverständlich geworden ist, aber für die Zeit der Wort-Gottes-Theologie ungewöhnlich war. Haendler wirft, wie es bei den Berneuchenern geläufig war, der kirchlichen Verkündigung einen »verengte[n] Christozentrismus« vor: Öffentlich entstehe der Eindruck, man müsse in der Kirche »zuerst bestimmte christologische Überzeugungen bejahen, gleichsam mitschlucken«[15]. Es gebe aber viele Menschen, denen die Hemmung gegenüber dem Christusglauben genommen würde, wenn der »›Glaube des 1. Artikels‹ ihnen von der Kirche nicht beanstandet, sondern [...] intensiv gestärkt würde«[16]. Von daher ergibt sich auch die positive Aufnahme des Religionsbegriffs. Haendler fragt allerdings nicht systematisch und fundamentaltheologisch nach der Religion, sondern therapeutisch, von der Praxis der Meditation her. Der Abschnitt über das Selbst (»Erarbeitung des vollen Eigenwesens«)[17] steht ganz unter dem Einfluss C. G. Jungs. An dieser Stelle liegt die Grenze seines Entwurfes wie überhaupt die Grenze der Praktischen Theologie ohne intensive Bezugnahme auf den Neuprotestantismus.

Damit ist - noch ganz ohne Bezug auf die amerikanische Klinische Seelsorge eines Seward Hiltner oder Anton T. Boisen, die Dietrich Stollberg 1969 in Deutschland bekannt machen sollte - das pastoralpsychologische Credo formuliert: Die Praktische Theologie hat sich nicht nur mit Texten und Traditionen

13 A.a.O., 445.
14 WATR 1, Nr. 644 = BoA 8, 80.
15 Otto Haendler: Die Predigt, a.a.O. (s. Anm. 1), 477.
16 A.a.O., 481.
17 Vgl. a.a.O., 339.

zu beschäftigen, sondern besonders auch mit »living human documents« – und zwar nicht zuletzt mit dem eigenen pastoralen Handeln. Doch bereits 1957, im »Grundriss der Praktischen Theologie«, wird auch der Begriff selbst explizit verwendet. Im Paragraphen über die Person des Amtsträgers heißt es hier, die Pastoraltheologie müsse durch eine Pastoralpsychologie ergänzt werden.[18] Es handelt sich mithin um eine frühe Erwähnung des seit 1972 zum Fachterminus gewordenen Begriffes. 1972 wurde die DGfP (Deutsche Gesellschaft für Pastoralpsychologie) gegründet; in den USA erschien bereits 1950 die von Seward Hiltner gegründete Zeitschrift »Pastoral Psychology«, und in Deutschland wurde der Begriff erstmals im Jahre 1909 von Oskar Pfister programmatisch verwendet. In Haendlers Praktischer Theologie aber erscheint er zum ersten Male programmatisch in einem Lehrbuch.

Haendlers Bedeutung liegt damit nicht nur in der Vorreiterrolle für die in den 70er-Jahren zum Durchbruch gekommene Seelsorgebewegung, die den seinerzeit als Außenseiterpositionen erscheinenden Meinungen Haendlers zu breiterer Akzeptanz verhalf. So freute es ihn besonders, dass sich das von ihm schon 1941 propagierte subjektive Prinzip noch zu seinen Lebzeiten in der Praktischen Theologie durchzusetzen begann.[19] Sein wichtigstes pastorales Anliegen wurde von seinem Schüler Klaus Winkler auf den Begriff gebracht: Die zur Pastoralpsychologie erweiterte Theorie der Praktischen Theologie hat ein »persönlichkeitsspezifisches Credo« zu ermöglichen. Über Winklers 1997 erschienenes Lehrbuch der Seelsorge hat dieses Grundanliegen Haendlers breite Wirkung entfaltet.

Zeitbezug und Kontext von Haendlers Praktischer Theologie sind eher unzeitig. Haendler setzte auf das Individuum und seine verborgenen, ja abgründigen Orientierungen: Darin ist deutlich die Prägung durch die Jugendbewegung und die frühe Psychoanalyse auszumachen, die vom Individuum her auf die Gemeinschaft, Gesellschaft und Kultur hin dachte und damit auch vom Subjekt her auf die Inhalte und Traditionsbestände des Glaubens. Die gesellschaftlichen Umstände gerieten dabei zwar nicht aus dem Blick, aber sie rückten an die zweite Stelle. Man kann durchaus auch kritisieren, dass diese Praktische Theologie die Subjektivität thematisierte, als in Kirche und Gesellschaft das Eintreten für andere und der Kirchenkampf gefragt waren – und es wundert nicht, dass im Nationalsozialismus eine allen Kontexten gegenüber resistente Praktische Theologie dominierte, bzw. anders gesagt, dass die Praktische Theologie als Disziplin mit eigenen Ansätzen mehr oder weniger zum Erliegen kam. So ist es

---

18 Vgl. Otto Haendler: Grundriss der Praktischen Theologie, in: Otto Haendler: Praktische Theologie. Grundriss, Aufsätze und Vorträge (= OHPTh 1), eingel. u. hg. v. Wilfried Engemann, Leipzig 2015, 113–381, 226.

19 Vgl. Hans-Joachim Thilo: Zum Schauen bestellt, a.a.O. (s. Anm. 3), 168.

bemerkenswert, dass aus dem Umfeld der Wort-Gottes-Theologie kein Grundriss bzw. Lehrbuch der Praktischen Theologie erschienen ist.

2. Pastoralpsychologie zur Unzeit: Impulse Haendlers angesichts von mediatisierter Isolation heute

Das Genus des Abendvortrages gibt die Möglichkeit, die historischen Linien größer auszuziehen, als man das sonst machen darf. Ich möchte darum im Folgenden die schon damals unzeitgemäße Pastoralpsychologie Haendlers aktuell ins Spiel bringen und kritisch mit der Praktischen Theologie des 21. Jahrhunderts ins Gespräch bringen.

Wenn ich aus heutiger Sicht Haendlers Praktische Theologie kurz charakterisiere, dann möchte ich von einem Subjektbezug mit Aufmerksamkeit für die dunklen Seiten sprechen, so wie das einer zugleich reformatorisch und tiefenpsychologisch inspirierten Denkweise entspricht. Dabei wird das Subjekt als ein sich selbst fremdes mit den eigenen Abgründen konfrontiert, um gerade so die Sache des Glaubens verstehen, mitteilen und darstellen zu können.

Von alledem scheint mir die gegenwärtige Praktische Theologie doch um einiges entfernt zu sein. Gewiss wird auch jetzt immer wieder vom Subjektbezug, vom Adressatenbezug und neuerdings auch von Professionalität und Qualität gesprochen. Aber der Subjektbezug scheint mir heute doch merkwürdig friedlich, harmonisch und zufrieden selbstbezogen zu sein. Nicht mehr Tiefe und Abgrund, sondern Autonomie und Authentizität sind die Beschreibungskategorien pastoraler Identität und der Orientierung an den Adressaten professionellen Handelns. Wort-Gottes-Theologie samt »Sünde, Tod und Teufel« sind aus dem Felde geschlagen zugunsten einer sanften Optimierung der eigenen Potenziale.

Die eigene und fremde Subjektivität ist heute nicht Anlass zu tiefenpsychologischem Erschrecken und produktiver Unruhe, sondern Gegenstand der Arbeit an der Selbstvervollkommnung. Man lässt sich nicht mehr beraten – denn wer beraten wird, der hat ein Problem; man lässt sich »coachen«, weil das den Aufstieg zu weiteren Höchstleistungen impliziert. Die eigene Subjektivität kann nach der impliziten Auffassung all dessen, was psychologisch korrekt ist, perfektioniert, medial-sozial vernetzt und performativ geliftet werden.

Nun bin ich generationsbedingt ein wenig geneigt, zum Kulturkritiker und »Alt-68er« zu werden und überall die Herrschaft des Kapitals und der klandestinen Konditionierung zum Konsumenten zu sehen; in der Tat scheint die elektronisch-autonome, gut bezahlte Kommunikationsform immer mehr den Alltag unserer Begegnungen zu dominieren. Nun mache ich hier einen Punkt, weil ich weiß, dass diese Entwicklungen sämtlich ambivalent sind und neben den Gefahren immer auch Freiheitsgewinne bedeuten, so dass zum Kulturpessimismus kein Anlass ist, sondern eher zur Selbstdisziplin – wobei ich schon wieder bei der Pastoralpsychologie bin.

Ich nutze Haendlers Verständnis von Pastoralpsychologie, um einige Hinweise für die Entwicklung der Praktischen Theologie zu geben. Diese steht nach der Orientierung an der Sache vor Haendler, an der Subjektivität seit Haendler gegenwärtig vor allem im Fokus von Empirie und Ästhetik. Es ist zunächst ein großer Fortschritt, dass nicht mehr Person und Sache gegeneinander ausgespielt, sondern in ihrer Wechselwirkung betrachtet werden; das ist der Sinn des semiotischen und ästhetischen Paradigmas. Die realen religiösen Verstehensprozesse in ihrer medialen Vermittlung interessieren die heutige Praktische Theologie: Liturgie, Literatur, Film und Kunst sind Gegenstände der Praktischen Theologie geworden, weil in ihnen glaubende Subjektivität greifbar – wenn nicht gar konstituiert wird. (Dabei handelt es sich bekanntlich um eine alte Streitfrage zwischen Semiotikern und Subjektivitätstheoretikern, zwischen Idealismus und *linguistic turn* – ich lasse das hier einmal auf sich beruhen.) Auf jeden Fall hat sich die Praktische Theologie zum Vorgang der religiösen Kommunikation selbst und damit auch zur säkularen Kultur hin geöffnet – ein großer theoretischer und gegenständlicher Fortschritt gegenüber meinen Studienzeiten in den 1970er-Jahren.

Und doch sehe ich auch Fehlentwicklungen bzw. Gefahren, die schon in den kritisch-pessimistischen Bemerkungen anklangen. In meiner Überschrift ist von der »mediatisierten Isolation« die Rede – und ich meine damit nicht den alltäglich nervenden iPhone-Solipsismus. Es geht mir um das vielschichtige und damit auch abgründige Verständnis von Subjektivität, wie wir es von Haendler und der Pastoralpsychologie gelernt haben. Es scheint mir gegenwärtig eine Tendenz zur theoretisch begründeten Isolation zu geben.

Ich nenne dazu nur einige Schlaglichter. In der Homiletik ist nicht nur das Missionarische, sondern auch das Rhetorische als solches fraglich geworden. Darf man überhaupt in einer Rede auf andere Einfluss nehmen wollen? Wenn in letzter Zeit aus Vikariatskursen erzählt wird, dass vielen die sachliche Begründung des Predigtvorgangs überhaupt problematisch geworden ist, dann wird das prinzipielle Defizit offenkundig. Darüber können Methoden und Materialien nicht hinwegtäuschen. Die Bestimmung des Predigt*ziels* ist offensichtlich nach dem Ende von missionarischen, kerygmatischen, psychologischen und politischen Predigtdefinitionen, also unter der Vorherrschaft des ästhetischen Paradigmas, immer unklarer geworden. Das Thema des wirksamen Handelns in der Predigt, welches das 19. Jahrhundert so beschäftigte, steht erneut auf der Tagesordnung – und Ruth Conrad hat dies in ihrer Tübinger Habilitationsschrift jüngst detailliert aufgezeigt.[20] Dass der Prediger etwas will, dass er ein Redner ist, der auf die Hörer – so oder so – *wirken* will, dieses rhetorische Axiom ist kei-

20 Vgl. Ruth Conrad: Kirchenbild und Predigtziel. Eine problemgeschichtliche Studie zu ekklesiologischen Dimensionen der Homiletik (= Praktische Theologie in Geschichte und Gegenwart 11), Tübingen 2012.

nesfalls mehr Konsens. Was aber wird aus dem rhetorischen Wollen, wenn der Redner nicht mehr weiß, ob er wollen soll, will und darf? Das semiotische und ästhetische Paradigma, nach dem für die Hörenden nur Impulse zur eigenen Orientierung gesetzt werden sollen, könnte auch zum Kollaps der rhetorischen Kommunikation selbst führen. Wer predigt, muss wollen wollen und wer nicht wollen darf, kann nicht mehr reden. Wer dadurch nicht wirken will, soll das Reden sein lassen. Wer keine Lust zum Tanzen hat, sollte Feste meiden, sagt ein italienisches Sprichwort: »Chi non vuol ballare non vada alla festa.«

Ein zweites Beispiel ist der pädagogische Bezug. Was in der Homiletik die Ästhetik, ist in der Religionspädagogik die Kompetenzorientierung. Auch das ist zunächst ein Fortschritt, weil man sich an den Lernenden und ihren Möglichkeiten und Grenzen orientiert – darum geht es schließlich beim pädagogischen Handeln. Doch auch hier entwickelt sich in den letzten Jahren eine deutliche Verengung. Nach dem neuen Paradigma darf nicht mehr auf den Schüler eingewirkt werden. Interessanterweise ist auch das Wort »übergriffig« in den letzten Jahren zum Mode-Attribut geworden. Wir haben seit 2010 Schlimmes gehört zum fehlgeleiteten pädagogischen Bezug, zum pädagogischen Missbrauch und dann zum sexuellen Missbrauch. Inzwischen aber sieht es so aus, als ob Lehrende auch keine sachorientierte Beziehung zu den *educandi* mehr haben sollten, weil diese sich alles selbst erschließen sollen. Aus den Führern in eine fremde Welt des Geistes werden Kompetenz-Coaches. An die Stelle der Subjektivität tritt die Bereitstellung von Lern-Arrangements. Wie der Kölner Pädagoge Matthias Burchardt bei einem Vortrag in Bonn am 16. Mai und in einem Artikel in der FAZ am 10. Mai 2013 aufgezeigt hat, geht es in der aktuellen Pädagogik unter dem Signum einer »neuen Lernkultur« um die »individuelle Potenzialentfaltung« und die Etablierung des »selbstorganisierten Lernens«. Matthias Burchardt:

> »Lehrer werden jetzt zu Lernbegleitern umdefiniert, die Lernjobs verteilen, Lernarrangements gestalten und Kompetenzdiagnose betreiben. Schüler, die nun Lernpartner heißen, führen Lerntagebücher, arbeiten Lernpläne in einzelnen Lernpaketen ab, füllen Checklisten aus und tragen ihre Lernfortschritte in Kompetenzrastern ein. Diese zwischen Ökonomismus und reformpädagogischer Emphase schwankende Sprache kündigt das pädagogische Grundverhältnis auf. [...] 'Individuell' ist nur das Tempo und die Reihenfolge, in der die normierten Lernpakete abgearbeitet werden. Vor dem Kompetenzraster sind alle Schüler gleich wenig individuell.«[21]

Was das für einen subjektiv erschlossenen Lerngegenstand wie die Religion bedeutet, liegt auf der Hand. Religion ist mehr als Kompetenz – zumal es keine

---

21 Matthias Burchardt: »Neue Lernkultur« im Musterländle, in: Frankfurter Allgemeine Zeitung Nr. 107 vom 10.05.2013, 7; http://bildung-wissen.eu/wp-content/uploads/2013/05/burchardt_krautz_neue_lernkultur.pdf (22.05.2013).

religiöse Kompetenz gibt, sondern nur die Kompetenz, Religion wahrzunehmen, zu beschreiben und zu explizieren. Die menschliche Subjektivität soll gebildet werden im umfassenden Sinne und nicht auf sich selbst zurückgeworfen werden. Was in diesem Zusammenhang die skandalöse Aufhebung der Anwesenheitspflicht in akademischen Seminaren angeht, lasse ich an dieser Stelle beiseite.[22] Die mediatisierte Isolation schwächt die Subjektivität anstatt diese zu stärken. Das Grundbild dabei ist der bedürfnisorientierte Konsument von Bildung anstatt des gemeinschaftsorientierten Verantwortungsträgers. Die Kategorie der »individuellen Förderung« ist von daher zutiefst ideologieanfällig – oder gefährlich, weil jeder nur Positives dabei denkt. Die Tiefenpsychologie hat uns mit Recht gelehrt, derlei mit einer gesunden Verdachtshermeneutik zu betrachten.

Das gilt erst recht für die geheime neue Mitte der Pastoraltheologie, das Streben nach »Authentizität«. Abgesehen davon, dass es diese gar nicht gibt – denn wir handeln immer in sozialen Rollen, wir denken und verstehen uns selbst immer nur in diesen Zuschreibungen – ist dieses Ideal besonders gefährlich. Sie ist das beste Beispiel für das, was die Analytiker die »Wiederkehr des Verdrängten« nennen. Die Arbeit an der eigenen Selbstvervollkommnung braucht jedenfalls den Blick in die eigene Tiefe, theologisch gesprochen: den Blick auf die eigene Unerlöstheit in aller Banalität, jenseits von faustischer Größe, stattdessen voller regressiver Größenphantasien und Gieren nach Anerkennung.

Otto Haendlers Theologie ermutigt dazu, sich den dunklen Seiten zu stellen und diese nicht methodisch oder fromm zu überspielen, sondern produktiv zu nutzen: »Wo der Prediger noch gewaltsam ist gegen sich selbst, ist er es auch in der Predigt gegen andere.«[23] Die Pastoralpsychologie ist darum keine hinreichende, aber eine notwendige Bedingung für eine zeitgemäße Praktische Theologie. Die ideologischen Fallen ändern ihre Gestalt, verlieren aber nicht an Gefahrenpotenzial. Der Zeitbezug ist und bleibt eben die Schwäche und die Stärke dieser theologischen Disziplin.

---

22 Vgl. dazu Michael Meyer-Blanck: Bildende Präsenz. Warum auf die Anwesenheitspflicht im akademischen Seminar nicht verzichtet werden kann, in: Hildegard Krämer u.a. (Hg.): Beruf Hochschullehrer. Ansprüche, Erfahrungen, Perspektiven, Paderborn 2013, 55–61.

23 Otto Haendler: Die Predigt, a.a.O. (s. Anm. 1), 371.

Otto Haendlers Praktische Theologie

Spurensicherung eines Epochenwechsels[1]

von Wilfried Engemann

1. Zur Programmatik eines Begriffs

Dass die Edition der thematisch ausgesprochen komplex angelegten praktisch-theologischen Schriften und Vorträge Otto Haendlers (OHPTh) ausgerechnet mit seinem Spätwerk einsetzt, hat fachwissenschaftliche Gründe: Der »Grundriss der Praktischen Theologie« bietet eine Art Gesamtschau der Theologie Haendlers und ihrer facettenreichen Diskurse. Er führt Überlegungen aus früheren Veröffentlichungen zusammen, vervollständigt sie und dient so der Orientierung auf einem theologisch wie interdisziplinär weitverzweigten Terrain.

Haendler charakterisiert seine Praktische Theologie mit einem zwar spröde wirkenden, das Verständnis dieser Disziplin gleichwohl revolutionierenden Begriff, indem er sein 1957 vorgelegtes Konzept als eine »Strukturtheologie« bezeichnet: »Praktische Theologie kann nicht nur als Theorie der kirchlichen Praxis definiert werden, sondern ist infolge der unlöslichen gegenseitigen Durchdringung der Praxis mit dem Gesamtsein der Kirche erweitert als Strukturtheologie der gegenwärtigen Kirche zu verstehen.«[2] Diese Strukturtheologie ist stärker als die praktisch-theologischen Entwürfe vor Haendler auf die »horizontale« Ebene theologischer Reflexion und die empirische Wirklichkeit von Gemeinde bezogen.

---

1 Eine ausführliche Würdigung der praktisch-theologischen Weichenstellungen dieses Werkes einschließlich seiner theologischen Einordnung in den Diskurs der 1950er Jahre sowie eine vollständige Darstellung seiner Rezeption bis zur Gegenwart findet sich in: Wilfried Engemann: Otto Haendlers Grundriss der Praktischen Theologie im Spiegel der Theologie- und Rezeptionsgeschichte, in: Otto Haendler: Praktische Theologie. Grundriss, Aufsätze und Vorträge (= OHPTh 1), eingel. u. hg. v. Wilfried Engemann, Leipzig 2015, 21–112.

2 Otto Haendler: Grundriss der Praktischen Theologie, in: Otto Haendler: Praktische Theologie. Grundriss, Aufsätze und Vorträge (= OHPTh 1), hg. u. eingel. v. Wilfried Engemann, Leipzig 2015, 114–481, 1. Haendler ist wohl der Erste, der die strukturale Dimension von Theologie im Begriff »Strukturtheologie« auf den Punkt bringt. Weitere Belege dieses Begriffs ließen sich bisher nur für die Zeit *nach* Erscheinen des »Grundrisses der Praktischen Theologie« nachweisen.

Das heißt, er leitet das Selbstverständnis und die Agenda der Kirche nicht einfach aus der »Vertikalen« ab, aus einem allgemein unterstellten, abstrakt definierten Gottesbezug der Kirche (wobei die Kirche gleichsam als »Organ der Verkündigung« apostrophiert wurde), sondern er setzt sich mit der Kirche auch als einem weitverzweigten Organismus auseinander, in dem Individuen und Gruppen mitwirken, die wiederum mit der gesamten Gesellschaft und diversen Institutionen in Verbindung stehen. Zu dieser Betrachtungsweise gehört es, Kirche nicht anhand idealer beziehungsweise idealisierter Organ- und Organismus-Funktionen wahrzunehmen, sondern mit allem, was sie gegenwärtig ausmacht, was sie faktisch ist und was durch sie in der Gegenwart geschieht.[3]

Dieser Ansatz hat weitreichende Konsequenzen. Wenn es in der Praktischen Theologie darauf ankommt, die Strukturelemente der Kirche – angefangen bei ihrer Organisationsstruktur, über Formen der Gemeindeentwicklung (Gottesdienst, Seelsorge, Unterricht usw.) bis hin zum einzelnen Gemeindeglied – in ihrer horizontalen Anbindung an Zeitgenossen und gegenwärtige Situationen in den Blick zu bekommen, bedarf es einer Öffnung der praktisch-theologischen Diskurse hin zu jenen Wissenschaften, die sich ihrerseits mit dem Menschen und der Bewältigung seines Lebens heute befassen. Dementsprechend wendet sich Haendler gegen eine (Praktische) Theologie, die sich mit internen Plausibilitäten begnügt, als wäre die Kirche ein geschlossenes System und als zielte die Praktische Theologie darauf, dieses System mit allerlei Kunstgriffen in Schwung zu halten.[4] Zu Recht hat Eckhart Lessing in seiner Theologiegeschichte herausgearbeitet, dass Haendler für die Gegenstandsbestimmung der Praktischen Theologie einen Begriff einführe, »der nicht in der Gefahr steht, den Inhalt der Praktischen Theologie außerhalb ihrer selbst, also vornehmlich in der Dogmatik, zu finden«[5].

Wer sich auf einen solchen Ansatz einlässt, muss damit rechnen, dass das bisherige Verständnis der eigenen theologischen Existenz von diesen Vorstößen und den damit einhergehenden interdisziplinären Herausforderungen mitbetroffen ist: »Strukturtheologie [ist] nicht nur Forschung am *Objekt* Kirche, sondern zugleich Selbstbesinnung der gegenwärtigen Kirche *in der Person des For-*

---

3 Vgl. a.a.O., 132.

4 Aufgabe der Praktischen Theologie gegenüber der Praxis ist es gerade, sie nicht isoliert ins Blickfeld zu rücken, sondern in ihren unlöslichen Zusammenhängen mit der Gesamtsituation zu zeigen. In der Praktischen Theologie lernt man nicht einfach, »wie« man es »macht, [...] sondern man lernt das Wesen und die Lebensgesetze der Kirche verstehen« (a.a.O., 13).

5 Eckhard Lessing: Die Geschichte der deutschsprachigen evangelischen Theologie von Albrecht Ritschl bis zur Gegenwart (Band 2), 1918–1945, Göttingen 2004, 396.

schers« mit allen, »die an seiner Forschung und an deren Resultaten mitgestaltend oder lesend und nachdenkend teilnehmen«[6].

Bei der Ausarbeitung seiner »Strukturtheologie« schenkt Haendler beiden Elementen dieses Kompositums gleich starke Beachtung:

Der erste Teil, »Struktur«, für den größeren Zusammenhang, für Anschlussfähigkeit, für eine notwendigerweise kontextuell arbeitende Praktische Theologie. Ob es um das Agieren der Gemeinde oder eines einzelnen Gemeindeglieds im Alltag geht, ob die Vorbereitung und das Vortragen einer Predigt im Blick ist, ob seelsorgliche Gespräche auf der Suche nach Orientierung zu führen sind – man hat es immer mit komplexen Prozessen, Phänomenen und Situationen zu tun, die von Elementen geprägt und Merkmalen bestimmt sind, mit denen sich andere Wissenschaften, wie z. B. die Psychologie oder die Soziologie, auch befassen. Das heißt, dass Individuen nicht auf kirchliche oder Glaubenswirklichkeiten reduziert werden können. Sie stehen in einem komplexen Gefüge von Handlungen und Wirkungen, in dem sich ihr Leben aus Glauben bewähren muss.

Der zweite Teil dieses Begriffs ist die »Theologie«. Strukturtheologisch zu arbeiten heißt, sich von dem Gedanken zu verabschieden, Praktische Theologie wende anderweitig gewonnene Einsichten (christologischer, soteriologischer u. a. Art) nur an und komme im Übrigen mit einer gediegenen Kasuistik aus. Haendler geht es explizit um eine neue, komplexe, im heutigen Fachjargon »multiperspektivische« Theologie, die, weil sie, wie alle Wissenschaft, um des Menschen willen betrieben wird, einen adäquaten Begriff vom Menschsein haben, also anthropologisch durchdacht sein muss. Sie muss in dem Sinne zeitgenössisch sein, als sie keine Sondertheorien für den »inwendigen Menschen« entwirft, sondern Situationen alltäglichen Menschenseins kennt und zur informierten Zeugin der Fragen wird, die mit der menschlichen Daseinsbewältigung als solcher verbunden sind – natürlich auch bei denen, die sich als Theologen und Pfarrer mit ihrer eigenen Glaubenskultur auseinandersetzen müssen. In einer Rezension würdigte Joachim Scharfenberg Haendlers differenzierten Zugriff auf die tatsächliche Lebenswelt von Menschen mit folgenden Worten: »Hier wird der moderne Mensch nicht zu einem abstrakten Gespenst, das am Schreibtisch ausgedacht wurde, sondern hier wird er einmal wirklich umfassend gesehen – eine Sicht, die aus jahrzehntelanger praktischer psychotherapeutischer, aber auch seelsorgerlicher Arbeit stammt.«[7]

Insgesamt wird deutlich, dass es Haendler nicht nur um eine Neuakzentuierung kirchlicher Praxis geht, sondern auch um eine neue Art von Theologie, deren Charakter man so zusammenfassen kann:

---

6 Otto Haendler: Grundriss, a.a.O. (s. Anm. 2), 133 (Hervorhebung W. E.).

7 Joachim Scharfenberg: Buchbesprechung zu Otto Haendler: Grundriss der Praktischen Theologie, Berlin 1957, in: Quat., 22. Jg., 1957/58, 47 f., 47.

- Praktische Theologie muss um des Menschen willen den Dialog mit den der Theologie benachbarten Geistes- und Humanwissenschaften pflegen.
- In einer als Strukturtheologie verstandenen Praktischen Theologie werden die klassischen Topoi der Dogmatik nicht nur angewandt; es gilt, sie zeitgenössisch zu reformulieren. Dabei ist auf die theologische Stimmigkeit der zugrundeliegenden Anthropologie zu achten, die eine Konvergenz zwischen theologischen und humanwissenschaftlichen Erkenntnissen über das Menschsein einschließt.
- Praktische Theologie muss, was die religiöse Praxis angeht, alles dafür tun, dass Menschen dazu angeleitet werden – Geistliche ebenso wie einfache Gemeindeglieder –, *aus eigenem Glauben heraus* zu leben.
- Eine »Strukturtheologie der gegenwärtigen Kirche«, die diese Funktionen erfüllt, sichert keine binnenkirchlichen Interessen, sondern markiert »Kirche« als Ort theologischer Arbeit und religiöser Praxis um des Menschen willen.
- Nicht zuletzt bedarf die Kirche der Auseinandersetzung mit der »inneren geistig-seelischen Struktur des heutigen Menschen«, weil diese Struktur sich in ihren Gliedern wiederfindet, in der Kirche selbst lebendig ist – und weil sie ein veritabler »Antrieb zu einer Selbstkorrektur der Kirche«[8] ist.

2. Brennpunkte der als Strukturtheologie konzipierten Praktischen Theologie Otto Haendlers

2.1 Vom klischeehaften Wissen über den Menschen zur Auseinandersetzung mit dem »Bewusstseinswandel der Gegenwart«

Haendler bricht in seinem Grundriss gängige kirchliche und theologische Klischees über den modernen Menschen auf, denen zufolge dieser ein in sich selbst verliebtes, ichbezogenes Wesen, und die einzige theologisch relevante Situation die seines Sünderseins ist. Er versucht, die Frage nach einer zeitgenössischen Theologie mit der Frage nach der Selbst-, Glaubens- und Lebenserfahrung von Zeitgenossen zu verbinden. Das schließt die Auseinandersetzung mit der Erfahrung kirchlicher Wirklichkeit – wie Zeitgenossen sie erleben – ein. Der Paragraph über »die Wandlung des Bewusstseins in der Gegenwart«[9] ist vor diesem Hintergrund ein Schlüsseltext. »Die Wandlung des Bewusstseins in der Gegenwart basiert auf Erkenntnissen, hinter die der Mensch der Gegenwart nicht mehr zurückkann. Sie ist deshalb als solche anzunehmen mit ihren Konsequenzen.«[10] Haendler stellt sich damit solidarisch auf die Seite der Menschen, für die er letztlich seine Arbeit macht. Über den auf Kanzeln gern gescholtenen »modernen

8 Otto Haendler: Grundriss, a.a.O. (s. Anm. 2), 151.

9 A.a.O., 318–325.

10 A.a.O., 318.

Menschen« sagt er: »Seine Einstellung ist keineswegs von vornherein böser Wille oder Mangel an Bereitschaft.«[11] Sie ist vielmehr Ausdruck mehr oder weniger bewusster Lebensprinzipien des »Immanentismus«, des »Kritizismus« und der »Autonomie«, das heißt von Haltungen, die man nicht einfach verteufeln kann, sondern denen sich Theologie und Kirche stellen müssen.[12]

2.2 Anthropologie wird zu einer Grundlagenwissenschaft der Praktischen Theologie

Die Handlungsfelder der Kirche werden anthropologisch durchdekliniert, um jeweils die Menschen in den Blick zu bekommen, die Seelsorge nachfragen oder gewähren, die eine Predigt halten oder sie hören, die Leitungsfunktionen übernehmen oder als Gemeindeglied im Alltag durch ihr Dasein bezeugen, was es heißt, aus Glauben zu leben.

Biblische und humanistische beziehungsweise theologische und psychologische Anthropologie dürfen bei diesen Bemühungen nicht einfach gegeneinander ausgespielt werden, sondern sind je eigens zu würdigen und in ihren konvergenten Aspekten ernst zu nehmen. Das bedeutet zum Beispiel, Fragen der Personwerdung, der Gewissensbildung und Selbstverwirklichung mit Fragen zu bestimmten Formen des Glaubens zu verbinden. Schließlich geht es für einen Menschen auch dann, wenn er sich zur Kirche hält, um eine kontinuierliche »Standortfindung als verantwortliche und mit seinem Selbstsein wirkende Person«[13].

2.3 Wiedergewinnung des Subjektbegriffs als theologische Kategorie

Nach Haendler ist es für »für die Kirche von struktureller Bedeutung«, dass »Wahrheit in ihrer Objektivität zugleich *subjektiv* erfahren werden muss«, was »nicht nur für richtiges Verstehen« von Belang sei, sondern nicht minder »für richtiges Wirken«.[14] Von daher spielt der Subjektbegriff - bei Haendler gelegentlich synonym mit dem Personenbegriff benutzt - in Haendlers Praktischer Theologie eine zentrale Rolle. Unter den verschiedenen Handlungsfeldern der Kirche ist die »Verkündigung« für ihn derjenige Bereich, in dem »das subjektive Element am stärksten ist«[15]. Diese Auffassung stellte keine geringe Provokation dar: Ausgerechnet auf dem Feld der Verkündigung, dem klassischen Kerngebiet der kerygmatischen Theologie, die, als Haendler am »Grundriss« schreibt, im Zenit steht und, Objektivität fordernd, die Figur des Herolds zum pastoralen Identifikationsmodell erklärt, reklamiert Haendler das Subjektivitätsprinzip. Er

---

11 A.a.O., 319.

12 Zu den Details vgl. bes. a.a.O., 320–324.

13 A.a.O., 425.

14 A.a.O., 151 (Hervorhebung W. E.).

15 Ebd.

arbeitet sich im »Grundriss« an der dialektisch-theologischen ›Totalkategorie‹ der »Verkündigung« regelrecht ab. Indem er aber seine theologischen Impulse auch mit der Kategorie »Verkündigung« in Einklang zu bringen sucht, weist er ihr Funktionen zu (z. B. Stärkung der Autonomie), die damals unter diesem Begriff (noch) nicht firmierten. Es überrascht nicht, dass Haendler in diesem Punkt am häufigsten missverstanden, fehlinterpretiert, in seinen Aussagen entstellt und abgelehnt wurde.

Otto Haendler geht empirisch von den Irritationen aus, die aus der personalen »Inkongruenz« im Auftreten, Reden und Handeln kirchlicher Amtsträger resultieren. Er beobachtet, wie Pfarrer gewissermaßen »über sich selbst hinweg« sprechen und unglaubwürdig wirken, was nicht nur die Gemeinde irritiere, sondern auch den Betroffenen selbst bis ins Unterbewusstsein hinein belaste, »obwohl er durchaus hingegeben und opferbereit sein kann, und gerade daran liegt die eigentliche Tragik der Situation«[16]. An dieser Situation kann in der Regel nur dann etwas geändert werden, wenn Pfarrer die Auseinandersetzung mit ihrer eigenen Person als Teil der theologischen Arbeit begreifen. Dazu gehört es, die Grundzüge des eigenen Charakters in den Blick zu bekommen und die sich dabei zeigenden »Schatten« nicht als »uneigentliche« Bestandteile der eigenen Identität abzutun oder sie kurzerhand als Sünde abzuwehren. In diesem Zusammenhang gibt Haendler präzise Hinweise zur »Über-Ich«-Präsenz gerade unter hauptamtlichen kirchlichen Mitarbeitern.[17] Er macht auf überfordernde Ideal- und Normbilder aufmerksam und weist gleichzeitig darauf hin, dass man sich an der Glaubenskommunikation des Christentums nicht beteiligen kann, ohne »Ich« zu sagen und sich dabei als die Person annehmen zu lernen, die man ist. Das aber ist nicht einfach das Ergebnis einer Entscheidung, sondern Resultat eines Prozesses der Selbstwerdung, der »Personifikation«[18], die mit der Erfahrung von Autonomie einhergeht und mit der Aneignung von Freiheit zu tun hat.

2.4 Die Reformulierung des Glaubensbegriffs als Kategorie des Menschseins

Haendler speist in den Diskurs zum Thema Glauben neue Fragestellungen ein, mit denen er sich zugleich von bisherigen Parametern und semantischen Achsen dieser Kategorie (Glaube versus Unglaube, Gehorsam versus Ungehorsam, Annahme versus Ablehnung der Gnade usw.) distanziert. Seine Vorstöße lesen sich wie Antworten auf Fragen wie diese:

- Welche Art zu glauben legen wir in der Verkündigung nahe?

---

16 A.a.O., 344.

17 Vgl. a.a.O., 344–347.

18 Vgl. Otto Haendler: Was ist Freiheit? in: Otto Haendler: Praktische Theologie. Grundriss, Aufsätze und Vorträge (= OHPTh 1), eingel. u. hg. v. Wilfried Engemann, Leipzig 2015, 531–543, 533–537.

- Was können wir Menschen guten Gewissens zumuten, indem wir ihnen mit dieser oder jener Anregung, zu glauben, zugleich eine bestimmte Art des Umgangs mit sich selbst nahelegen?
- Wie geben wir den Menschen, denen wir predigen, sich selbst zu verstehen, indem wir ihnen diese oder jene Glaubenshaltung empfehlen?
- Trägt die nahegelegte Glaubenshaltung tatsächlich zur Erfahrung von Freiheit und zu einem erfüllten Leben bei?
- Wie können wir das Wissen der Psychologie nutzen, um die Auswirkungen deformierender psychischer Erkrankungen (insbesondere Neurosen) für das Glaubensleben eines Menschen wahrzunehmen, um nicht Gefahr zu laufen, entsprechende Probleme durch eine inadäquate Glaubensvermittlung noch zu verstärken?

Dementsprechend macht Haendler eine »sinnvolle und sachgerechte Relativierung« theologischer und ethischer Konzepte – gerade in Bezug auf das Verständnis von Glaube und Liebe – zu einem Grundanliegen seiner Strukturtheologie. Die »universalen und fundamentalen Lebensprinzipien des Glaubens und der Liebe« lassen es ihm jedenfalls unmöglich erscheinen, das Sein und Wirken der Kirche nach anderen kultischen, sittlichen, pädagogischen, ästhetischen und sonstigen Prinzipien partikular zu verzwecken.[19] Im Zentrum praktisch-theologischer Bemühungen steht die an Subjekten haftende und auf sie bezogene Vermittlung und Verständigung über die Lebensdienlichkeit des Glaubens.

Die Hervorhebung der Dimension der *Relevanz* des Glaubens für Menschen, die Seelsorge nachfragen oder einen Gottesdienst besuchen, hat Konsequenzen für die Kommunikation dieses Glaubens: Glauben – soweit er kommuniziert wird – artikuliert sich nur in konkreten Personen. Das Evangelium ist dementsprechend »nicht anders erfahrbar [...] als in menschlich geprägter Form«[20]. Prediger können nur so von ihm reden, wie sie es sich zuvor angeeignet haben; ebenso gilt vom Glauben, dass er nur »assimiliert« bezeugt und vertreten werden kann. »Auch wenn wir das sagen, worin das ganze Neue Testament eins ist und was in allen Bekenntnissen steht, sagen wir es nach *unserem* Verständnis. [...] Jeder, der das Evangelium verkündet, hat es zuvor assimiliert, sonst kann er es nicht verkündigen [...]. Wir haben deshalb immer in ernster Selbstkritik zu stehen, und diese bezieht sich – darauf kommt es hier an – nicht nur auf unser Negatives, sondern auch auf unser Positives.«[21]

Für die Kommunikation des Glaubens durch Gottesdienst, Seelsorge und Predigt bedeutet das, Menschen nicht auf ihren Unglauben, ihre Zweifel und Abwehrreaktionen zu behaften, sondern sich zunächst damit zu befassen, wie

19 Otto Haendler: Grundriss, a.a.O. (s. Anm. 2), 161.

20 A.a.O., 202.

21 Ebd.

Glauben von Zeitgenossen weithin wahrgenommen wird, und warum sie gegebenenfalls zu der Auffassung kommen, vom Glauben nichts erwarten zu können - wir würden heute sagen, warum sie sich für »religiös unmusikalisch« halten. Ausgehend von dieser Bestandsaufnahme fordert Haendler, theologisch und mit einer geänderten Praxis der Kirche an einem Verständnis von Glauben zu arbeiten, dessen Lebensdienlichkeit den Menschen evident ist. Dabei kommt es (1.) darauf an, Glauben als Kategorie der »Erfüllung des Lebens sowohl im theologischen wie auch im anthropologischen Sinne« zu plausibilisieren. Schließlich ist Glauben eine Ressource, durch die Menschen »aus Unzulänglichkeit und irdischer Verhaftung heraus in die Weite und Tiefe des Lebens vor dem Angesicht Gottes« finden. Glauben hat ferner (2.) mit dem »Wagnis« des Aufbruchs zu tun, getragen von der Gewissheit, dass die imaginierte Gegenwart und Zukunft, die unterstellte »Realität« eine ist, in die man sich mit seinem ganzen Leben hineinwerfen kann. Schließlich gilt es (3.), Glauben als »Befreiung« geltend zu machen, was nur dann nachhaltig möglich ist, wenn Glauben »im Verwirklichungsbereich der Person realisiert wird«[22].

3. Rahmenbedingungen und Teildisziplinen der Praktischen Theologie in strukturtheologischer Sicht

»Kultus« und »Verkündigung« sind für Haendler nicht mit Liturgie und Predigt identisch, sondern bilden aufgrund ihrer weit über den Gottesdienst hinausreichenden Kontexte, Formen und Funktionen gleichsam den doppelten Rahmen für alles, was seitens der Kirche - durch entsprechende Berufe ebenso wie durch Gemeindeglieder - zur Plausibilisierung des Evangeliums unternommen und als *Glaubenskultur beziehungsweise Glaubenskommunikation*[23] erfahren wird. Dem

---

22 A.a.O., 156f.

23 Das ebenso weite wie tiefe Verständnis von christlich-religiöser Praxis, das in Otto Haendlers Praktischer Theologie aufscheint, lässt sich weder auf den von ihm selbst gern benutzen Begriff der »Verkündigung der Kirche« reduzieren (sofern man dabei an eine inhaltlich-substantielle Charakterisierung denkt), noch mit der modernen Formulierung »Kommunikation des Evangeliums« umreißen (sofern dabei nur die Modalitäten dieses Geschehens im Vordergrund stehen). Haendlers Interesse am Christentum betrifft m. E. im Kern das, was man mit Glaubenskultur beziehungsweise -kommunikation charakterisieren kann, ein Geschehen, das Facetten des klassischen Verkündigungsbegriffs und der Kommunikation vereint. Nicht die Kirche, nicht das Evangelium, sondern *der Mensch mit seinen Erfahrungen, Vorstellungen und Erwartungen, in denen sich Glauben manifestiert* beziehungsweise die er mit Glauben verbinden können soll, steht letztlich im Fluchtpunkt praktisch-theologischer Forschung. Zum Verständnis der Begriffe Glaubenskultur und Glaubenskommunikation vgl. Wilfried Engemann: Lebensgefühl und Glaubenskultur. Menschsein als Vorgabe und Zweck der religiösen Praxis des Christentums, in: WzM, 65. Jg., 2013, 218–237.

entspricht es, dass diese beiden Themen – Kultus und Verkündigung – der Erörterung der Bereiche Predigt, Unterricht und Seelsorge vorgeschaltet werden.[24]

3.1 »Kultus« als erster Referenzrahmen der Orientierung kirchlichen Handelns

Der Ansatz bei einer »universalen Fassung des Kultus«[25] ergibt sich für Haendler aus der Vielfalt an Formen und Orten religiöser Praxis. Diese sind nicht nur unter theologischen, sondern ebenso unter psychologischen, soziologischen und anthropologischen Gesichtspunkten zugänglich und stellen das strukturale Prinzip sinnfällig vor Augen: Es geht um den »Gesamtbereich aller Hinwendung zu dem lebendigen Gott, in jeder Form und auf jede Weise geschehend: der gestaltete Gottesdienst der Kirche, das Gebet des Einzelnen, die stille glaubende Versenkung in die Bibel; auch das Seufzen in der Not und das Glück der tragenden Gewissheit, wenn sie irgendwie auf Gott gerichtet sind, haben daran Anteil. [...] Aber wenn wir diesen Kultus verstehen wollen, und noch mehr, wenn wir seine wirkliche Bedeutung im Leben der Kirche, seinen Ort also in ihrer Struktur erfassen wollen, darf er nicht isoliert betrachtet werden, denn er ist nicht isoliert.«[26]

Wer die Funktionen des Kultus verstehen will, muss seine ungeregelten und geregelten, individuellen und gemeinschaftlichen Formen in den Blick nehmen, denn diese sind – stärker als Predigt, Katechetik, Seelsorge – auf mannigfaltige Weise in die verschiedenen Lebensbezüge des Einzelnen und der Kirche verwoben; sie sind daher nicht nur im Gemeindeleben anzutreffen, sondern z.B. auch bei einem spontan betenden Atheisten.[27] Haendler sieht also in der allgemeinen religiösen Praxis selbst eine Basis für konkretere Formen des Kultus, weshalb man seinen Kultus-Begriff in fast allen Fällen als Synonym für den Begriff der »Religion«[28] verwenden kann. Das Wesen des Kultus sieht Haendler am besten im Begriff der »Begegnung« erfasst, in der aktive und passive Elemente, Hingabe und Meditation, Gotteserkenntnis und Selbsterkenntnis gleichermaßen zur Geltung kommen. Im christlichen Kultus geht es demnach nicht

---

24 Was im Blick auf den Gottesdienst zu sagen ist, wird allerdings im Rahmen der Abschnitte über »das Wesen«, »die Gestalt« und »die Träger des Kultus« mit abgehandelt.

25 Vgl. Otto Haendler: Grundriss, a.a.O. (s. Anm. 2), 257–267.

26 A.a.O., 257.

27 »Indem wir solche kultischen Versuche, obwohl Versuche ohne jede christliche oder auch nur religiöse Norm, in die Beobachtung und Wertung einbeziehen, verwischen wir nicht etwa die Einzigartigkeit des christlichen Kultus, sondern bereiten vielmehr gerade damit den Boden für seine saubere Erhebung« (a.a.O., 261).

28 Zur praktisch-theologischen Vertiefung dieses Begriffs vgl. Wilfried Engemann: Als Mensch zum Vorschein kommen. Anthropologische Implikationen religiöser Praxis, in: Ders. (Hg.): Glaubenskultur und Lebenskunst. Interdisziplinäre Herausforderungen zeitgenössischer Theologie (= WJTh 10), Göttingen/Wien 2014, 25–48.

nur um eine Sensibilisierung für die Gegenwart Gottes, sondern auch um die Wahrnehmung der eigenen Wirklichkeit, um Selbsterkenntnis und Selbstwerdung.

Im Gottesdienst sieht Haendler gleichwohl die organische Mitte des christlichen Kultus. Jegliche kultische Praxis, soweit sie sich als »christlich« versteht, gewinnt vom Gottesdienst her ihre Plausibilität. Für diese Mitte wiederum gilt: Sie wird besetzt »von lebendigen Menschen«[29]. Liturgie im Rahmen von Strukturtheologie zu behandeln, bedeutet folglich, den Kultus der Kirche sowohl in seinen organischen Bezügen zu Predigt, Unterricht und Seelsorge als auch in seiner Funktion für die Menschen in den Blick zu nehmen, die ihn beleben, die ihn brauchen, in ihm anwesend sind und ihn gestalten – und sich durch ihn zu verstehen gegeben werden. Die Einblendung anthropologischer Gesichtspunkte, die Forderung, jeweils auf den »anthropologischen Vollgehalt«[30] praktisch-theologischer Erwägungen zu achten, wird zu einem immer wiederkehrenden Strukturmuster bei der Entfaltung der »universalen Fassung« der Dimension des Kultischen: »Jede Liturgie spricht, indem sie von Gott spricht, nicht nur zum Menschen, sondern auch über ihn. Sie bietet ihm das Bild seiner selbst, wie Gott ihn sieht und wie Gott an ihm und für ihn wirkt. Hier ist die Aufgabe, dass dieses Bild vom Menschen vollwertig sei in seiner Tiefe und Weite. (Am Verständnis des Menschen arbeitet nicht nur die Predigt, sondern auch die Liturgie.) Dabei geht es nicht nur um seine Beziehung zu Gott, sondern auch und ebenso intensiv um die zur Welt.«[31]

Haendler unterscheidet bei der Darlegung der Ansprüche beziehungsweise Erwartungen an den Kultus der Kirche drei Grundtypen bezüglich des Verhältnisses von Menschen zum Kultus, den »kultgebundenen«, den »kultoffenen« und den »kultfremden«. Daraus leitet er die Notwendigkeit ab, das Handeln der Kirche nicht eindimensional auf Kultbindung abstellen zu wollen, sondern unterschiedliche Muster christlich-religiöser Praxis im Blick zu haben.

3.2 »Verkündigung« als strukturtheologisches Prinzip

Die Kategorie der »Verkündigung« wird von Haendler einer umfassenden Kritik unterzogen, bei der er sich vor allem gegen eine gleichsam materielle Rezeption der reformatorischen Formel von »Wort und Sakrament« wendet. Kirche sei, so hält er dagegen, ihrem Wesen nach eine Gemeinschaft von Personen, »nicht

---

29 Otto Haendler: Grundriss, a.a.O. (s. Anm. 2), 256: »Aller Kultus wird vollzogen von *lebendigen Menschen.* Und sie können ihn nur als ganze Menschen ausüben, mit allem, was in ihnen ist, um so mehr, als echter Kultus eben in dieser den ganzen Menschen durchdringenden Kraft, in diesem *Ganzheitsbezug* einen seiner Wesenszüge hat« (Hervorhebung Otto Haendler).

30 A.a.O., 297.

31 Ebd.

Anteilnahme an dinglichen Werten«. Dies bedeute unter anderem, bei jeglichen Formen von Verkündigung im Blick zu haben, dass an diesem Geschehen *Personen beteiligt* sind, die sich – abgesehen davon, dass da etwas verkündigt und geglaubt wird – begegnen müssen, damit Verkündigung sachgemäß artikuliert werden kann und einem Menschen die persönliche Aneignung des Glaubens erleichtert wird.[32] Für eine stimmige und überzeugende Verkündigung hängt viel davon ab, ob ein Pfarrer z. B. in der Lage ist, die Spannung zwischen der Bindung an Vorgegebenes (Bibel, Tradition usw.) und an seine Subjektivität (und die damit einhergehende Autonomie) wahrzunehmen und durchzuhalten – und nicht sein eigenes Empfinden, Denken und Urteilen zugunsten eines vermeintlichen Textinhalts zu übergehen. Andernfalls wird er auf die brennenden Fragen, die sich nachdenklichen Zeitgenossen angesichts des dogmatischen Überbaus der Verkündigung stellen, nur inadäquat reagieren.[33]

Bei der Erörterung der Verkündigung als strukturtheologischen Prinzips werden wiederum horizontale Aspekte[34] – die Vertikale der Wort-Gottes-Theologie ergänzend – in den Diskurs um die Kommunikation des Evangeliums eingezeichnet und in ihren Konsequenzen für die Handlungsfelder Predigt, Unterricht und Seelsorge vertieft: Sie müssen z. B. an *Situationen* ansetzen, wozu auch »seelische« und »geistige« Situationen gehören, wie die oben bereits angesprochene »Analyse des Bewusstseins in der Gegenwart« verdeutlicht hat. Weitere gemeinsame Strukturmerkmale von Predigt, Unterricht und Seelsorge als Facetten von »Verkündigung« ergeben sich aus der ihre Praxis prägenden *Anrede-Struktur*, die ein ganz besonderes Kommunikationsverhalten, ein wirkliches *Sich-an-jemanden-Wenden* erfordert, nicht ein bloßes Deklarieren von Heilstatsachen. Dazu gehört ein Prediger, Seelsorger beziehungsweise Lehrer, der sich als theologisches und sprachliches Subjekt dieses Geschehens versteht und sich der Herausforderung stellt, zu den Bedingungen der eigenen Person zu predigen, als Seelsorger zur Verfügung zu stehen und zu lehren.

Mit diesem Vorstoß betritt Haendler auch 1957 noch vermintes Terrain. Der unter Pfarrern anzutreffende empirische Zwiespalt zwischen der Selbstwahrnehmung als Person beziehungsweise Mensch einerseits und als berufener Amtsträger beziehungsweise »verordneter Diener des Wortes Gottes« andererseits gilt in der Praktischen Theologie jener Zeit zwar als dogmatisch »gelöst«, wird damit aber gleichzeitig als fortbestehendes Problem tabuiert, jedenfalls nicht sachgerecht – das heißt hier: persönlichkeitstheoretische Aspekte einschließend – bearbeitet. Angesichts dessen befasst sich Haendler gezielt mit Merkmalen der Inkongruenz im Auftreten, Reden und Handeln kirchlicher Amtsträger, mit ihrer Zurückstellung eigener theologischer Überzeugungen, mit

32 Vgl. a.a.O., 310 f.

33 Vgl. a.a.O., 425–428.

34 Vgl. bereits oben unter Punkt 1 in diesem Beitrag.

ihrer Unaufgeklärtheit hinsichtlich möglicher Abgründe der eigenen Glaubenspraxis und der damit verbundenen Gottesbilder und Selbst-Konzepte sowie mit der Fortwirkung spezifischer Ängste – auch in einer um die Vermittlung von Zuversicht bemühten »Verkündigung«. Gleichzeitig legt er dar, in welch umfassendem Sinn die eigene Person für die Zeugnisqualität (insbesondere für die Glaubwürdigkeit, Authentizität, Originalität) der Kommunikation des Evangeliums *gebraucht* wird.

Damit schafft er nicht nur einen neuen Ausgangspunkt praktisch-theologischer Arbeit im Alltag, sondern bietet auch ein ganzes Ensemble von Vorstellungshilfen, Übungen und Methoden an, die für die eigene »geistliche Existenz« ebenso hilfreich sind wie für die praktisch-theologische Arbeit.

3.3 Strukturtheologische Prinzipien für die Handlungsfelder der Kirche

3.3.1 Ausgewählte strukturtheologische Aspekte der Predigtarbeit

Dass das Kapitel zu Fragen der Predigt das kürzeste unter den Teilen des »Grundrisses« ist, die den Handlungsfeldern der Kirche gewidmet sind, mag damit zusammenhängen, dass Haendlers Homiletik[35] 1957 bereits in zweiter Auflage vorlag. Er kann sich nun auf das Wesentliche beschränken und setzt komplementäre Akzente. Während der Prediger als Subjekt des homiletischen Prozesses in der Predigtlehre von 1941/1949 notwendigerweise im Vordergrund stand – hier war in theologischer und didaktischer Hinsicht am meisten nachzuholen –, ist das entsprechende Kapitel im Grundriss stark an der *Situation des Menschen und des Kultus* sowie an einem *neuen Zugang zum Text* interessiert.[36]

Was das Strukturelement der »gegenwärtigen Situation« angeht, fordert Haendler einen Bruch mit Schein- bzw. nur innerkirchlich relevanten Themen der Theologie. Die Predigtvorbereitung bleibt unvollkommen, wenn sie nicht bei authentischen Menschen-Themen ansetzt. Haendler mahnt, die Probleme und Fragen, die die Menschen gleichsam zum Gottesdienst mitbringen – »Erwartungen von ihrem einfach menschlichen Sein aus«[37] –, als strukturale Vorgabe der Predigt zu begreifen. Mit diesem starken Impuls erweist er sich als Wegbereiter auch in der später durch Ernst Lange verschärften Frage nach dem Hörer.

Was den homiletischen Umgang mit Texten angeht, plädiert Haendler dafür, deren begrenzte, perspektivische Aussage nicht zur »ganzen Wahrheit« aufzubauschen, sondern sie entsprechend »perspektivisch« in Anspruch zu nehmen[38]

35 Otto Haendler: Die Predigt. Tiefenpsychologische Grundfragen und Grundlagen [1941, ^{2}1949], in: Ders.: Homiletik. Monographien, Aufsätze und Vorträge (= OHPTh 2), hg., eingel. u. kommentiert von Wilfried Engemann, Leipzig 2017, 269–632.

36 Vgl. Otto Haendler: Grundriss, a.a.O. (s. Anm. 2), 351–377.

37 Vgl. § 29 und die Erläuterungen dazu (a.a.O., 357–360).

38 A.a.O., 356.

und vor dem Hintergrund des Gesamtzusammenhangs der Bibel zu lesen. Das Potential eines Textes lässt sich nicht auf einen dogmatisch stimmigen Skopus reduzieren, sondern muss auch auf seinen Erfahrungskern hin – und damit seinen Lebensbezug – befragt werden. Mit einem Text ist so zu predigen, dass die Gemeinde zu einem eigenständigen und situationsbezogenen Verständnis des Textes angeleitet wird. Damit das gelingt, sollte Arbeit mit dem Text im Vorfeld der Predigt von der zirkulären *Doppelstruktur von Exegese und Meditation* bestimmt sein, d. h. einerseits von einem literarischen, exegetisch professionellem Verstehen[39] und andererseits von einer die ganze Person beanspruchenden[40] zweckfreien Vergegenwärtigung des Sachgehalts des Textes im Horizont der Gegenwart.

Die »Predigtsubstanz« ergibt sich bei keinem einzigen biblischen Text schon aus ihm selbst, auch nicht aus der Heiligen Schrift allein, sondern »aus der Synthese zwischen Textsubstanz und Gegenwart, ihrem Geist und ihren Fragen«[41]. Dementsprechend wiederholt sich die (zunächst in Bezug auf den Text angelegte) doppelte Struktur von professioneller Sachanalyse sowie intuitiver, persönlicher Wahrnehmung und Beobachtung, wenn es um das Verständnis der Situation und Probleme geht, angesichts derer gepredigt wird. Dabei wird zwischen Strukturmerkmalen der (je) gegenwärtigen Gesellschaft und denen einer konkreten, wahrgenommenen oder ›gut erfundenen‹, Hörersituation unterschieden. »Meditation der Predigt umfasst sowohl das, was gesagt werden soll, wie auch die Hörer und die Zeit.«[42]

Natürlich verzichtet Haendler nicht darauf, auch die Person des Predigers als Konstituente des Predigtprozesses zu markieren. Sofern das Evangelium die Gestalt eines Zeugnisses hat, muss sie eher »existentiell aufweisend« als »logisch nachweisend« angelegt sein.[43]

39 Im Blick auf die Leistung, die Möglichkeiten und Grenzen der Exegese argumentiert Haendler hochdifferenziert: Er hält z. B. die unter Pfarrern weithin anzutreffende exegetische Nonchalance für schädlich, weil dadurch der Einfalt, Missverständnissen und missbräuchlichem Umgang mit Texten Vorschub geleistet werde. Die Möglichkeit der Selbstkorrektur durch präzises Verstehen literaturwissenschaftlicher und theologischer Zusammenhänge werde dadurch verspielt. Andererseits dürfe die Erarbeitung eines Skopus nicht überschätzt werden, weil damit noch nichts über die Relevanz des Textes für die Gegenwart gesagt sei (vgl. a. a. O., 360–362).

40 Nach Haendler reicht es nicht aus, sich gehorsam »unter den Text« zu stellen, man muss ihm »in allen Richtungen« mit der »Hingabe der Person als Ganzer« nachgehen (a.a.O., 361; Hervorhebung Otto Haendler).

41 A.a.O., 363.

42 Ebd.

43 Vgl. a.a.O., 354.

3.3.2 Strukturtheologische Facetten des Religionsunterrichts

Lebendiges, angeeignetes, »assimiliertes«, mit dem Selbst der Person verbundenes Wissen ist von »struktureller Bedeutung« für die Gestalt bzw. Erfahrung des Glaubens, dem andernfalls buchstäblich die Relationen, die Anhaltspunkte fehlen. Das gilt für Lernende wie Lehrende. Der Lehrende gefährdet letztlich den Erfolg des Unterrichts, wenn er »als das Lehren Lernender das Gelernte nicht selbst assimiliert, und also nicht als Pädagoge bzw. Katechet zu sich selbst und zu seiner eigenen Art kommt«[44]. »Die Schwierigkeit des Unterrichts entsteht [in diesem Zusammenhang] dadurch, dass das Glaubenswissen sowohl beziehungslos von dem Unterrichteten im Unterricht aufgenommen, wie auch von ihm bereits als beziehungsloses Wissen in den Unterricht mitgebracht werden kann.«[45] Weil die Herstellung von Relationen, das Sich-beziehen-Können auf die Welt, auf das eigene Leben, auf andere Personen usw. für den Glauben von substantieller Bedeutung ist, geht Haendler so weit, Glauben-Lernen geradezu als Prototyp von Bildung bzw. »Glaubenswissen sogar als das *Urbild lebendigen Wissens*«[46] zu charakterisieren.

Bei der Erörterung der strukturalen Voraussetzungen kirchlicher Bildung setzt Haendler bei den Lernenden selbst ein. Lehrende sieht er dementsprechend vor der Herausforderung, sich im Rahmen ihrer Ausbildung und später auch bei der Unterrichtsvorbereitung um der Lernenden willen mit mindestens fünf Gegebenheiten von Lernprozessen zu befassen: Es gilt zu wissen, was das Lernen mit dem Alter, dem Geschlecht, mit Fragen der Begabung, mit der sozialen Atmosphäre sowie mit Charakterfragen zu tun hat. Dass die Auseinandersetzung mit diesen Faktoren einschließt, sich neben theologischen und pädagogischen unter anderem mit entwicklungspsychologischen und soziologischen Fragen zu befassen, liegt s. E. auf der Hand. Er erinnert daran, wie viel sowohl für die Kommunikation des Glaubens als auch in Bildungsprozessen generell von gelingenden Begegnungen zwischen Lehrenden und Lernenden abhängt. Er hält gut aufbereitete Informationen für eine Form der Deeskalation. Unterricht sei – auch dort, wo er atmosphärisch Schwierigkeiten bereite – »immer zugleich verbunden mit einem Boden der Gemeinsamkeit [zwischen Lernenden und Lehrenden], mindestens im Menschlichen [...]. Der ›Machtkampf‹ des Kindes ist oft nicht ›böse‹ gemeint, sondern einfach Welteroberungsdrang«[47].

Da es nach Haendler auch im Religionsunterricht um die Person der Kinder und Jugendlichen *als Ganze* und um ihr *Leben als Ganzes* geht, muss dieser Unterricht ein »ganzheitlicher Lebensunterricht sein, also *Lebenshilfe zum*

44 A.a.O., 386.

45 A.a.O., 380.

46 A.a.O., 379. (Hervorhebung Otto Haendler).

47 A.a.O., 382, vgl. auch 386, 2. Absatz.

Glauben«[48]. Im Ergebnis aller pädagogischen und didaktischen Bemühungen der Kirche steht also ein selbstbestimmtes Leben aus Glauben: Man lernt christliche Religion u.a. deshalb, um zu einem freien und gleichwohl durch Gründe bedingten, also bedachtem eigenen Urteil sowie zu entsprechenden Entscheidungen und einem verantwortungsvollen Handeln zu gelangen.[49]

3.3.3 Strukturtheologische Facetten der Seelsorge

Erstmals in der Geschichte der Seelsorgelehre werden »psychologische Grundlagen und Prinzipien der Seelsorge«[50] nicht nur gleichrangig neben theologische gestellt, sondern beanspruchen in Darstellung und Vertiefung doppelt so viel Platz wie diese. Auch die »konkreten Probleme«[51], denen eine belastbare Seelsorgetheorie sich stellen muss (»Sachprobleme«, »Personenprobleme«, »Situationsprobleme« und Probleme des seelsorglichen Gesprächs), sind weit über die bis dahin in der Pastoraltheologie vorgegebenen hinausgewachsen: Wer Seelsorge treibt, muss in zumutbarem Rahmen über so viel Sachkunde (vor allem im Sinne sozial- und persönlichkeitspsychologischen Basiswissens) verfügen, dass er entsprechende signifikante Merkmale, die im seelsorglichen Gespräch gegebenenfalls hervortreten, zumindest wahrnehmen und adäquat reagieren kann. Wer Seelsorge treibt, kann sich die Probleme, auf die er dabei im Einzelnen trifft, nicht mehr dogmatisch zurechtschneidern. Er kann sie, gemeinsam mit dem Ratsuchenden, nur angehen, wenn er sich dabei an ein paar »strukturtheologische« Grundsätze hält. Ob man diese nun so nennt oder andere Begriffe für die interdisziplinäre Öffnung und anthropologische Vertiefung der Seelsorgelehre benutzt – die daraus folgenden Konsequenzen sind unausweichlich. Einige davon seien exemplarisch genannt, ohne damit eine Rangfolge andeuten zu wollen:

1. Seelsorge ist nicht durch eine Botschaft legitimiert, zu der man überreden könnte. Sie erweist sich erst darin als legitim und relevant, dass sie »zur Erfahrung einer Wirklichkeit« führt, zu der »persönliche Freiheit [...] als das Recht auf Personsein und Selbstentscheidung« gehört. »Die Seelsorge in erster Linie soll diese Hilfe zu bieten.«[52]
2. Wer Seelsorge treibt, kommt nicht umhin, mit einer Theologie zu arbeiten, die sich zunächst auf die seelsorgliche Haltung des Seelsorgers selbst auswirkt – dann erst auf das, was er anderen auf Basis dieser Theologie zu verstehen gibt. Sie tritt nicht nur anhand bestimmter Inhalte zu Tage, sondern kommt

48 A.a.O., 392 (Hervorhebung Otto Haendler).

49 Vgl. a.a.O., § 37, 389-397.

50 Vgl. das entsprechende Kapitel im Grundriss der Praktischen Theologie, a.a.O. (s. Anm. 2), 428-439.

51 A.a.O., 439-451.

52 A.a.O., 419.

auch im geduldigen Wahrnehmen, Verstehen, Aufnehmen und Weiterführen der Fragen des Ratsuchenden zur Geltung.[53]

3. Theologisch zentral für das Verständnis der Seelsorge ist die Prämisse, dass der Gottesbezug menschlicher Existenz im konkreten Fall durch Seelsorge nicht hergestellt wird, sondern als »Merkmal des Menschsein überhaupt« immer schon vorauszusetzen ist.[54]
4. Psychologische Grundlagen und Prinzipien sind keine modischen Supplemente einer ansonsten theologisch stimmigen Seelsorgelehre, sondern die Voraussetzung einer *theologisch* angemessen verantworteten Seelsorgetheorie und -praxis. Sie muss um des Menschen und seines Glaubens willen die Kategorie des Unbewussten kennen, die psychologische Dimension bestimmter Glaubenshaltungen[55] wahrnehmen können u.a.m., um dem Einzelnen nicht durch zu kurz gegriffene Ratschläge mehr zu schaden als ihm zu helfen.[56]
5. Soziologische und personenbezogene Reflexionsperspektiven gehören genuin in die Theologie der Seelsorge hinein, sofern jeder Einzelne vor der Herausforderung steht, »ein gedeihliches Leben in Gemeinschaft« zu führen, zugleich jedoch als selbstständiges Individuum auf sein Gewissen hören muss. In die theologische Argumentation dürfen sich also keine Aporien einschleichen, in denen Freiheit und Gemeinschaft, Autonomie und Hingabe etc. jeweils als gegensätzliche Alternativen gelten.[57]
6. In der Seelsorge wird u. a. das Verständnis dafür vertieft, was es heißt, selbstverantwortlich zu leben und dabei vom Glauben zu profitieren. »Der Mensch will nicht nur leben, er fühlt sich auch verantwortlich.«[58] Gelingende Verantwortung in diesem Bereich ist Teil eines guten, stimmigen »Lebensge-

---

53 Vgl. a.a.O., 321 f.

54 Vgl. a.a.O., 422.

55 »Ebenso wichtig aber ist [...], dass jedes Glauben und Nichtglauben, jede Bewährung und jedes Versagen, zugleich psychologisches Geschehen ist, nicht obwohl, sondern indem es Glaubensgeschehen ist« (a.a.O., 435).

56 Vgl. a.a.O., 428–439. »Ungünstige Einwirkung auf Neurosen hin oder auf ihre Verstärkung hin tritt vor allem dann ein, wenn der Seelsorger als unverbunden und unorganisch empfundene Gehalte der Verkündigung [...] mehr dogmatisch als lebenswirklich nahezubringen versucht. Oft ist damit auch ein mangelhaftes Eingehen auf die ethischen Möglichkeiten und Grenzen des Betreuten verbunden. Zugleich wird dabei häufig übersehen, dass die Reserve in der ethischen Bereitschaft, die dem Seelsorger als Widerstand gegen die (als anerkannt vorausgesetzte) Forderung Gottes erscheint, tatsächlich in mangelndem Überzeugtsein begründet ist« (a.a.O., 435).

57 Vgl. a.a.O., 424 f.

58 A.a.O., 453.

fühls«[59]. Seelsorge verpasst ihre Chance, Menschen darin zu unterstützen, sich *ein mit Autonomie und Verantwortung in Einklang stehendes Lebensgefühl anzueignen,* wenn sie diese Kategorie außer Acht lässt bzw. – mit Hinweisen auf das Phänomen der »Lebensleere« oder des »Lebensüberdrusses« – unter dem Thema Sünde nur negativ besetzt.

Im Grundriss der Praktischen Theologie formuliert Otto Haendler, parallel zu (bzw. unabhängig von) Carl. R. Rogers[60], explizit personenbezogene Prinzipien[61] der Seelsorge, die dazu beitragen sollen, das »Selbst« des Ratsuchenden zum Vorschein zu bringen, seine Autonomie ebenso wie seinen Glauben zu stärken und die Entwicklung der Persönlichkeit zu fördern. Die Art und Weise, wie Haendler u. a. »Wahrhaftigkeit«, »Liebe«, »Kontaktfähigkeit«, Schweigen-Können u.a.m. zu Grundvoraussetzungen einer Freiheit fördernden, persönlichkeitsbildenden Seelsorge erklärt, ähnelt bis in die Begriffe hinein den von Rogers für Therapeuten formulierten Verhaltensvariablen (Akzeptanz, Einfühlung, Echtheit): »Wahrheit kann schweigen und warten aus Liebe, bis zu der Grenze, dass nicht alles, was wahr ist, gesagt werden muss, dass aber nichts gesagt werden darf, was nicht wahr ist. Liebe führt an dieser Grenze u. U. zu der feinen Unterscheidung zwischen wahr und richtig. Der Seelsorger kann mit dem, was ihm für wahr gilt, besonders in der Situation des Betreuten, zurückhalten müssen, weil er nicht weiß, ob das, was er für wahr hält und darum offen sagen möchte, richtig ist. Auch der geübte Blick und die erfahrene Kunst können sich täuschen. Liebe fordert die Rücksicht, dass alle Voreiligkeit vermieden wird, zumal wenn sie nur dem Seelsorger die Situation erleichtert. [. . .] Je echter die seelsorgerliche Situation ist, [. . .] je ungehinderter das Vertrauen ist, umso vollständiger kann alles Notwendige gesagt werden.«[62] »Freilich fordert das in hohem Maße vom Seelsorger ebenfalls Echtheit, das heißt, dass er nicht in bester Meinung sich

---

59 A.a.O., 454 f.

60 Carl R. Rogers entwickelt seine zentralen Theorieelemente wie Haendler in den 40er und 50er Jahren des 20. Jahrhunderts (vgl. insbesondere: A theory of therapy, personality and interpersonal relationship, as developed in the client-centered framework, in: Sigmund Koch [Ed.]: Psychology. A study of a science, Vol. III, New York 1959, 184–256; ders.: Client-centered therapy. Its current practice, implication and theory, Boston 1951; ders.: Counseling and psychotherapy, Boston 1942). Rogers' Prinzipien zur Gestaltung therapeutischer Gespräche lagen bei Erscheinen des »Grundrisses« noch nicht ins Deutsche übersetzt vor. Gleichwohl ist es möglich, dass das Anliegen und die Argumente Rogers' – zumal bei der Gruppe der Wissenschaftler, die sich auf den Tagungen der »Gemeinschaft Arzt und Seelsorger« trafen – z. T. schon bekannt waren.

61 Vgl. insbesondere die Ausgangsthese zu Beginn der Darlegung der »Grundlagen und Prinzipien der Seelsorge« in § 42, a.a.O., (s. Anm. 2) 422.

62 A.a.O., 473.

übersteigert und die Sache, die er vertritt, in der Absicht, sie überzeugend zu machen, gerade unwahrscheinlich macht.«[63] »Die Kontrolle der subjektiven Echtheit unserer objektiven theologischen Überzeugungen ist oft ein fruchtbarer Weg zur echten Gemeinsamkeit mit dem Gegenüber.«[64]

4. Schlaglichter zur Rezeption des Grundrisses der Praktischen Theologie Otto Haendlers

Auf die ebenso umfang- wie facettenreiche, bis in die Gegenwart andauernde, fast 60jährige Rezeption des »Grundrisses« kann ich an dieser Stelle nur stichwortartig eingehen.[65] Für den Prozess des Sich-Durchsetzens zentraler Grundgedanken dieses Werkes trifft zu, was Michel de Montaigne in einem seiner Aphorismen so ausdrückte: »Wird der wissenschaftlichen Welt eine neue Erkenntnis vorgelegt, so heißt es zunächst: Sie ist wahrscheinlich nicht richtig! Hat die Erkenntnis sodann ihre Richtigkeit über allen Zweifel erwiesen, so heißt es: Sie ist richtig, aber ohne Bedeutung! Wurde schließlich im Verlaufe der Zeit die Bedeutung dieser Erkenntnis voll offenbar, so sagt man: Natürlich ist sie bedeutend, aber nicht mehr neu!«[66]

Diese von Montaigne mit der Wahrheit der Ironie klassifizierten *Phasen des Umgangs mit neuen Ideen* treffen gewiss auch für die Arbeiten Haendlers zu, vor allem für die bereits erwähnte, 1941 publizierte Homiletik, »Die Predigt«. Allerdings gilt für beide Werke – für den Grundriss ebenso wie für die Homiletik –, dass von Anfang an eine vierte, den anderen Phasen wie ein Kontinuum unterlegte Form der Rezeption dokumentiert werden kann: Wertschätzendes Verständnis und dankbare Aufnahme. Von daher sind die nachfolgenden, jeweils nur an einem Beispiel verdeutlichten Rezeptionsmuster in ihrer Anordnung nicht streng chronologisch zu verstehen.

4.1 »Totale Psychologisierung!« – »Nur ekklesiologisch gedacht!«

Je nachdem, was man sich aus dem »Grundriss« herausgesucht hat, um die (unter anderem auch) in psychologischen Zusammenhängen argumentierende Praktische Theologie ad absurdum zu führen, hat man ihr entweder eine »totale Psy-

63 A.a.O., 420.

64 A.a.O., 167.

65 Eine ausführliche Darstellung findet sich bei Wilfried Engemann: Otto Haendlers Grundriss der Praktischen Theologie im Spiegel der Theologie- und Rezeptionsgeschichte, a.a.O. (s. Anm. 1), 79–111.

66 Michel de Montaigne, zitiert nach: Rosemarie und Erich Fischer (Hg.): Wissenschafteleien. Aphorismen, Sentenzen, Geflügelte Worte, Leipzig 1988, 20.

chologisierung«[67] oder das Gegenteil, einen verengten, letztlich nur in kirchlichen Kategorien denkenden Horizont unterstellt.[68]

Haendlers Bezugnahme auf ekklesiologische Aspekte ist, wie dieser mehrfach betont, vor allem Ausdruck seiner Überzeugung, dass die Kirche *erster Adressat einer Praktischen Theologie als kritischer Wissenschaft* sein muss, womit er Gert Otto viel nähersteht, als dieser meint: »Hat die Praktische Theologie eine kritische Funktion an der Kirche, so ist damit die Erkenntnis realisiert, dass alle Theologie mit der Kirche in unmittelbarer Wechselwirkung steht. [...] Gerade der Eifer des Handelns aus praktischem Verantwortungsgefühl heraus kann, ohne es zu wollen, im tieferen Sinne unverantwortlich sein. Auch dieser Gefahr vermögen wir nicht schon dadurch zu entgehen, dass wir die Praxis als solche theoretisch durchdenken, sondern erst dadurch, dass wir das ganze Bild der gegenwärtigen Kirche bis in seine Gründe hinein und nach allen Seiten hin durchdacht haben und ständig neu kritisch durchdenken«[69].

Leser, die in dieser Praktischen Theologie wiederum vor allem eine Bekräftigung des Primats biblisch-dogmatischen Denkens suchten, vermissten eine stärkere Verankerung in Amt, Trinität und Christologie[70] – natürlich in dem Verständnis, wie sie sich diese Topoi selbst zu eigen gemacht hatten. Gleich nach Erscheinen dieses Buches stand andererseits für viele Leser sowohl aus dem Bereich der theologischen Wissenschaft wie auch der kirchlichen Praxis fest, mit diesem Werk ein ebenso kühnes wie gediegenes »praktisch-theologisches Repetitorium« in den Händen zu halten, das »neue und große Gedanken«[71] enthält und allen, die theologisch noch auf dem Weg sind und sich nicht schon angekommen wähnen, mit Nachdruck ans Herz gelegt wird.

4.2 Methodisch auf dem neuesten Stand! Eine Praktische Theologie mit kohärenter Argumentation

Hans-Joachim Thilo bringt seine Wertschätzung gegenüber diesem Werk mit Verweis auf seine stimmige Didaktik und Methodenvermittlung sowie die unentbehrlichen anthropologischen Vorstöße dieses Buches zum Ausdruck: »Wer mit Otto Haendler der Meinung ist, dass der Mangel an praktisch-methodischer Ausbildung in der Studentenzeit geradezu unerträglich geworden ist, wer täglich

67 So Dietrich Rössler in seiner Göttinger Probevorlesung vom 14.11.1960: Tiefenpsychologie als theologisches Problem, in: Evangelische Theologie, 21. Jg., 1961, 162–173, 170.

68 Vgl. Gert Otto: Grundlegung der Praktischen Theologie, München 1986, 51–53.

69 Otto Haendler: Grundriss der Praktischen Theologie, a.a.O. [s. Anm. 2], 134, 124f

70 Vgl. Heinrich Rendtorff: Rezension zu Otto Haendler: Grundriss der Praktischen Theologie, in: ThLZ, 82. Jg., 1957, 943–948, 947f.

71 Joachim Scharfenberg: Rezension zu Otto Haendler: Grundriss der Praktischen Theologie, in: Quat, 22. Jg, 1957/58, 47f., 48.

erlebt, wie hilflos auch der langjährige Pfarrer häufig seelsorgerlichen Gesprächen gegenübersteht, wird ihm Dank wissen für sein Wagnis, eine völlig neue Form der Praktischen Theologie geschrieben zu haben. [...] Haendler [geht es] um den Menschen, und zwar sowohl um den, der verkündigt, als auch um den, dem verkündigt wird. Dieser Mensch als Geschöpf Gottes ist der Ausgangspunkt.«[72]

Schon bald nach den ersten Rezensionen des »Grundrisses« wird dieses Werk 1963 im Rahmen einer Gesamtanalyse der Praktischen Theologie »von Schleiermacher bis Karl Barth« sehr ausführlich gewürdigt.[73] Der Verfasser kommt zu folgendem Ergebnis: »Allein schon problemgeschichtlich gesehen ist der Grundriss von Otto Haendler [...] der interessanteste Beitrag seit Jahrzehnten. Sein besonderes Gepräge erhält er durch die theologisch durchdrungene, lebensmäßig ausgereifte, tiefenpsychologische Betrachtungsweise, mit deren Hilfe eine Fülle neuer Gesichtspunkte entsteht.«[74]

Wo immer der wissenschaftstheoretische Kern des »Grundrisses« wahrgenommen wurde, ist auf die epochale Bedeutung des interdisziplinären Herangehens für das Verständnis und die Vermittlung praktisch-theologischen Argumentierens und die Etablierung neuer Kriterien Praktischer Theologie[75] hingewiesen worden. Auch von Seiten der Systematischen Theologie wird Haendler aufgrund seiner Neubestimmung des Kirchenbezugs der Praktischen Theologie und ihres Theorierahmens eine weichenstellende Bedeutung im theologischen Wissenschaftsdiskurs zugeschrieben.[76] Auch frühere Kritiker ändern im Laufe der Jahrzehnte ihr Urteil über die Leistung dieses Buches: Während Dietrich Rössler 1960 noch mehr als skeptisch war[77], sieht er etwa 30 Jahre später in Haendlers Grundriss »die Anfänge der neuen Epoche der

---

72 Hans-Joachim Thilo: Théologie de la personne. Buchbesprechung zu Otto Haendler: Grundriss der Praktischen Theologie, Berlin 1957, in: WzM 9. Jg., 1957, 266–268, 267.

73 Walter Birnbaum: Theologische Wandlungen von Schleiermacher bis Karl Barth. Eine enzyklopädische Studie zur Praktischen Theologie, Tübingen 1963, bes. 211–218.

74 A.a.O., 212.

75 Vgl. die Kommentierung und Weiterführung der Kriteriologie Haendlers bei dem schwedischen Praktischen Theologen Per-Olof Lundberg: Människan i Själavården. En teologisk analys av människosynen i själavårdslitteratur från 1945 till 1984, Uppsala 1992, bes. 60–68, 75–79, 104–109, 135–142.

76 Vgl. Eckard Lessing: Die Geschichte der deutschsprachigen evangelischen Theologie von Albrecht Ritschl bis zur Gegenwart (Band 2), 1918–1945, Göttingen 2004, 395–400. Lessing würdigt dabei auch Haendlers Interesse an denen »am Rande« sowie überhaupt an den Relationen, in denen die Kirche steht. Anerkennung wegen der mit Bezug auf die Laien formulierten ekklesiologischen Grundentscheidungen und Prämissen findet Haendler auch in der Studie von Per-Olof Lundberg. Vgl. a.a.O. (s. Anm. 75), 61.

77 Vgl. Dietrich Rössler: Tiefenpsychologie als theologisches Problem, (s. Anm. 67).

Praktischen Theologie«; Alfred Dedo Müllers »Grundriss der Praktischen Theologie« von 1954[78] sei hingegen noch der älteren Epoche zuzurechnen.[79]

4.3 Otto Haendler – »Vorreiter« und »Pionier der Pastoralpsychologie«

Die von Haendler propagierte und praktisch organisierte Zusammenarbeit vor allem mit psychologisch geschulten Ärzten hat den Dialog mit den Humanwissenschaften – und die Art und Weise ihrer Rezeption – auf allen Gebieten der Praktischen Theologie vorangebracht. Die sich allein schon aus der Interdependenz und Verschränkung »vertikaler« und »horizontaler« Betrachtungsweisen ergebende Interdisziplinarität der Praktischen Theologie Haendlers schlägt sich bereits in spezifischen Gliederungssequenzen des »Grundrisses« nieder, z. B. an der Erschließung der Probleme der Seelsorge unter den Gesichtspunkten von »Sachproblemen«, »Personproblemen« und »Situationsproblemen«[80]. Für Haendler heißt das, ein und denselben Vorgang – das seelsorgliche Gespräch – zumindest unter theologischen, psychologischen und soziologischen Gesichtspunkten zu durchdenken – was freilich nicht so geschieht, dass diese Reflexionsperspektiven einfach auf die drei Problembereiche verteilt werden könnten.

Mit dem »Grundriss« verschafft sich Haendler auf allen Gebieten der Praktischen Theologie den Ruf eines der Tradition gegenüber ebenso umsichtig abwägenden wie mit den nicht-theologischen Nachbardisziplinen Dialoge inszenierenden Wissenschaftlers. Das spiegelt sich nicht zuletzt darin wider, dass dieses Buch als Durchbruch zu einem gewandelten Wirklichkeitsverständnis auf dem Gebiet der Seelsorge[81] und als Voraussetzung für deren spätere psychoanalytische Durchdringung[82] wahrgenommen wird, was Haendler mit Recht als »Vorreiter«[83] und »Pionier der Pastoralpsychologie«[84] erscheinen lässt. »The central idea in his [Otto Haendlers] writings is that both theological anthropology and psychoanalysis are concerned with the integration of consciousness and

78 Alfred Dedo Müller: Grundriss der Praktischen Theologie, Berlin 1954.

79 Vgl. Dietrich Rössler: Grundriss der Praktischen Theologie, Berlin/New York ²1994, 54.

80 Otto Haendler: Grundriss, a.a.O. (s. Anm. 2), 439–472.

81 Vgl. Richard Riess: Seelsorge. Orientierung, Analysen, Alternativen, Göttingen 1973, 188.

82 Vgl. die Würdigung Otto Haendlers durch den Religionspsychologen Herman Westerink: Controversy and Challenge. The Reception of Sigmund Freud's Psychoanalysis in German and Dutch-speaking Theology and Religious Studies, Berlin 2009, bes. 133–136.

83 Michael Meyer-Blanck: Leben, Leib und Liturgie. Die Praktische Theologie Wilhelm Stählins (= APrTh 6), Berlin/New York 1994, 46.

84 Hartwig Daewel: Seelsorgekonzeptionen seit der Dialektischen Theologie, in: Handbuch der Seelsorge, hg. v. Ingeborg Becker u. a., Berlin ²1983, 55–91, 61.

unconsciousness so enabling a person to accept his life by removing inhibitions and liberating the natural possibilities of the human psyche.«[85]

4.4 Wertschätzung der anthropologischen Reformulierung theologischer Begriffe

Seit Erscheinen der Praktischen Theologie Haendlers begegnet im praktisch-theologischen Fachdiskurs ein zunehmendes Unbehagen gegenüber dem bis dahin geltenden Standard, die klassischen Handlungsfelder – insbesondere die Seelsorge – vorrangig an theologisch definierten Problemen des Menschen zu orientieren. Es wächst das Verständnis dafür, dass das Seelsorgegeschehen »den ganzen Menschen« im Blick haben muss.[86] Die mit dieser Maxime einhergehende interdisziplinäre Erarbeitung neuer Grundlagen für eine zeitgenössische Anthropologie ist einer der wichtigsten Impulse, die dem »Grundriss« entnommen werden. Geradezu begeistert heißt es im Deutschen Pfarrerblatt von 1958 hinsichtlich der anthropologischen Erschließungen der Strukturtheologie des »Grundrisses«: »Die geschärfte Beobachtungsgabe des tiefenpsychologisch geschulten Blicks macht sich in vielen Abschnitten des Buches bemerkbar, wie denn hinter allen Ausführungen eine umfassende und im besten Sinne moderne anthropologische Schau zu spüren ist. [...] Alles in allem ist Haendlers Buch eine in hohem Maße fördernde, den Gesichtskreis erweiternde, befreiende Lektüre, von der man nicht loskommt, weil sie bewusst macht und klärt, was uns, die wir im Dienst der Kirche stehen, täglich bedrängt, beunruhigt, vor Fragen stellt.«[87] Ähnlich fällt die Bilanz von Hans-Joachim Thilo aus: »Was an praktischer Methodik der Gesprächsführung, an Anleitung zu echter Meditation, was aus der Situation des modernen Menschen und seiner Art, die ihn bewegenden Probleme in der eigenen Weise auszusprechen, hier dem angehenden Pfarrer gesagt wird, ist bisher in der theologischen Literatur noch nicht gesagt worden.«[88]

Exemplarisch sei hier nur auf die Rezeption des Haendlerschen Verständnisses von »Freiheit« verwiesen: Seelsorgliche Studien nehmen aus ganz verschiedenen Perspektiven auf Haendlers Freiheitsverständnis Bezug, um geläufige theologische Bestimmungen und entsprechende kommunikative Grundsätze der Seelsorge kritisch zu hinterfragen,[89] um den Beitrag der Seelsorge zur

85 Herman Westerink: Controversy and Challenge, a.a.O. (s. Anm. 82), 133.

86 Vgl. Heinz Erich Eisenhuth: Der Christ in der Gemeinschaft. Zurüstung für den seelsorgerlichen Dienst, Berlin 1966, 100.

87 Rezension zu Haendlers Grundriss der Praktischen Theologie (unter dem Kürzel K. B. R.), in: DtPfrBl, 58. Jg., 1958, 453.

88 Hans-Joachim Thilo: Théologie de la personne, a.a.O. (s. Anm. 72), 267 f.

89 Vgl. Joachim Scharfenberg: Seelsorge als Gespräch. Zur Theorie und Praxis der seelsorgerlichen Gesprächsführung, Göttingen 1972, 25.

Selbstständigkeit von Individuen[90] zu unterstreichen oder um die Konvergenzen zwischen psychologischen, psychoanalytischen und seelsorglichen Beratungszielen[91] hervorzuheben. Hans-Joachim Thilo sieht das Potential des Haendlerschen Freiheitsbegriffs vor allem in der seelsorglichen Verknüpfung der Kategorie der Freiheit mit Erfahrungen von Glauben und Heilung. Wer Seelsorge in Anspruch nimmt und, wie Haendler formuliert, »von Freiheit zu Freiheit geführt« wird, sollte dabei, so lässt sich Thilo zusammenfassen, auch im Prozess der Selbstwerdung ein Stück weiterkommen, ohne sich dafür den Vorwurf der Selbsterlösung einhandeln zu müssen.[92]

4.5 Haendlers »Grundriss der Praktischen Theologie« – ein noch nicht eingelöstes Erbe

Natürlich haben auch die Schüler und Weggefährten Haendlers – in unterschiedlich starkem Maße, versteht sich – das Ihre zur Etablierung der Haendlerschen Praktischen Theologie beigetragen.[93] Sein wichtigster Schüler, Ernst-Rüdiger Kiesow (1926–2003), hat sich zeitlebens um eine Fortsetzung und Intensivierung der ebenso kritischen wie befruchtenden Annäherung psychologischer und theologischer Fragestellungen und Argumentationsmuster bemüht. Er hat das Haendlersche, mit Bezug auf C. G. Jung formulierte Konzept der »Selbstverwirklichung« gegenüber theologischer Kritik als adäquaten Ausdruck eines protestantischen Freiheitsbegriffs verteidigt und ist einem verengten, mit Unfreiheit assoziierten Glaubensverständnis in der Psychologie nachdrücklich entgegengetreten.[94]

Aufs Ganze gesehen finden Leserinnen und Leser im »Grundriss« wertvolle Impulse für eine an der Lebensdienlichkeit kirchlichen Handelns interessierte Praktische Theologie. Sie trägt unter anderem dazu bei, Glauben und – in der Sprache der Jungschen Psychologie – Selbstverwirklichung im Zusammenhang zu sehen, die theologische Anthropologie im Dialog mit den Humanwissenschaften weiterzuentwickeln und dabei auch auf konvergente Einsichten und Ziele zu stoßen. Die Rezeptionsgeschichte der Praktischen Theologie Haendlers

---

90 Vgl. Ernst-Rüdiger Kiesow: Die Seelsorge, in: Handbuch der Praktischen Theologie, Bd. 3, hg. v. Heinrich Ammer/Jürgen Henkys u. a., Berlin 1978, 141–262, 164.

91 Vgl. Werner Jentsch: Handbuch der Jugendseelsorge. Geschichte, Theologie, Praxis, Teil 4: Praxis der Jugendseelsorge: Wege, Zweiter Halbband: Gesprächsseelsorge, Gütersloh 1986, 237.

92 Vgl. Hans-Joachim Thilo: Beratende Seelsorge. Tiefenpsychologische Methodik, dargestellt am Kasualgespräch, Göttingen 1971, 19f.

93 Eine vollständige Übersicht findet sich in: Wilfried Engemann: Otto Haendlers Grundriss der Praktischen Theologie im Spiegel der Theologie- und Rezeptionsgeschichte, 99–112.

94 Vgl. dazu bereits Ernst-Rüdiger Kiesows Habilitationsschrift: Katholizismus und Protestantismus bei Carl Gustav Jung, Theol. Habil. Univ. Berlin 1962, 110.

zeigt, dass dieses Anliegen nicht nur wahr-, sondern auch ernstgenommen wurde.

Haendler selbst verbindet seinen »Grundriss« mit dem Anspruch, dass zumindest die grundlegenden Prämissen, Prinzipien und Erwartungen zeitgenössischer Praktischer Theologie auch in den anderen Disziplinen vermehrt zur Kenntnis genommen werden – wie ja auch von Praktischen Theologen ganz selbstverständlich erwartet werde, in den anderen Fächern halbwegs auf dem Laufenden zu sein. Er hat dabei einen »Organismus der Theologie in Wechselwirkung« aller Fächer im Blick, was voraussetzte, die Praktische Theologie nicht länger für das »offene [...] Tor zur (nachwissenschaftlichen) ›Praxis‹ hin«[95] zu halten. Davon ist die akademische Theologie als ganze bis zum heutigen Tag noch ein gutes Stück entfernt. Die »Edition der Schriften und Vorträge zur Praktischen Theologie« Otto Haendlers mit den darin schon angebahnten Gesprächen, aufbereiteten Problemen, zugespitzten Fragen und vorgeschlagenen Perspektiven ist nicht zuletzt eine weitere Einladung, diesen innertheologischen Dialog zu führen.

95 Otto Haendler: Grundriss der Praktischen Theologie, a.a.O. (s. Anm. 2), 136.

Auf der Suche nach einer Kirche für Menschen

Kontext, Inhalt und Argumentationslinien der Habilitationsschrift Otto Haendlers (1930)

von Wilfried Engemann

1. Zeitgeschichtliche und theologische Kontexte

Otto Haendler habilitiert sich in einer brisanten Epoche der deutschen Geschichte, im letzten Drittel der Weimarer Republik, einer Phase großer Suchbewegungen in Kirche und Gesellschaft. Aus Krieg und Niederlage waren die verschiedensten Erklärungsmodelle, Rechtfertigungsversuche, Überlebenskonzepte und Visionen eines gemeinsamen Neuanfangs hervorgegangen. Ende der 20er Jahre des 20. Jahrhunderts konkurrieren unter anderem nationalistische, patriotische, sozialistische und kommunistische Positionen um die Beantwortung der Frage, welches Gemeinschaftskonzept für alle das Beste sei. Haendler setzt sich in seiner Habilitationsschrift theologisch damit auseinander.[1]

Die von harter Arbeit, Niedriglohn und schlechten Wohnverhältnissen geprägte Lebenslage vieler Menschen, das gewachsene politische Bewusstsein der zum Teil gewerkschaftlich organisierten Arbeiterschaft und last but not least eine bis 1930 sozialdemokratisch geführte Regierung hatten das Ihre dazu beigetragen, dass eine zukunftsfähige, wie auch immer begründete Idee von Gemeinschaft das einfache Volk – den »kleinen Mann« – mit im Blick haben und gleichsam vor ihm bestehen musste. In Politik und Religion kommt »die große Masse« als ernst zu nehmende Realität in den Blick, als eine Größe, die nicht nur auf Ideen angewiesen ist, sondern diese auch beleben oder zunichte machen kann. Als Haendler im Frühjahr 1930 die letzten Seiten seiner Habilitationsschrift schreibt, zerbricht gerade die aus SPD, Zentrum, DVP und DDP bestehende Große Koalition. Nationalsozialistische Extremisten und Sympathisanten gewinnen rasch die Oberhand und geben zunehmend auch auf Kanzeln den Ton an. In der Bevölkerung machte sich eine tiefe, existentielle Verunsicherung breit. Der Vertrauensverlust gegenüber Institutionen und Behörden ist stark. Eine solidarische Kirche, zu der man sich hingezogen fühlt, weil man sich von ihr Hilfe bei

1 Otto Haendler: Die Idee der Kirche in der Predigt (Theol. Habil., Universität Greifswald 1930), in: Ders.: Homiletik. Monographien, Aufsätze und Vorträge (= OHPTh 2), hg., eingel. u. kommentiert von Wilfried Engemann, Leipzig 2017, 43–204.

der Bewältigung des Lebens verspricht, ist für viele Menschen kaum mehr vorstellbar.

Die traditionellen Strukturen von Kirche und Gemeinde bestehen in jener Zeit gleichwohl fort: In den durch die rasante Industrialisierung explosionsartig anwachsenden Großstädten waren Gemeinden mit 10.000 Gliedern keine Seltenheit. Häufig gehörte deren weitaus größter Teil der Arbeiterschaft an. Dass Kirche und Theologie sich fragen (lassen) müssen, mit welchen Ideen die Menschen um ihrer selbst willen für das Christentum bzw. für die Gemeinde wiedergewonnen werden könnten, liegt auf der Hand. Haendler will deutlich machen, inwieweit hierfür auch die Predigt in Anspruch genommen werden kann, jene - aufgrund ihres Öffentlichkeitscharakters und ihres Mediums, der freien Rede - privilegierte Form der Kommunikation des Evangeliums.

Die dafür bereitliegenden homiletischen Theorien empfindet Haendler als höchst unbefriedigend: In einer Zeit, in der so viel davon abhänge, inwieweit die gegenwärtige Lebenswirklichkeit des Einzelnen und der Gemeinde als theologische Herausforderung sui generis begriffen würde, richteten Theologen wie Eduard Thurneysen, Karl Barth und Karl Fezer anachronistischerweise ihre ganze Aufmerksamkeit darauf, die Theozentrik und Biblizität der Predigt verteidigen bzw. retten zu wollen. Auf diesen Gebieten lägen aber - nicht zuletzt aufgrund der Leistungen der in vielen Punkten zu kritisierenden Dialektischen Theologie - gar nicht die Probleme zeitgenössischer Predigt. Viel eklatanter sei deren Relevanz- bzw. Wirklichkeitsverlust, der in starkem Maße aus der Gemeinde- und Subjektvergessenheit der zeitgenössischen Homiletik resultiere.

Verglichen mit dem Gang der Geschichte der Homiletik von 1925 und 1950 ist es erstaunlich, wie klar bereits in dieser Studie der Zusammenhang von Realitätsbezug, Relevanz und reflektierter Subjektivität angesprochen wird. Eine Voraussetzung, diesem Zusammenhang gerecht zu werden, sieht Haendler in der homiletischen Verknüpfung des Potentials von Kirche und Gemeinde mit den legitimen Bedürfnissen der Einzelnen nach einer Beheimatung und Stärkung.

2. Probleme - Prämissen - Postulate: Zur Situation von Theologie und Kirche Ende der 1920er Jahre

Haendlers Habilitationsschrift »Die Idee der Kirche in der Predigt« stellt den Versuch dar, die Gemeinde im Kontext eines stimmigen, sozialen und ökumenischen Ansprüchen gerecht werdenden Konzepts von Kirche als eigene homiletische Kategorie neu zu etablieren. Kirche und Gemeinde werden angesichts der Herausforderungen der Zeit als Konstituenten der Predigtarbeit ins Blickfeld gerückt.

Zunächst warnt Haendler eindringlich davor, sich in Predigtlehre und Dogmatik weiter damit zu begnügen, vor allem mit der Kategorie des Wortes Gottes zu operieren. In den entsprechenden Texten werde nicht nur die homiletische Bedeutung der Gemeinde als Referenzrahmen und Korrektiv der Predigt übersehen. Die Fixierung auf theologisch fragwürdige, im Einzelnen höchst widersprüchliche kerygmatische Prinzipien sei auch mit einer eklatanten Unterschätzung der Rolle des Predigers als Subjekt der Kanzelrede verbunden.[2] Haendler äußert die Vermutung, dass das »dritte Moment, der Prediger, in der bisherigen Homiletik überhaupt zu kurz gekommen ist. Es könnte sein, dass die [...] Vernachlässigung dieses subjektivsten Moments der Predigt gegenüber dem großen, objektiven Moment des Evangeliums und dem objektiveren der Gemeinde gerade in der Gegenwart aufgehoben werden muss«[3].

Im Rahmen der Ausarbeitung der Idee der Kirche kommt er immer wieder auf die strukturelle Relevanz der personal-subjektiven Dimension des Predigtgeschehens zurück. Den Prediger als Subjekt zu denken ist seines Erachtens gerade für die Idee der Kirche selbst von höchstem Belang; man könne darauf »um der Sache willen«[4] – also um des Evangeliums willen – nicht verzichten. Nach dem predigenden Subjekt zu fragen ist kein Indiz für eine subjektivistische Theologie, es bedeutet auch keine Abkehr von einer schriftbezogenen Homiletik, sondern ist letztlich – so lässt sich Haendlers Anliegen zusammenfassen – Ausdruck hermeneutischer Sorgfalt.

Noch elf Jahre später steht Haendler mit seinem theologisch und hermeneutisch begründeten Interesse an der predigenden Person – zumindest unter den Fachkollegen[5] – weitgehend allein: »So kommt das Subjekt des Predigers in der bisherigen homiletischen Literatur nicht zu seinem Recht. Auch Schreiner und Trillhaas, die [. . .] die Not gesehen haben und in Angriff nehmen, bleiben doch noch in den Anfängen ihrer Überwindung. Denn erstens hat jede objektive

---

2 Die Vorstellung, dass es in der Homiletik vorrangig um die sich in diesem Abschnitt abzeichnende Trias von »Pfarrer, Evangelium, Leute« gehe, basiert auf einem Strukturvorschlag von Friedrich Niebergall: Praktische Theologie, Bd. 2: Die Arbeitszweige: Gottesdienst und Religionsunterricht; Seelsorge und Gemeindearbeit, Tübingen 1919, 67.

3 Otto Haendler: Die Idee der Kirche, a.a.O. (s. Anm. 1), 69 f. Haendler stellt dieses Thema allein aufgrund der notwendigen Abgrenzung seines Gegenstandes und von aus seiner Sicht unaufschiebbaren Zeitfragen noch zurück. Seine Habilitationsschrift ist also das komplementäre Gegenstück zu der elf Jahre später erscheinenden Predigtlehre, in der sich Haendler ganz auf die Kategorie des Predigers bzw. dessen Funktion als Subjekt im homiletischen Prozess konzentriert. Vgl. Otto Haendler: Die Predigt. Tiefenpsychologische Grundlagen und Grundfragen, in: Ders.: Homiletik. Monographien, Aufsätze und Vorträge (= OHPTh 2), hg., eingel. u. kommentiert von Wilfried Engemann, Leipzig 2017, 269–632, bes. 328–349.

4 Otto Haendler: Die Idee der Kirche, a.a.O. (s. Anm. 1), 22.

5 Zur durchaus facettenreichen Rezeption der 1941 erschienenen Predigtlehre Haendlers vgl. Wilfried Engemann: Vorwort: Otto Haendlers Schriften und Vorträge zur Homiletik, in: OHPTh 2, Leipzig 2017, 5–12, 5 f.

Frage der Predigt für den, der Predigt arbeitet, zugleich eine grundsätzliche und umfassende subjektive Seite. Zweitens ist der Prediger nicht nur ein Mensch, bei dem man gleichsam selbstverständlich Glauben voraussetzen und fordern kann, dass er christliche Persönlichkeit sei und alles, was damit nicht übereinstimmt, überwindet. Sondern der Prediger ist, so wie er ist, ein Mensch, der mit seiner ganzen Persönlichkeit, auch dem nicht überwundenen Unchristlichen, seine Predigt arbeitet. In diesem Sinne ist das Problem des Subjektes mit seiner lebendigen Geschichte nicht genügend berücksichtigt«.[6] Der Schattenwurf der Dialektischen Theologie war auch im vierten Jahrzehnt des 20. Jahrhunderts noch allenthalben sichtbar.[7]

Ein wichtiger Grund dafür, sich Ende der 1920er Jahre beim Durcharbeiten homiletisch vorrangiger Themen einem neuen Konzept von »Kirche« zuzuwenden, um »Gemeinde« als relevantes Angebot zur Bewältigung des individuellen Lebens zu verdeutlichen, ist nach Haendlers eigener Auskunft der Zerfall schlüssiger Kollektivideen. Haendler erkennt, dass die Kirche – in Konkurrenz mit unausgegorenen völkischen, nationalistischen und sozialistischen Gemeinschaftskonzepten stehend – selbst kaum noch als stärkendes und bewahrendes, existenzbegleitendes Zugehörigkeitsmodell wahrgenommen wird. Angesichts dessen gibt er zu bedenken, dass eine lebendige Gemeinde eigentlich »beim Aufschwellen der nationalen und internationalen Kollektivbewegungen sofort als christliche Kollektivgegenbewegung [hätte] mit anschwellen müssen. Das ist nicht geschehen«[8], sondern »die Kirche ist hinter den großen Kollektivbewegungen [...] zurückgeblieben«[9].

---

6 Otto Haendler: Die Predigt, a.a.O. (s. Anm. 3), 299.

7 Vgl. dazu die zwar erst viele Jahre später erschienene – aus anderen, homiletisch akzentuierten Schriften Barths in ihren Grundthesen jedoch bereits geläufige – Homiletik Karl Barths, basierend auf Nachschriften von Vorlesungen, die er im Wintersemester 1932 und Sommersemester 1933 in Bonn gehalten hat (Karl Barth: Homiletik. Wesen und Vorbereitung der Predigt, Zürich 1966). Vgl. auch Helmuth Schreiner: Die Verkündigung des Wortes Gottes. Homiletik, Schwerin 1936. Selbst wohlwollendere, der Dialektischen Theologie differenziert gegenüberstehende Kollegen äußerten sich zurückhaltend über die psychologische Dimension der Predigt. Sie verzichten konsequenterweise auch nach Erscheinen der Predigtlehre Haendlers in ihren eigenen Schriften darauf, die predigende Person in einem eigenen Kapitel als Gegenstand der Homiletik zu etablieren. So etwa Wolfgang Trillhaas: Evangelische Predigtlehre, München [1935, ^{2}1936] ^{3}1947: »Die ganze Predigtpsychologie der letzten Generation war abgesehen von der ganzen Humorlosigkeit solcher methodologischen Erwägungen darin positiv falsch, dass sie vergessen hat, dass in aller Predigt die Gemeinde zuerst und wesentlich als Gemeinde anzureden ist und dass, wenn dies geschieht, die sekundäre Sorge um den richtigen Ton sich von selbst behebt« (55).

8 Otto Haendler: Die Idee der Kirche, a.a.O. (s. Anm. 1), 50.

9 A.a.O., 203.

In dieser Situation hängt bei Weitem nicht alles von der Predigt ab. Aber wo gepredigt wird, sollten Kirche und Gemeinde nicht nur als Ort der Artikulation individuellen Glaubens verstanden, sondern als gemeinsame »Lebensform« erfahren werden. Eine Predigt soll dazu beitragen, dass Menschen es für wünschenswert halten, zur Gemeinde zu gehören, und dass sie sich dadurch den Herausforderungen der Gegenwart und der Zukunft besser gewachsen fühlen. Die Predigt ist nach Haendlers Überzeugung – wo sie in dem eben angesprochenen Sinn gelingt – ein konzentrierter Ausdruck der Kollektiv-Idee Gemeinde, ein kontinuierliches Werben »für die Gemeinde der Zukunft«[10].

Universitätstheologie und Pfarrerschaft sind nach Ansicht Haendlers in zu geringem Maße dafür gewappnet, auf die Herausforderungen der Zeit mit einer überzeugenden Idee von Kirche und Gemeinde zu reagieren, auch wenn er auf positiv zu würdigende Ansätze[11] hinweisen kann. Ein Indiz für die Hilflosigkeit oder die Weigerung, sich der damit verbundenen Herausforderungen anzunehmen, ist die Neigung der in Theologie und Kirche Verantwortlichen, die Schwierigkeiten der Gemeindearbeit aus mangelnder Selbstkritik auf »widrige Umstände« zurückzuführen – oder gar auf Ursachen, die gar nicht zu beklagen sind, wie etwa das Autonomiestreben des »modernen Menschen«: Haendler warnt eindringlich davor, den Eindruck zu fördern, die Kirche sei – wenn sie zum Glauben ermutige – an einer Fremdsteuerung christlicher Existenz interessiert, die die »innerlich notwendige Autonomie«[12] des Einzelnen in Frage stelle. Ein solcher Eindruck halte Menschen unnötigerweise von der Kirche fern.

Die hier und da wahrzunehmende Verschmelzung kirchen- und religionsfeindlicher Tendenzen mit dem Marxismus und »die gebrochene Haltung des deutschen Idealismus gegenüber der Kirche« haben nach der Einschätzung Haendlers ihrerseits einen Beitrag zur »Unkirchlichkeit der Massen« geleistet und den religiösen Skeptizismus gerade unter den Gebildeten noch gestärkt.[13] Theologie und Kirche können aber aus der Mitverantwortung für diese Entwicklung nicht entlassen werden.

In Haendlers Habilitationsschrift – wie in der später folgenden Studie zur Funktion des Predigers als Subjekt im homiletischen Prozess auch – geht es im Kern um die Sondierung, Begründung und Entscheidung theologischer, die

---

10 A.a.O., 52.

11 Dazu gehören u.a. Predigten der sogenannten »Sozialistenpfarrer« Emil Fuchs und Günther Dehn. Mit Bezugnahme auf Predigten dieser beiden Theologen unterstreicht Haendler die Dringlichkeit eines homiletischen Konzepts von Kirche, das allen sozialen Gruppen der Gemeinde gerecht wird – unbedingt auch dem Industrieproletariat, aus dem sich eine hohe Anzahl von Gemeindegliedern in den Großstädten rekrutiert (a.a.O., 196–201).

12 A.a.O., 51.

13 Ebd.

Predigt betreffender Streitfragen, erst in zweiter Linie um methodische Konsequenzen für die Homiletik. Haendler bringt sich mit der »Idee der Kirche« in einen Diskurs ein, der zu jener Zeit in starkem Maße von dialektisch-theologischen Prämissen bestimmt war und kritisiert, dass die darauf basierenden Vorstellungsmuster Predigten nach sich zögen, die dem Frage- und Problemhorizont seiner Zeit kaum mehr gerecht würden. Es geht ihm um Korrekturen an einer Theologie, die den Pfarrern inadäquate Voraussetzungen der Arbeit an einer Predigt vermittelt.

Wenn Haendler sein Interesse an einer homiletisch relevanten Kollektividee von Kirche erläutert, kehrt er exemplarisch doch immer wieder zum einzelnen Menschen zurück, dem sich der Gewinn eines bestimmten Verständnisses von Kirche erschließen und dem die Predigt als ganze lebensdienlich erscheinen muss. Zum Wesen einer »Idee der Kirche« gehört, so wäre zu bilanzieren, dass sie einem Menschen brauchbare Orientierung zu geben vermag, dass sie sein Lebensgefühl positiv tangiert und nicht als vor allem fordernde Institution wahrgenommen wird. Diese Erfahrung setzt freilich voraus, dass Menschen sich selbst als Repräsentanten von Kirche und insofern als ihre Träger[14] erfahren können, dass sie jene Idee gewissermaßen mitverkörpern und im Alltag »verwirklichen«, indem sie leben. Eine solche Erfahrung hat wiederum Konsequenzen für das Verständnis des Glaubens: Glauben ist mehr als eine »subjektive Überzeugung von Gott«[15], er ist auch eine Form des inneren Zusammenhalts einer Gemeinde.

Die »Idee der Kirche« wird für Haendler somit zum Paradigma des Existenzbezugs des Christentums. Ihre Dynamik entfaltet sich freilich erst im Kontakt »mit Subjekten, für die sie bestimmt ist. Sie wird erst wirksam, wenn sie Menschen berührt«[16]. Bei der Erarbeitung einer »Idee der Kirche in der Predigt« ist also nicht vorgesehen, die Gemeinde beim Predigthören künftig mit kirchlichen Begriffen zu fluten, sondern Kirche als Daseinskonzept zu erschließen und zu vermitteln. Nur so, in dieser »kasuellen Weite«[17], werden Menschen die Kirche als bewahrend, fördernd, begleitend, stärkend und insofern als für ihr Leben relevant erleben.

Haendler nimmt am Anfang wie am Ende seines Wirkens die je gegenwärtige Kirche und deren praktisch-theologische Reflexion kritisch in den Blick: In seiner Habilitationsschrift von 1930 befragt und kritisiert er Kirche und Theologie in der Absicht, deren Lebensdienlichkeit für Menschen herauszuarbeiten, die gleichermaßen auf Gemeinschaft und Autonomie angewiesen sind. Er versucht schon damals offenzulegen, mit welcher Theologie die Kirche Gefahr läuft, sich

14 »Der Mensch *wird* von dieser Wahrheit nicht nur getragen, sondern zugleich trägt er *sie*« (a.a.O., 113 f.).

15 A.a.O., 50.

16 A.a.O., 116.

17 A.a.O., 121.

auf ihrem Weg zu den Menschen selbst ein Bein zu stellen. In seiner Praktischen Theologie von 1957 wird dieser Ansatz dann ausgebaut zu einer komplexen Strukturtheologie, die dazu beiträgt, »der gegenwärtigen Kirche« eine für Zeitgenossen zugängliche Gestalt zu geben.[18]

3. Aufbau und Argumente der Habilitationsschrift Haendlers

In den vier großen Kapiteln dieser Arbeit widmet sich Haendler der Vertiefung der oben genannten »Probleme, Prämissen und Postulate« und benennt im Anschluss an einige Predigtanalysen entsprechende Konsequenzen: Kapitel 1 dient der Anknüpfung am zeitgenössischen Diskurs der Homiletik. Haendler setzt sich hier vor allem mit den in der Homiletik seiner Zeit verbreiteten »theozentrischen Forderungen« auseinander und kommentiert deren anthropologische Perspektiven und psychologische Implikationen. Kapitel 2 dient der Spurensicherung des Themas selbst. Haendler analysiert hier den Stellenwert von »Gemeinde« und »Kirche« in einschlägigen homiletischen Positionen bis 1930 und markiert dabei Anknüpfungspunkte und Fehlentwicklungen von Friedrich Schleiermacher bis Friedrich Niebergall. Kapitel 3 führt in das Anliegen und die Relevanz eines zeitgenössischen Konzepts von Kirche und Gemeinde ein und versucht, dessen Notwendigkeit für die Plausibilität und Lebensdienlichkeit der Predigt herauszustellen. Dabei sollen »prinzipielle Bestimmtheit und kasuelle Weite«[19] einer Idee der Kirche miteinander verknüpft werden. Kapitel 4 stellt schließlich einige praktische Maximen sowie anregende und ernüchternde Beispiele dafür vor Augen, was es heißt, mit einer konkreten Idee von Kirche an die Predigtarbeit zu gehen.

3.1 Haendlers Bezugnahme auf den homiletischen Diskurs um 1930

Haendlers Habilitationsschrift wird mit zwölf Argumentationsgängen eröffnet, in denen die Dilemmata einer gegen die Psychologie ausgespielten homiletischen Theozentrik zur Sprache kommen[20], in denen ferner die »fälschliche Vernachlässigung der Gemeinde um der theozentrischen Forderung willen«[21] analysiert wird und scheinbare homiletische Prinzipien als dogmatische Vorentscheidungen klassifiziert werden. Haendler ist der Überzeugung, dass man nicht losgelöst von einer empirisch gestützten und einer von begründeten Erwartungen geleiteten, zeitgenössischen Idee der Kirche einfach »die Wahrheit der Erlösung«[22] predigen könne. Um dies zu untermauern zeigt er auf, welche Schwierigkeiten

---

18 Vgl. Wilfried Engemann: Otto Haendlers Grundriss der Praktischen Theologie im Spiegel der Theologie- und Rezeptionsgeschichte, in: OHPTh 1, 21–112, bes. 22–33.

19 Otto Haendler: Die Idee der Kirche, a.a.O. (s. Anm. 1), 121.

20 A.a.O., 53 f.

21 A.a.O., 27.

22 A.a.O., 71.

den Einzelnen daran hindern, in der Kirche ein verlockendes Kollektiv, eine für ihn geeignete, seine Existenz tangierende Gemeinschaft zu sehen.[23] Nachdem er mit Bezug auf Eduard Thurneysen[24], Karl Barth[25] und Karl Fezer[26] die verbreitete theozentrische Generallinie der Homiletik höflich gewürdigt hat, geht Haendler schnörkellos zur Kritik an der Aushebelung des Subjekts Prediger und der Vernachlässigung der Situation des Einzelnen durch die Dialektische Theologie über. Dies geschieht nicht, um die Psychologie gegenüber der Theologie stark zu machen, sondern um eine einseitig vom Wort Gottes her argumentierende Homiletik aus theologischen Gründen auf ihre blinden Flecken hinzuweisen. Im Einzelnen hält Haendler mit folgenden Argumenten dagegen:

1. Scheinalternativen: Gott im homiletischen Prozess Gott sein zu lassen und gleichzeitig psychologische Einsichten zu respektieren, sind keine gegensätzlichen Haltungen.[27] Theozentrische Aspekte können nicht gegen anthropologische Gesichtspunkte ausgespielt werden. Im Gegenteil: Letztere sind unverzichtbare Facetten einer stimmigen Praktischen Theologie. Thurneysens Pathos – wonach in der Predigt nicht um das Verständnis des Menschen, sondern um das Verständnis Gottes zu ringen sei, eine Aufgabe, die es erlaube, jeden Sonntag das Gleiche zu sagen – entspringe einer der wissenschaftlichen Theorie nur schwer zugänglichen Position, da sie eigentlich »religiös begründet«[28] sei.
2. Unausweichlichkeit persönlichen Sprechens: An Karl Barth wird kritisiert, dass er eine »unrichtige Beziehung zwischen Gotteswort und Menschenwort« unterstelle, wenn er in diesem Zusammenhang vom »Korrelat« spreche. Barths Begriffe für das Predigtgeschehen unterstellten eine Sprachwirklichkeit, die mit menschlicher Verständigung wenig zu tun habe. Es sei hingegen legitim, bei den Möglichkeiten des Menschenwortes zu bleiben und davon auszugehen, »dass wir eine mehr oder weniger eigene Sprache reden, eine Sprache, die sich aus verschiedenen Elementen gebildet hat und durch

23 Zu diesen Schwierigkeiten gehören die anthropologischen Prämissen und Thesen der kerygmatischen Theologie insofern, als sie mit einer permanenten, wohlfeilen Autonomiekritik am »modernen Menschen« einhergehen. Autonomie ist nach Haendler jedoch keineswegs eo ipso religionsfeindlich, und Kirche darf nicht als heteronome Macht missverstanden werden (vgl. a.a.O., 51).

24 Eduard Thurneysen: Die Aufgabe der Predigt, in: PBl, 63. Jg., 1921, 209–219.

25 Karl Barth: Die christliche Dogmatik im Entwurf, Bd. 1: Die Lehre vom Worte Gottes. Prolegomena zur christlichen Dogmatik, München 1927.

26 Karl Fezer: Das Wort Gottes und die Predigt. Eine Weiterführung der prinzipiellen Homiletik auf Grund der Ergebnisse der neuen religionspsychologischen und systematischen Forschung (= Handreichung für das kirchliche Amt 2), Stuttgart 1925.

27 Vgl. Otto Haendler: Die Idee der Kirche in der Predigt, a.a.O. (s. Anm. 1), 54–58.

28 Vgl. a.a.O., 55.

die überragende Kraft einer Persönlichkeit jeweils ihre Eigenprägung empfängt«[29].

Was hier folgt, antizipiert wichtige Elemente jener Argumentation, die später in Haendlers Lehrbuch »Die Predigt« (1941) voll entfaltet wird. Bereits 1930 formuliert Haendler: Von seiner eigenen Sprache Gebrauch zu machen und um deren u. a. auch psychologische Prägung zu wissen, kann »tiefster Gehorsam gegen die eigene Sendung sein. Ist dann diese Sendung dazu noch eine speziell religiöse, so gehört diese ›Psychologie‹ gerade ganz intensiv zum Vollzug der Sendung. Die Psychologie des Menschenwortes gehört zur vollen Verkündigung des Gotteswortes. Hier kann man Barth gegen Barth ausspielen. Er bekämpft die Psychologie in der Predigt – und ist doch selbst ein ganz überragender Psychologe. Denn der Auftrag und Wille, Wort Gottes zu verkündigen, hat ihn zu einer Sprache geführt, der die seltene Kraft innewohnt, weite Kreise der kirchenentfremdeten Gebildeten unserer Zeit zum Aufhorchen zu bringen. Wenn Verwendung der Psychologie in der Rede die Fähigkeit ist, so zu reden, dass der Mensch von heute hört, so hat sie die Dialektische Theologie selbst. Sie bekämpft das, was sie so nennt, nur, weil sie nicht Psychologie meint, sondern Konzessionen um der psychologischen Wirkung willen. [...] Eine wirkliche Ablehnung der Psychologie für die Predigt wäre auch Psychologie, nur mit negativem Vorzeichen, denn die psychologische Wirkung unserer Worte lässt sich nicht aufheben. Es fragt sich nur, ob wir ihre Mittel in den Dienst der Sache stellen oder sie diesem Dienst entziehen. Der Fehler der Dialektischen Theologie hinsichtlich dieses Punktes liegt darin, dass sie diese Unentrinnbarkeit nicht sieht.«[30]

3. Verlorener Gemeindebezug der Predigt: Infolge der theozentrischen Engführung der Homiletik der ersten drei Jahrzehnte des 20. Jahrhunderts ist nicht nur die Rolle des Predigers als Subjekt aus dem Blickfeld geraten, sondern auch die Gemeinde selbst hat den ihr gebührenden Stellenwert in der Predigtkultur eingebüßt. Unter diesen Bedingungen verliert das Identifikationsangebot Kirche an Plausibilität und infolgedessen auch an Attraktivität. Durch die nonchalante Ausblendung des Gemeindebezugs entbehrt die Predigt jeglicher »Zeitgemäßheit« als ein[es] »Zugeschnittensein[s] auf eine bestimmte Gegenwart«[31]. Die Gemeinde kann sich in ihrer Kirche nicht mehr verorten, woraus ihr Schwierigkeiten in der Lebensorientierung erwachsen.
4. Vereinseitigung und Verkürzung der Theologie: Einer sich allein auf das »Wort Gottes« fixierenden Predigtlehre sind nicht nur fachspezifische Fehlentscheidungen und mangelnde methodische Stringenz vorzuhalten, sie geht

29 A.a.O., 56 f.

30 A.a.O., 57.

31 A.a.O., 63.

> theologisch fehl. Denn anthropologische Aspekte sind kein verzichtbarer psychologischer Appendix der Homiletik, sondern in einer Predigttheorie – wiederum aus theologischen Gründen – unerlässlich.[32]

Das bedeutet natürlich nicht, sich in der Homiletik mit dogmatischen Fragen begnügen zu können. Anhand von Fezers Position erläutert Haendler das Manko, bei dogmatischen Vorentscheidungen der Predigtlehre schon abzubrechen und den Prediger mit seiner homiletischen Aufgabe allein zu lassen. Wer den Prediger einerseits und die Gemeinde andererseits aus dem theologischen Ringen um eine zeitgenössische Predigt ausblendet, kann nicht beanspruchen, mit seiner Berufung auf das Wort Gottes die Theozentrik des homiletischen Diskurses zu bewahren und damit der Kirche einen Dienst zu tun. »Sein [d.h. Fezers] Interesse bleibt bei der Größe ›Evangelium‹ stehen. Eine vom selben Standpunkt aus geschriebene umfassende Homiletik könnte sehr ausführlich von der Gemeinde handeln und dabei zweifellos theozentrisch sein. Ja, wenn jemand eine wirklich theozentrische Theologie hat, so kann er sogar getrost eine Homiletik schreiben, in der etwa die Gemeinde ausschließlicher ›teleologischer Beziehungspunkt‹ ist. Seine Homiletik wird immer und in allem gut theozentrisch sein.«[33]

3.2 Haendlers Analyse des Stellenwerts der Gemeinde in der Homiletik seiner Zeit

Ein Viertel seines Werkes verwendet Haendler darauf, mit Bezug auf F. D. E. Schleiermacher, C. I. Nitzsch, A. Schweizer, H. Bassermann, M. Schian u.a. die Notwendigkeit eines gegenwartsbezogenen Kirchenbegriffs auszuarbeiten, der das empirische – auch das vom einfachen Volk wahrgenommene – Bild von Kirche einschließt. Haendler mahnt, die gewandelte Lage der Kirche seit Schleiermacher in Blick zu nehmen. Schleiermachers Forderung, in der Predigt einfach zur Darstellung zu bringen, was gleichsam »als gemeinsame religiöse Erregung im Umkreis einer Gemeinde«[34] vorkomme, gehe von einer weitgehend

32 Haendler verweist in diesem Zusammenhang auf die Arbeiten Friedrich Niebergalls, insbesondere auf: Wie predigen wir dem modernen Menschen? Bd. 1: Eine Untersuchung über Motive und Quietive, Tübingen/Leipzig [1902] ⁴1920, Bd. 2: Eine Untersuchung über den Weg zum Willen, Tübingen [1. u. 2. Aufl. 1906] ³1917, Bd. 3: Predigten, Andachten, Reden, Vorträge, Tübingen [1921] ²1929. Für Haendler ist es eine theologische Herausforderung, keine praktische Zusatzfrage, die – wie Niebergall sagen würde – Motive (im Sinne von Beweggründen) und Quietive (verstanden als Trostgründe) des Einzelnen bzw. der Gemeinde zu kennen.

33 Otto Haendler: Die Idee der Kirche in der Predigt, a.a.O. (s. Anm. 1), 65.

34 Friedrich D. E. Schleiermacher: Die Praktische Theologie (= Sämtliche Werke 13), hg. v. Jacob Frerichs, Berlin 1850, 153.

unangefochtenen, bequemen Situation der Kirche aus, die noch nichts von einem Überlebenskampf und der notwendigen Profilsuche nach dem Kriege wisse.[35]

Überdies schließe die Anknüpfung an die Konditionen der Gegenwart ein, bei der Entwicklung eines Konzepts von Kirche und Gemeinde »Nicht-Christen aller Art« im Sinne Nitzschs[36] einzubeziehen, weshalb ein solches Konzept nicht nur der internen Frömmigkeitspflege zu dienen habe, sondern z.B. auch in der Auseinandersetzung um weltanschauliche, das Dasein des Menschen betreffende Fragen bestehen müsse. Die Glieder der Gemeinden stünden ihrerseits in der Gefahr, immer tiefer in die »Entfremdung«[37] von der Kirche und vom Glauben hineinzukommen. Die nach dem Krieg zu Tage tretende faktische Kirchenferne vieler Menschen dürfe jedenfalls nicht moralisch bewertet werden, sondern sei Ausdruck weitreichender gesellschaftlicher Entwicklungen.[38]

Wichtigster Gewährsmann Haendlers beim Abfassen seiner Habilitation ist – trotz mancher Kritik an ihm – Friedrich Niebergall. Haendler schätzt dessen Sensibilität und Offenheit für »den modernen Menschen« und die Entscheidung, gleichsam eine Praktische Theologie von unten zu bieten, die entschlossen beim Einzelnen und der Gemeinde ansetze. Haendler legt jedoch Wert darauf, in der Konzentration auf die Gemeinde nicht die Kirche aus dem Blick zu verlieren, denn »die Kirche [sei] ebenso Urzelle und Ziel der Gemeinde wie die Gemeinde Urzelle und Ziel der Kirche«[39]. Dazu gehöre es, dass die Gemeinde in ihrer Praxis des Feierns, Helfens und Erziehens nicht nur das einzelne Individuum ins Leben begleite, sondern die Gesamtheit der Gemeindeglieder als Kirche stärke. Für Haendler bleibt Niebergall noch zu stark individualistischem Denken verhaftet.[40] Um darüber hinauszukommen, muss in der Predigt – so geht insgesamt aus dem 2. Kapitel hervor – in noch viel stärkerem Maße als bisher auf die bestehenden Umweltverhältnisse[41] eingegangen werden, denen *alle Menschen* ausgesetzt sind, genauer gesagt, auf die rasante Veränderung der Lebensumstände, die eben nicht nur einzelne Biographien betrifft, sondern für die Gesamtheit der Ge-

35 Vgl. Otto Haendler: Die Idee der Kirche in der Predigt, a.a.O. (s. Anm. 1), 84–86.

36 Carl Immanuel Nitzsch: Praktische Theologie, Bd. 2: Das kirchliche Verfahren und die Kunstlehren, Bonn ²1863, 53.

37 Otto Haendler: Die Idee der Kirche in der Predigt, a.a.O. (s. Anm. 1), 104.

38 Der in dieser Frage informativste Text Haendlers findet sich später in seinem »Grundriss der Praktischen Theologie«, und zwar im Paragraphen 20 über »Die Wandlung des Bewusstseins in der Gegenwart« (OHPTh 1, 318–328).

39 Otto Haendler: Die Idee der Kirche in der Predigt, a.a.O. (s. Anm. 1), 104f.

40 A.a.O., 109.

41 »Niebergall stellt sich zwar in bewussten Gegensatz zu Steinmeyer, indem er als Stoffquelle nicht nur die Schrift, sondern auch die Umwelt anerkennt, aber die Umwelt, als Stoffquelle gewertet, ist bei ihm noch nicht stoffgestaltend genug für die Gesamtanlage des Predigtstoffes geworden« (a.a.O., 110f.).

meindeglieder eine große Herausforderung darstellen. Sie sollten im Hören auf eine Predigt davon ins Bild gesetzt werden, was es unter diesen Umständen bedeutet, zur Kirche zu gehören.

3.3 »Kirche« als Gemeinschaftskonzept zeitgenössischer Predigt

Das umfangreiche 3. Kapitel der Haendlerschen Habilitationsschrift ist der »systematischen Entwicklung der für die Predigt der Gegenwart zu fordernden ›Idee der Kirche‹«[42] gewidmet. Darin möchte Haendler einem Kirchenverständnis den Weg bereiten, das vor allem den Anspruch erhebt, von der Gemeinde bei der Bewältigung ihres Alltags gebraucht zu werden. Um der Gemeinde die Möglichkeit zu geben, sich unter den schroffen, feindlichen, irritierenden Lebensumständen der Gegenwart in der Kirche *verorten* und dort eine *Lebensbasis* finden zu können, müssten, so Haendler, entsprechend brauchbare Vorstellungen dazu auch in der Predigt zur Geltung gebracht werden. Diese Vorstellungen basieren bei Haendler auf folgenden Grundannahmen:

1. Bei der homiletischen Beurteilung der Wirkung einer Predigt können die Wahrheit des Evangeliums und die Wahrheit, aus der der Prediger lebt, nicht auseinandergerissen werden.

Die Predigt des Evangeliums zielt nicht auf einen Gehorsamsakt im Sinne eines »Befolgens der Botschaft« durch die Hörer. Wer predigt, muss vielmehr die Tragfähigkeit seiner Worte, das heißt, deren Belastbarkeit kritischen Rückfragen und Erfahrungen gegenüber im Blick haben, mit denen Menschen zum Gottesdienst kommen. Auch der Wahrheit, die sich im Evangelium artikuliert – so darf man Haendler interpretieren –, gilt es nicht zuerst zu folgen; sie erweist ihre Wirkung darin, dass sie den Menschen hält und bewahrt, indem er sie hört. Aber Haendler geht noch einen Schritt weiter: Der Mensch wird von dieser Wahrheit nicht nur bewahrt und getragen, »sondern zugleich trägt er sie«[43]. Das gilt auch und gerade vom predigenden Subjekt. Wo dieser Zusammenhang von Evangelium, Wahrheit und Person übersehen wird, wird »Kirche« von den Hörerinnen und Hörern als Fremdkörper wahrgenommen, der vor allem mit überzogenen Erwartungen konfrontiert[44] – und mit dem man sich aus nachvollziehbaren Gründen entsprechend ungern identifiziert.

---

42 A.a.O., 112–176.

43 A.a.O., 113f.

44 Haendler ist der Überzeugung, dass zumindest »in der Meinung der Kirchenentfremdeten« in der Predigt seiner Zeit der »Ton der Ermahnung und Tröstung« vorherrscht, und dass demgegenüber die orientierende Funktion der Predigt kaum noch zum Tragen kommt, was seines Erachtens in starkem Maße mit inadäquaten Vorstellungen der Prediger von der Aufgabe der Kirche heute zusammenhängt (vgl. a.a.O., 117).

2. Die »Idee der Gnade« ist kein homiletisches Passepartout für alle Fragen und Themen des Lebens, sondern bedarf der Ergänzung durch weitere theologische Argumentationsmuster.

Auch wenn Menschen »aus Gnaden« gerechtfertigt sind, sollten in einer Predigt – außer Gnade – auch andere Begriffe, Bilder und Ideen zu Fragen der Bewältigung des Lebens etabliert werden. Dazu gehöre es z. B., die »Idee des Glaubens« als Ressource des Lebens und die »Wahrheit der Liebe« als Identitätsmerkmal der Kirche zu vermitteln, »sofern man darunter nicht die Liebe Gottes, sondern das Leben des Menschen aus dem Prinzip der Liebe heraus versteht, die Nächstenliebe. Da diese Liebe nur im gemeinsamen Leben verwirklicht werden kann, sind wir mit der Idee der Liebe [...] schon ganz in der Nähe der Idee der Kirche«[45]. Wann immer in der Predigt um Wahrheit gerungen, für sie und mit ihr argumentiert wird, darf nicht übersehen werden, dass sie kein starres Objekt, sondern – weil nur für Subjekte relevant – dynamisch ist: Sie entfaltet ihre Kraft »erst im Kontakt mit Subjekten«, erst, »wenn sie Menschen berührt«. Für Predigende heißt das, dass sie ihre Arbeit nicht machen können, wenn sie nicht ihrerseits als Subjekte einen empirischen Begriff von der Wahrheit haben, deren Relevanz sie der Gemeinde erschließen wollen.[46]

3. Die zeitgenössische Predigt muss aus einem »Kollektivgeist« erwachsen, der in der allgemein *anzutreffenden* Fixierung der Homiletik auf die Förderung persönlicher Frömmigkeit nicht zu finden ist.

Haendler ist der Überzeugung, dass sich der Einzelne, der sich vom Gottesdienst fernhält, keineswegs aus Nachlässigkeit dem Evangelium entzieht, sondern weil »diese Sache dem Subjekt nie wirklich wertvoll geworden ist«[47]. Solange immer wieder (nur) die angeblich mangelnde Frömmigkeit des Einzelnen durch Gottesdienste, Gebet und Predigthören gefördert werden soll, wird der Gottesdienstbesucher zum Objekt religiöser Verbesserungen. Folglich werden Glauben, Frommsein, christliches Leben usw. als eine »auferlegte Forderung interpretiert, die der Einzelne von heute als sinnlos und lästig empfindet«[48]. Was er demgegenüber brauchte, wäre nach Haendler eine plausible Idee von Gemeinschaft, in der solche Frömmigkeitsübungen soziale Relationen haben, die über den kultisch deklarierten Gottesbezug eines Menschen hinausreichen, eine Kollektividee, die

45 A.a.O., 115.

46 Vgl. a.a.O., 116, 118 f. Deshalb gilt: Ein Prediger soll seiner Verkündigung seine eigenen Verständnisse von den zu thematisierenden Gegenständen des Evangeliums zugrundelegen (vgl. a.a.O., 148). Die punktuelle Vorwegnahme einzelner Grundideen der späteren Predigtlehre durchzieht die gesamte Habilitationsschrift Haendlers.

47 A.a.O., 129.

48 A.a.O., Ebd.

es dem Einzelnen ermöglicht, ganz bei sich selbst und ganz bei den anderen zu sein, wobei – so wäre noch zu ergänzen – die geistliche Sorge um sich selbst auch der Stärkung der Gemeinschaft dient, und Sorge um die Gemeinschaft Ausdruck der eigenen Identität ist.

4. Die mit der »Idee der Kirche« verbundene Identität ist nicht das Ergebnis bloßer Abgrenzungen gegenüber anderen Gruppenidentitäten, sondern bedarf einer kontinuierlichen Auseinandersetzung mit ihnen.

Haendler begegnet anderen Möglichkeiten der Ausprägung von Gruppenidentitäten mit großem Respekt. Dazu gehört auch die differenzierte Würdigung der Kultur. In diesem Zusammenhang wendet er sich gegen pauschale kirchliche Kulturkritik, gegen Kulturpessimismus und Kulturfeindlichkeit in der Predigt – zumal »die Kultur weder einheitlich noch gleichbleibend« sei: »Das Christentum steht der Kultur kulturkritisch gegenüber, d.h. zugleich kulturbejahend und kulturverneinend, indem es die Kultur an seinen eigenen Normen misst«[49]. Das sei wiederum nur dann vertretbar und gegenüber den Hörern einer Predigt zu verantworten, wenn die Normen des Christentums, wie sie sich in Predigten manifestieren, »von ihren eigenen Vertretern erneut einer Kritik unterzogen werden«[50]. Prediger sollten sich im Übrigen darum bemühen, die Frage nach der christlichen Identität nicht als Weltanschauungsfrage zu stellen. Dies erhöhe nur die ohnehin bestehenden Vorbehalte gegen die Kirche. Eine Predigt sollte also »nicht den Anschein [...] erwecken, als ob irgendein Weltbild vom Glauben aus gesehen berechtigter oder christlich richtiger wäre als ein anderes«[51].

5. Die »Idee der Kirche« kommt nicht ohne einen empirischen Referenzrahmen aus.

Nach Haendlers Auffassung korrespondiert das empirische Prinzip – weil es von einem theologischen Erkenntnisinteresse bestimmt ist – mit der Orientierung an einem Ideal von Kirche. Diese Aspekte lassen sich seines Erachtens nicht voneinander trennen. Weil die unaufgebbare Orientierung an einem Ideal ein »kritisches Prinzip« der Wahrnehmung ist, hängt allerdings viel davon ab, ob das Ideal theologisch stimmig ist, und – wie Haendler mehrfach anmahnt – ob es in dem Sinne »zeitgemäß« ist, dass es Menschen der Gegenwart auf der religiösen Ebene zugänglich ist. Konzepte und Vorstellungen von Kirche und Gemeinde werden in dem Maße unbrauchbar und münden in Enttäuschung, wie sie sich von der empirisch erhebbaren Gegenwart entfernen. Das geschieht unter anderem immer dann, wenn eine Gemeinde »unter Voraussetzung des stärksten Überwiegens ihrer idealen Art« zum Predigtthema gemacht wird. Vom Evangelium her

49 A.a.O., 135.

50 A.a.O., 137.

51 A.a.O., 140.

wäre es ebenso möglich (und ebenso willkürlich), »die umgekehrte Betrachtung« zum Maßstab zu machen: Die bevorzugte Anknüpfung an ihre realen Verhältnisse.[52]

6. Wenn die »Idee der Kirche« ein nützliches Element homiletischer Profile werden soll, muss sie auch im Kontext der persönlichen Existenz des Einzelnen entfaltet werden.

Der Einzelne ist auf eine »starke Idee von Kirche« angewiesen. Dazu gehört es, dass ihm – auch durch geeignete Predigten – die Möglichkeit eingeräumt werden muss, sich einen adäquaten Begriff von zeitgenössischem Protestantismus aneignen zu können.[53] In diesem Zusammenhang analysiert Haendler zwei unterschiedliche Akzentuierungen dieser Idee unter den Predigern seiner Zeit: »Den einen [...] erscheint als Idee des Protestantismus die Rechtfertigungslehre, [...] den andern erscheint als Idee des Protestantismus die Freiheit und Verantwortung der Persönlichkeit. Jene suchen das tragende, diese das vorwärts weisende Prinzip des Protestantismus herauszustellen. Im Hintergrunde [...] steht dort die Glaubenstatsache, dass ›der‹ Sünder gerechtfertigt wird, hier die Strukturverwandtschaft mit den idealistischen Strömungen, denen ›die‹ Persönlichkeit Ausgangspunkt ist.«[54] Beide homiletischen Profile[55] seien jedoch daraufhin zu befragen, inwieweit sie das Interesse am Subjekt tatsächlich auch mit einer für Subjekte relevanten Idee von Kirche verknüpfen. Prediger können diese Relevanz nach Ansicht Haendlers im Selbststudium testen, indem sie für sich selbst sondieren, welche Rolle Kirche und Gemeinde sowohl bei der Erfahrung der eigenen Rechtfertigung als auch der eigenen Freiheit und Verantwortung spielen.[56]

7. Eine tragfähige »Idee von Kirche« geht mit der Pflege des Zugehörigkeitsgefühls im Horizont der Ökumene einher.

In ihrem Werben für eine attraktive und tragfähige Idee von Kirche darf die Predigt nicht in die Falle subjektivistischer Glaubensaneignung treten. Sie braucht eine Idee von Kirche, die auch andere Kirchen oder kirchliche Bünde (wie z. B. den Berneuchener Bund) sowie Kirchenbündnisse der Welt einschließt. Eine solche Idee würde dem Einzelnen einen attraktiveren Begriff von Zugehörigkeit erschließen, als er ihm aus dem Vereinswesen bekannt ist, und die Kirche sollte

---

52 A.a.O., 148f.

53 A.a.O., 152.

54 A.a.O., 153.

55 An späterer Stelle lässt Haendler »Freiheit und Verantwortung [...] als *das* protestantische Prinzip« gelten (a.a.O., 157).

56 Vgl. a.a.O., 154.

die weitreichende Bedeutung einer »Pflege des Zugehörigkeitsgefühls« nicht unterschätzen.[57]

Dass die Kirche mit ihrem auf Freiheit und Verantwortung basierenden protestantischen Prinzip, mit ihrem Gemeinschaft stiftenden Impuls und ihrer Öffnung zur Weltgemeinde als einer um Frieden und Versöhnung ringenden Kraft keinen größeren Zulauf habe, dass die Idee der Kirche bei den Gemeinden nicht stärker ›einschlage‹ und nicht deutlicher in den Lebensverhältnissen der Zeitgenossen aufscheine, hängt nach Haendlers Beobachtung mit der ständigen Durchkreuzung dieser Idee durch »das vaterländische Prinzip« zusammen, das vielen Kirchgängern einleuchte.

»In einigen der nationalen Verbände führt die Überbietung des protestantischen Prinzips durch das nationale so weit, dass aus dem Nationalen das Bluthaft-Germanische wird, woraus ein direkter Gegensatz gegen das Protestantische und eine Lossagung vom Protestantismus bis zu seiner lebhaften Bekämpfung hin folgt. (Erinnert sei an die Kreise um den Wodankult, Ludendorff und den Tannenbergbund.) Hier hört die Lage auf, Problem der Kirche im Sinne der Einbeziehung der Kritik am Eigenen zu sein.«[58] Haendler sieht in den Verfechtern einer »Volksgemeinschaft«, im »Jungdeutschen Orden«, in der »Deutschkirche«, im »Stahlhelm« und anderen nationalistischen Gruppierungen insofern eine besondere Herausforderung für die Predigt, als deren ideologisch verengte Kollektividee der viel weiter und tiefer zu fassenden Idee der Kirche übergeordnet werde, was zur Verfälschung des evangelischen Verständnisses von Freiheit und Verantwortung führe.

Nicht weniger gefährlich für die protestantische Grundidee einer Kirche, die Menschen in Freiheit und Verantwortung zueinander führt, ist die Verquickung des Protestantismus mit dem Patriotismus. Aufgrund seiner faktischen überweltlichen Dynamik müsste der Patriotismus vielmehr vom Protestantismus aus der Distanz »kritisch unter die Lupe« genommen werden. Beim Predigen vor Menschen, die nationalistisch oder patriotisch denken – nach Haendlers Überzeugung ist das die Mehrzahl –, sei zwar seelsorglich zu bedenken, dass sie »sich selbst als kirchlich empfinden«[59]. »Rücksicht« auf solche Kreise – »mögen sie auch zu den Trägern des kirchlichen Lebens gehören« – sei daraus aber nicht abzuleiten. In dieser Hinsicht habe die Kirche »weder Rücksicht zu nehmen noch Stützen zu suchen«. Das schließe den expliziten »Widerstand gegen nationalistische Predigten«[60] ein. Sie seien mit großer Zuverlässigkeit daran zu erkennen, dass die nationale Idee die protestantische verdeckt und die innere Weite der Kirche einengen will.

57 Vgl. a.a.O., 159f.

58 A.a.O., 162f.

59 A.a.O., 166.

60 A.a.O., 166f.

Die mit der Ökumene gegebene Weite der Kirche darf in einer zeitgenössischen, Orientierung bietenden Idee der Kirche nicht fehlen. Als Haendler an seiner Habilitation schreibt, liegt die »Konferenz für praktisches Christentum« (Stockholm 1925) fünf Jahre zurück. Haendler greift Nathan Söderbloms Visionen mit großer Zustimmung auf und möchte, dass die Predigt etwas von der »Pflicht der Christen, eins zu sein«[61] erkennen lasse. Dazu gehöre es, bei der Arbeit an einer Predigt nicht nur die »Pflege des Zugehörigkeitsgefühls« des Einzelnen gegenüber der Kirche im Blick zu haben, sondern auch den Einheitsgedanken homiletisch zu erschließen. Theologisch begründet Haendler diesen Vorstoß damit, dass den weltweit wahrzunehmenden Säkularisierungsprozessen, den international agierenden Mächten und vorherrschenden Ideologien auch strukturell etwas auf gleicher Ebene entgegengesetzt werden müsse – die weitere Gestaltwerdung der Weltkirche als Ermutigung (auch) für das einzelne Gemeindeglied vor Ort. Dabei spielten allerdings die Christen hier und dort selbst die wichtigste Rolle, indem sie – obschon in unterschiedlichen Glaubenskulturen lebend – um Freiheit und Verantwortung ringen und für die Wahrheit eintreten.[62] So könne auf die weltweit wahrzunehmende Kirchenfeindschaft am besten mit gelebter Kirche geantwortet werden.

3.4 Haendlers Predigtanalysen in ihrem Bezug auf die »Idee der Kirche«

3.4.1 Prämissen

In der Einleitung zum vierten Teil seiner Arbeit, in dem es um die Analyse der »Idee der Kirche« in weitgehend zeitgenössischen theologischen Schriften (vor allem in Predigten) geht, stellt Haendler die These auf, dass die Kirche »den Boden unter den Füßen verlieren« würde, »wenn sie nicht ständig fußen wollte auf der Anrede an den Einzelnen. Aus dem ›Ihr‹ – dem Worte und dem Sinne nach – muss jeder Einzelne für sich das ›Du‹ heraushören, sonst schwebt das ›Ihr‹ in der Luft; wiederum muss er es so heraushören, dass das ›Ihr‹ in dem ›Du‹ ihm nicht verklingt«[63]. Ein Grundproblem vieler Predigten sieht Haendler darin, dass sich deren Interesse am »Du« in der Ausrichtung der Botschaft von der Gnade erschöpfe. Der Einzelne brauche aber nicht nur Gnade, sondern ebenso ein stim-

---

61 Nathan Söderblom: Christliche Einheit!, übers. v. E. Ohly, Berlin 1928, 75f.

62 Es ist ein Anliegen der Predigt, »gegenüber der Andersartigkeit der anderen [...] den Gemeinden das Bewusstsein der ›Einheit in der Mannigfaltigkeit‹ nahezubringen [...]. So wird es z. B. dem Luthertum sehr gut tun, wenn es vom Ringen der Gesamtkirche um ihre Gestalt lernt, dass die Gestalt einer Kirche nicht im Prinzip Anspruch auf Gefestigtheit hat, sondern dass es im Wesen der Kirche – also auch jeder Einzelkirche – liegt, um ihre Gestalt ringen zu müssen« (Otto Haendler: Die Idee der Kirche in der Predigt, a.a.O. [s. Anm. 1], 173f.).

63 A.a.O., 178.

miges, lebensnahes, hilfreiches Gemeinschaft konstituierendes Konzept von Kirche.[64]

Als homiletische Basiskompetenz und Voraussetzung für eine entsprechende Predigt bringt Haendler schon hier - viel deutlicher dann in seiner Predigtlehre von 1941 - eine reflektierte, unverbogene Subjektivität ins Spiel, die eine »kollektivistische Einbettung« der selbst erfahrenen Bedeutung von Kirche und Gemeinde anbahnen könne. Im Unterschied zur thematisch direkten Redeweise von »Gnade«, »Erlösung« - oder eben auch von »Kirche« - spricht Haendler in diesem Zusammenhang von einer »indirekten Verkündigung«, die sich, aufgrund der Wirkungsweise intersubjektiver Kommunikation, sogar unbewusst vollziehen könne.[65]

Für die Wiedergewinnung eines lebensrelevanten Begriffs von Kirche und Gemeinde ist es natürlich nicht wichtig, in welcher Häufigkeit entsprechende Begriffe in der Predigt »untergebracht« und definiert werden. Mit dem bloßen An- und Unterbringen von theologischen Begriffen ist weder beim Thema Gnade oder Glaube noch beim Thema Kirche etwas gewonnen. Hörende bekommen freilich sehr genau mit, in welchem Maße der Prediger die Inhalte und Erfahrungen, die hinter seinen Worten stehen, selber braucht und für sich in Anspruch nimmt. Sie lassen es sich nicht nehmen, das Gehörte »zu der empirischen Kirche und zur gesamten Wirklichkeit« in Beziehung zu setzen. »Eine große Zahl - vielleicht die Mehrzahl der Pastoren« habe aber »bei allem guten Willen und oft gerade durch ihn ein völlig falsches Bild von den wirklichen Zuständen«: »Weltfremde Pastoren heben die Wirkung ihrer sittlichen Forderung auf, weil die Hörer solche Prediger als nicht in der Wirklichkeit lebend empfinden und darum deren - aus einer falschen Vorstellung vom tatsächlichen Leben kommenden - Forderungen nicht (oder nur in entsprechender Abschwächung) auf ihr eigenes wirkliches Leben beziehen.«[66] So gesehen schadet jede schlechte Predigt, die den Eindruck erweckt, dass der Prediger »nicht voll und ganz im Lebenskampf« stehe wie die einfachen Gemeindeglieder, nicht nur der Plausibilität der Rede, sondern überhaupt der Idee der Kirche als empfehlenswertem Gemeinschaftsmodell.[67]

Dementsprechend zielen Haendlers thematische, das Kirchenverständnis von Predigten sondierende Analysen auf ein komplexes Plädoyer für eine dem Hörer gerecht werdende homiletische Arbeit.

3.4.2 Die Analysen

Die Predigtanalysen lassen keine strenge Methode erkennen. Im Wesentlichen beschränkt sich Haendler darauf, das, was dasteht - und teilweise auch das, was

64 Vgl. a.a.O., 179.

65 Vgl. a.a.O., 179f.

66 A.a.O., 182f.

67 A.a.O., 183f.

nicht dasteht – vor dem Hintergrund seiner Predigttheologie zu kommentieren. Er zögert nicht, zunächst von bloßen Buchtitel-Analysen auszugehen, was teilweise zu spekulativen Folgerungen führt: Aus der Identifizierung von »Wir-Themen« und »Ich-Themen« werden Rückschlüsse auf ein mehr oder weniger stark ausgeprägtes Interesse an der Idee der Kirche als einem Gemeinschaftskonzept gezogen. Die erste Bilanz Haendlers scheint dann wohl auch mehr mit der grundsätzlichen Ideologie der betreffenden Bücher[68] zusammenzuhängen als mit validen analytischen Recherchen. Bei den Analysen wirklicher Predigten beschränkt sich Haendler von vornherein auf drei Gruppen von Beispielen, in denen er die »drei Prinzipien für die praktische Darbietung der ›Idee der Kirche‹ in der Predigt«[69] umgesetzt sieht.

- An der ersten Gruppe der Predigten[70] wird demonstriert, was es heißt, gerade durch Intensität des Subjektiven zu einer (in diesem Fall indirekten) Vertiefung von der »Idee der Kirche« zu gelangen. Es sind Predigten von Robert Aeschbacher, Karl Barth und Eduard Thurneysen, die nach Ansicht Haendlers aufgrund ihrer erkennbaren – gleichwohl mit der Lebenswirklichkeit der Menschen verknüpften – (Inter-)Subjektivität dazu imstande sind, einem tragfähigen, zeitgenössischen Bild von Kirche Gestalt zu geben.[71]
- An der zweiten Gruppe von Predigten wird gezeigt, wie eine direkte Entfaltung der Idee der Kirche in der Predigt aussehen kann.[72] Das Direkte an diesen Predigten scheint sich für Haendler aus den ausdrücklichen, auf die Gesamtwirklichkeit bezogenen Positionsbestimmungen der entsprechenden Predigten zu ergeben, die, auch wenn sie das Thema Kirche nicht direkt ansprechen, unmittelbar aufzeigen, zu welchen Konsequenzen sie jeweils führen (anders, als das bei einem subjektiv gehaltenen Zeugnis der Fall ist, das erst durch einen Übersetzungsakt seitens der Hörer zu solchen Folgerungen führt). Diese Predigten bieten der Gemeinde »Orientierung und

68 Dazu gehören u.a. Paul Feines deutschtümelnde, kriegstheologische Erwägungen »Evangelium, Krieg und Weltfrieden« (Leipzig 1915, vgl. z.B. 23f., 44f.) und Johannes Keßlers kaisertreu-nationalistische Predigten wie z.B. »Durch Gott zum Sieg. Zweite Sammlung von Predigten und Ansprachen in Kriegstagen 1914« (Dresden 1914).

69 Vgl. Otto Haendler: Die Idee der Kirche in der Predigt, a.a.O. (s. Anm. 1), 182.

70 A.a.O., 186–190.

71 Wir begegnen bei dieser Analyse einer Beobachtung, die in der homiletischen Bewertung der Dialektischen Theologie später häufiger zu vernehmen sein wird: Die Abwehr alles Subjektiven in der homiletischen Theorie (wie bei Karl Barth und Thurneysen) schließt in der Praxis eine höchst subjektive Predigtkultur keineswegs aus: »Es ist kaum eine stärkere Wendung zur einseitigen Subjektivität denkbar, als diese Predigtreihe der dialektischen Theologie sie darstellt« (a.a.O., 188). Gemeint ist der Band von Karl Barth/Eduard Thurneysen: Komm, Schöpfer Geist! Predigten, München ^{3}1926.

72 Otto Haendler: Die Idee der Kirche in der Predigt, a.a.O. (s. Anm. 1), 190–196.

Marschroute für den ganzen Umfang der Situation«[73], in der sie steht, und stärken der Kirche dadurch das Rückgrat. Wer so predige, stärke die Idee der Kirche von ihrem Sein in der Welt und für die Welt. Vertreter dieser Predigtweise sieht Haendler in Wilhelm Stählin und Paul Althaus.[74]

- Anhand der dritten Gruppe von Predigten legt Haendler dar, warum es notwendig ist, die »Idee der Kirche« ideologisch zu reinigen.[75] Der im Prinzip gebotene radikale »Weltbezug« der Predigt stehe in der Gefahr, den Glauben von Menschen in jener Zeit v.a. durch sozialistische und nationalistische Visionen von Kirche zu instrumentalisieren. Haendler gesteht den mit Bezug auf sozialistische Prinzipien formulierten Predigten von Emil Fuchs und Günter Dehn[76] trotz mancher Kritik viele positive Wirkungen zu, sofern sie die gesellschaftliche Relevanz genuin kirchlicher Impulse im Blick haben. Haendler schätzt an diesen beiden Theologen und Predigern, dass sie die Frage nach der Kirche in Verbindung mit der Frage nach der Gemeinschaft stellen und den Herausforderungen der Zeit nicht durch theologische Kunstgriffe ausweichen.
- Die deutsch-nationalen Predigten des Schriftleiters der völkisch-antijudaistischen Zeitschrift »Deutschkirche«, Hans Falck[77], werden demgegenüber als fataler Irrweg herausgestellt, da sie in erster Linie »auf dem Boden des deutschen Volkstums« erwachsen sind und »die Idee des Volkes [...] stärker als die der Kirche« propagieren: »Letztlich sitzt hier [...] das Deutschtum über dem Christentum zu Gericht.«[78]

Fazit: Die von Haendler ausgewählten Beispiele lassen signifikante methodische oder strukturale Unterschiede zwischen Typ 1, 2 und 3 zum Teil nur vage erkennen. Seine beispielbezogenen Erläuterungen zu den Vorzügen und Nachteilen bestimmter Möglichkeiten, der »Idee der Kirche« homiletisch Rechnung zu tragen, lassen hier und da logische Stringenz vermissen. Letztlich geht es bei diesen Analysen wohl vor allem um den Versuch, drei zentrale Perspektiven homiletischer Arbeit auch predigtanalytisch zu bestätigen: eine subjektive bzw. individuelle (Typ 1), eine konzeptionell ekklesiologische (Typ 2) und eine situationsbezogene Perspektive auf »die Welt, wie sie als Nicht-Kirche ist«, also auf die alltägliche Lebenswelt der Menschen (Typ 3). Recht angewandt tragen diese

---

73 A.a.O., 192.

74 Vgl. z.B. Wilhelm Stählin: Advent. Fünfzehn Predigten, München ^{2}1925 sowie Paul Althaus: Das Heil Gottes. Letzte Rostocker Predigten, Gütersloh 1926.

75 Otto Haendler: Die Idee der Kirche in der Predigt, a.a.O. (s. Anm. 1), 196–202.

76 Vgl. Emil Fuchs: Predigten eines religiösen Sozialisten, Gotha 1928 sowie Günther Dehn: Ich bin der Herr dein Gott! Zwölf Reden, Berlin 1925.

77 Vgl. Hans Falck: Deutsche Gottesmenschen. Predigten, Leipzig 1929.

78 Otto Haendler: Die Idee der Kirche in der Predigt, a.a.O. (s. Anm. 1), 202.

Reflexionsperspektiven gemeinsam dazu bei, die »Idee der Kirche« als lebensdienliches Lebenskonzept zu plausibilisieren.

Interessant an diesem Teil der Arbeit ist die permanente Verknüpfung verschiedener homiletischer Perspektiven, in die Haendler mit seiner Predigtlehre von 1941 erstmals eine systematisch kohärente Ordnung einführt. Haendler bezieht aber auch inhaltlich Position: Die Kirche ist hinter ihren Möglichkeiten, unter den Kollektivbewegungen der Gegenwart ein empfehlenswertes Angebot zu sein, zurückgeblieben. Das einseitige Interesse an einer imaginären Unversehrtheit des Wortes Gottes einerseits und seinem Nachhall im individuellen Glaubensleben andererseits hat zu einer Predigtpraxis geführt, die auch in theologischer Hinsicht der Reform bedarf.

Es hat noch einige Zeit gebraucht, bis dieser Reformprozess innerhalb der Praktischen Theologie in Bewegung kam und schließlich auch in den anderen theologischen Fächern dazu führte, interdisziplinär zu argumentieren, dem empirischen Element wissenschaftlicher Arbeit sein eigenes Recht zuzugestehen und die Anthropologie als eine Basiswissenschaft theologischer Forschung zu begreifen.[79] Otto Haendlers Arbeiten haben, wie deren Rezeptionsgeschichte zeigt, diesen Prozess ganz wesentlich vorangebracht; seine jetzt erstmals veröffentlichte Habilitationsschrift widerspiegelt dessen Anfänge und gibt somit einen guten Einblick in einen wichtigen Teil der Diskursgeschichte der Praktischen Theologie.

79 Zu dieser Entwicklung vgl. Wilfried Engemann: Kommunikation des Evangeliums als interdisziplinäres Projekt. Praktische Theologie im Dialog mit außertheologischen Wissenschaften, in: Christian Grethlein/Helmut Schwier (Hg.): Praktische Theologie. Eine Theorie- und Problemgeschichte (= APrTh 33), Leipzig 2007, 137–232.

Wechselwirkungen zwischen Kanzel und Katheder

Otto Haendlers Predigten im Lichte seines homiletischen Denkens[1]

von Christian Plate

Der Name Otto Haendler ist in der Praktischen Theologie vor allem mit der Wiederentdeckung der Bedeutung der Persönlichkeit des Predigers für den Predigtprozess verbunden. Umso erstaunlicher ist es, dass es über einen langen Zeitraum keine Abhandlung gab, die sich dezidiert mit der Homiletik Otto Haendlers auseinandersetzt, so, wie sie in seinen veröffentlichten und unveröffentlichten Schriften ansichtig wird.[2] Neben seiner unveröffentlichten Habilitationsschrift »Die Idee der Kirche in der Predigt« von 1930, die sich im Archiv der Humboldt-Universität Berlin befindet, geben auch die ca. 300 unveröffentlichten Predigten einen guten Eindruck davon, wie die Homiletik Otto Haendlers vor dem Hintergrund seiner eigenen Predigttätigkeit zu verstehen ist. Im Folgenden sollen darum unter den klassischen homiletischen Topoi »Theologie der Predigt«, »Aufgabe der Predigt«, »Predigttext«, »Person des Predigers« und »Hörersituation« Beobachtungen formuliert werden, die auf eine Wechselwirkung von Kanzel und Katheder hindeuten.

Die Textbasis für die Darstellung und Analyse der Homiletik Otto Haendlers bilden neben einigen Aufsätzen und Vorträgen zu Spezialproblemen vor allem drei Monographien: 1. die bislang unveröffentlichte Habilitationsschrift Haendlers mit dem Titel »Die Idee der Kirche in der Predigt« von 1930, 2. Haendlers homiletisches Hauptwerk »Die Predigt. Tiefenpsychologische Grundlagen und Grundfragen«, das 1943 in der ersten, 1949 in der zweiten und 1960 in der dritten Auflage erschienen ist, sowie 3. der »Grundriss der Praktischen Theologie« aus dem Jahr 1959.

---

1 Bearbeitete Fassung des vorab veröffentlichten Beitrags: Christian Plate: Predigen in Person. Theorie und Praxis der Predigt im Gesamtwerk Otto Haendlers, in: Wilfried Engemann (Hg.): Glaubenskultur und Lebenskunst. Interdisziplinäre Herausforderungen zeitgenössischer Theologie, Göttingen 2014, 243–255.

2 Dieser Forschungslücke widmet sich umfassend: Christian Plate: Predigen in Person. Theorie und Praxis der Predigt im Gesamtwerk Otto Haendlers, Leipzig 2014.

Im Blick auf die Predigten wird eine Auswahl aus den 17 veröffentlichten und ca. 300 unveröffentlichten Predigten Otto Haendlers Gegenstand der Untersuchung sein, die nach folgenden Kriterien getroffen worden ist: 1. literarische Zugänglichkeit: Es wurden nur solche Predigten berücksichtigt, die sich in einem vollständigen, lesbaren Zustand präsentieren, 2. biographische Exemplarität: Es sollten möglichst aus allen relevanten beruflichen Lebensstationen Haendlers Predigten analysiert werden und 3. pfarramtliche Exemplarität: Es sollten nach Möglichkeit aus allen pfarramtlichen Handlungsfeldern Predigten berücksichtigt werden. Vor dem Hintergrund dieser Kriterien liegen dieser Untersuchung 35 Gemeindepredigten, 19 Predigten aus dem akademischen Kontext und 24 Kasualansprachen aus einem Zeitraum von 1914 bis 1977 zugrunde.

1. Theologie der Predigt

In seinem »Grundriss« gibt Otto Haendler eine prägnante Predigtdefinition, die für die folgende Untersuchung leitend sein soll: »Predigt ist Verkündigung der Wirklichkeit Gottes in erhellender, gestaltender Rede.«[3]

1.1 »Verkündigung«

Indem Otto Haendler im Rahmen seiner Predigtdefinition auf den Verkündigungsbegriff rekurriert und ihn im Folgenden durch den Begriff des Zeugnisses näher bestimmt, stellt er sich auf den ersten Blick in die direkte Nähe der Dialektischen Theologie. Demzufolge läge es nahe, auch bei Haendler einen offenbarungstheologischen Verkündigungsbegriff zu erwarten, was wiederum Auswirkungen auf sein Verständnis vom Prediger und Hörer nach sich ziehen würde. Auf einen zweiten Blick treten aber andere Prinzipien in den Vordergrund, die typisch für das Denken Otto Haendlers insgesamt sind: Mit den klassischen Begriffen der »Verkündigung« und des »Zeugnisses« transportiert Haendler spezifische Vorstellungen, wenn er im Blick auf die Verkündigung schreibt: »Sie ist also Zeugnis, nicht Beweis. Sie ist existenziell aufweisend, nicht logisch nachweisend.«[4] Haendler versteht unter Verkündigung somit nicht einen Beweis göttlicher Offenbarungswahrheiten, sondern den existenziellen Erweis dieser für das Leben der Hörer. Predigt als Zeugnis hat nach Haendler also primär nicht die inhaltliche Stimmigkeit dessen deutlich zu machen, was zu glauben ist, sondern die Auswirkungen dieser Glaubensinhalte auf das Leben der Menschen erfahrungsbezogen ansichtig zu machen. In seinem Grundriss kann er diesen für seine Homiletik entscheidenden Grundsatz auch so formulieren: »Predigt ist zuerst und zuletzt immer Zeugnis, und ›zeugen‹ hängt zusammen mit ›zeigen‹. Diese ety-

---

3 Otto Haendler: Grundriss der Praktischen Theologie, in: Otto Haendler: Praktische Theologie. Grundriss, Aufsätze und Vorträge (= OHPTh 1), eingel. u. hg. v. Wilfried Engemann, Leipzig 2015, 113-381, 351.

4 A.a.O., 354.

mologische Tatsache ist instruktiv für die Aufgabe. Die Predigt soll zeigen, und zwar (Zeugnis!) aus der Überzeugung und Erfahrung des Predigers und der Gemeinde heraus, wie der lebendige Gott in seiner dreifaltigen Offenbarung in der Welt wirkt und Menschen in seine Gnade und in seinen Dienst ruft.«[5] Die Predigt hat somit erfahrungsbezogen zu arbeiten und an dem Leben von Prediger und Hörer ihren Gegenstand erkennbar werden zu lassen. Ein Grundsatz, der zwar nicht neu ist, denken wir an Schleiermachers Predigtbegriff, der jedoch weit vor der sog. empirischen Wende in der Praktischen Theologie Weichen stellt.

An den Predigten Otto Haendlers lässt sich feststellen, dass die Predigt als existenzieller Erweis der biblischen Botschaft in den frühen Gemeindepredigten Otto Haendlers kaum nachzuweisen ist. Hier orientieren sich seine Predigten praktisch stärker an dem klassischen Verkündigungsschema und versuchen etwa trotz der Katastrophe des Ersten Weltkrieges die Güte und Gnade Gottes zu beweisen. Stärker affektive Zugänge zum Predigtgegenstand finden sich hier nicht. Stärker als auf die erzählte Geschichte konzentriert sich Haendler hier methodisch auf den gut durchdachten Begriff. Dies wird vor allem in seinen Stralsunder Katechismuspredigten von 1929 deutlich, wo Haendler mit dem Begriff der »evangelischen Sittlichkeit« eine Antwort auf die sozialen und ideellen Probleme der Nachkriegszeit zu geben versucht, es jedoch versäumt, dies erfahrungsbezogen zu plausibilisieren. Ähnliches gilt auch für den Begriff der »christlichen Freiheit«, der einmal eine zentrale Rolle in den Predigten Haendlers spielen wird und hier erstmals begrifflich entfaltet auftaucht. Dieser stärker am Begriff orientierte Predigtstil wird sich erst unter dem Einfluss der tiefenpsychologischen Ausbildung, die Haendler zwischen 1935 und 1937 absolviert, ändern.

Ein Blick auf die frühen Kausalansprachen zeigt dagegen ein deutlich anderes Bild. Die Notwendigkeit des Erweises des biblischen Trostes etwa im Rahmen einer Beerdigung hat Haendler schon früh zu Predigten geführt, die sehr stark auf die Trauernden eingehen. Der Erweis der biblischen Botschaft, der gerade vor dem Hintergrund des konkreten Kasus niemals nur begrifflicher Beweis sein kann, funktioniert in diesen Predigten vor allem affektiv, indem Haendler etwa die biblische Botschaft eng mit der Lebenssituation und -geschichte der Angehörigen verknüpft. So hat er z. B. in einer bereits 1914 während seiner pastoralen Ausbildung am Domkandidatenstift zu Berlin gehaltenen Beerdigungsansprache über die diesjährige Jahreslosung (»Denn wir haben hier keine bleibende Stadt, aber die zukünftige suchen wir«) geschickt die Lebenssituation der Trauergemeinde in der lebendigen Großstadt Berlin mit der Suche nach einer bleibenden Stadt verknüpft.

5 A.a.O., 366.

1.2 »Wirklichkeit Gottes«

Die Wirklichkeit Gottes bildet theoretisch wie praktisch den ständigen Ausgangs- und Orientierungspunkt der Überlegungen Otto Haendlers. Es geht Haendler damit um die transzendente Dimension der Wirklichkeit, die er nicht im Gegensatz zu der immanenten versteht, sondern als ihr Pendant, als zwei Pole ein und derselben Wirklichkeit. Aus diesem Grund ist die Wirklichkeit Gottes für die Predigt »Anruf«, »Vergegenwärtigung« und »Wegweisung«: Anruf, da sie einen Anspruch an die Hörer formuliert, Vergegenwärtigung, da die Wirklichkeit Gottes den Hörern durch die Predigt gegenwärtig wird, Wegweisung, weil die Predigt nicht l'art pour l'art sein, sondern um der Hörer willen geschehen soll.

Durch die gesamte Predigttätigkeit Otto Haendlers spielt die Vermittlung der vertikalen mit der horizontalen Dimension der einen Wirklichkeit die zentrale Rolle. Haendlers Vorgehen kann dabei mit dem Versuch der Vermittlung von Glaubens- und Lebenshilfe umschrieben werden. Die Glaubenshilfe ist dabei vor allem kontemplativ zu verstehen und findet ihre praktische Umsetzung im Aufruf Haendlers zu mehr Stille und Gebet. Es sind somit vor allem geistliche Themen, die die Gemeindepredigten Haendlers prägen. Im Rahmen der Lebenshilfe fragt sich Otto Haendler dagegen schon früh, wie es für Menschen angesichts der Katastrophe des Ersten Weltkrieges möglich sein kann, wieder »Herr ihres eigenen Lebens« zu werden.[6] Unter den Themenfeldern »Leid«, »Freude« und »Alltäglichkeit« kommt er dabei zu dem Schluss, dass es vor allem auf eine differenzierte Wahrnehmung des eigenen Lebens ankomme: Wer unter dem schweren Leid vergesse, dass er auch fröhliche Tage erlebt habe, verliere sein eigenes Leben genauso wie der, der alles Schwere ausblendet und zwanghaft von einer Freude zur nächsten eilt. Die Lebenshilfe gestaltet sich in den Predigten Otto Haendlers somit als Vermittlung einer christlichen Lebenskunst, als Anregung zu einem veränderten Blick auf das eigene Leben von der Wirklichkeit Gottes aus.

1.3 »Erhellende, gestaltende Rede«

Für Otto Haendler ist eines ganz klar: Die Predigt ist eine Rede und keine Schreibe. So schlicht diese Erkenntnis auf den ersten Blick auch sein mag, so gewichtig ist sie in ihrer Konsequenz. Otto Haendler unterscheidet in seiner »Predigt« drei Typen von Predigern: »Satzmenschen« (Prediger, die eine ausformulierte Predigt bevorzugen), »Skizzenmenschen« (Prediger, die von einer skizzenhaften Grundlage aus improvisieren) und »Stichwortmenschen« (Prediger, die ganz auf den Augenblick der Predigt angewiesen sind und von Stich-

6 Vgl. Otto Haendler: Predigt über Röm 8,28, gehalten am 1. Sonntag nach Trinitatis, den 4. August 1918, im Ev. Krankenhaus Bethesda, Archiv der HU Berlin, NL Haendler C 12, 1.

worten ausgehend improvisieren).[7] Die Methode des Satzmenschen habe den Vorteil des zu Ende gedachten, klar formulierten Gedankens und biete die größtmögliche Sicherheit von allen genannten Möglichkeiten. Die Methode des Skizzenmenschen habe den Vorteil, neben dem Element der Sicherheit mit einem gewissen Maß an Improvisation den Anforderungen des Augenblicks besser entsprechen zu können (diese Methode ist nach Haendler die am häufigsten anzutreffende). Die Methode des Stichwortmenschen berge dagegen die größte Unsicherheit, biete jedoch bei Gelingen auch die größtmögliche Hörerorientierung, da der Prediger auf den Kontakt mit der Gemeinde ganz und gar angewiesen sei.

Im Blick auf die eigene Predigttätigkeit Haendlers ist festzustellen, dass er seine Predigten in den ersten Amtsjahren komplett ausformuliert. Das beweisen die zum Teil von ihm selbst über einen längeren Zeitraum chronologisch archivierten Predigten aus seiner Zeit in Berlin, Gumtow und Stralsund. Erst in Stettin und Neuenkirchen muss Haendler in immer stärkerem Maße zu der Praxis übergegangen sein, Stichpunktmanuskripte zu verwenden. Dies beweist zum einen der schlichte Umstand, dass von Haendler aus dieser Zeit kaum Predigtmanuskripte überliefert worden sind. Zum anderen ist ein ausformuliertes Predigtmanuskript Haendlers erhalten, an dessen Ende er eine skizzenhafte Zusammenfassung gestellt hat, die ihm aufgrund deutlich erkennbarer Unterstreichungen und Betonungsmarkierungen sehr wahrscheinlich zum eigentlichen Vortrag gedient haben wird. Mit höherer Predigtpraxis wird sich Otto Haendler dann sehr wahrscheinlich immer stärker von der Manuskriptpflicht gelöst haben. Erst seine akademischen Predigten arbeitete er wieder sorgfältig als zusammenhängenden Text aus. Dieser Umstand hat dazu geführt, dass uns aus seiner Neuenkirchener Zeit kaum Predigten erhalten sind.

2. Aufgabe der Predigt

Es sind verschiedene Formulierungen der Aufgabe der Predigt bei Otto Haendler zu finden. Er nähert sich aus einem pädagogischen, poimenischen und geistlichen Blickwinkel dieser Thematik.

2.1 Pädagogische Bestimmung

Bereits in seiner Habilitationsschrift bestimmt Otto Haendler die Predigtaufgabe vor allem pädagogisch: Angesichts der von ihm als gottes-, religions-, christen-

7 Otto Haendler: Die Predigt. Tiefenpsychologische Grundlagen und Grundfragen [1941, [3]1960], in: Ders.: Homiletik. Monographien, Aufsätze und Vorträge (= OHPTh 2), hg., eingel. u. kommentiert von Wilfried Engemann, Leipzig 2017, 269–632, 572.

tums- und kirchenfeindlich[8] erfahrenen gesellschaftlichen Situation im Deutschland der 1930er Jahre fordert er von der Predigt, »die Gemeinde zum Bewusstsein der ›Kirche‹ im Sinne der Kampffront (ecclesia militans)«[9] zu erziehen, und hält dabei programmatisch fest, dass »alle Verkündigung aus pädagogischen Gründen gestaltet sein muss«[10]. Die Predigt hat demnach die Aufgabe, in den widerstreitenden Kampf der Weltanschauungen um Deutungshoheit und Anhängerschaft bildend einzutreten und ihrerseits die »Idee der Kirche« als gemeinschaftsbildende und identitätsstiftende Größe im Bewusstsein der Hörer zu befördern, um so ein Gegengewicht zu den widerchristlichen Strömungen dieser Zeit zu schaffen. Haendler denkt dabei vor allem an politische Strömungen vom Kommunismus bis zum Nationalismus, sieht aber auch in einem einseitigen, unreflektierten Individualismus innerhalb der Kirche einen wesentlichen Faktor für diese aus seiner Sicht desolaten Verhältnisse. Aus diesem Grund kann für ihn die Aufgabe der Predigt nicht darin bestehen, »das Evangelium irgendwie neu zu bestimmen, sondern nur, das Evangelium so zu verkündigen, dass eine möglichst wirksame Bekämpfung jener Bedrohung erfolgt«[11].

Vor allem die Stralsunder Katechismuspredigten Otto Haendlers von 1929 zeugen von dem Versuch, die in seiner Habilitationsschrift getroffenen Beobachtungen praktisch umzusetzen. So versucht Haendler etwa mit dem Begriff der »evangelischen Sittlichkeit« seine Hörer auf einen bestimmten ethischen Konsens einzuschwören, von dem aus sich ein kirchliches Gemeinschaftsgefühl entwickeln könnte. Problematisch bei diesem Vorhaben ist vor allem Haendlers Methodik: Die Benutzung von überwiegend deskriptiver Sprache, das Fehlen plastischer Bilder, stimmiger Vergleiche sowie die mangelnde lebenspraktische Relevanz seiner Aussagen verleihen seinen Predigten die Gestalt einer starren Lehrpredigt, die einseitig kognitive Prozesse in den Hörern anspricht. Zur Vermittlung einer kirchlichen Gemeinschaftsidee ist aber nicht nur der richtige Gedanke, sondern vor allem das entsprechende Gemeinschaftsgefühl zu wecken. Viele Menschen haben sich in den 1930er Jahren ja gerade nicht aufgrund einer logischen Argumentation oder intellektueller Klarheit entsprechender politischen Gruppierungen von radikalen Ideen vereinnahmen lassen, sondern aufgrund der Fähigkeit dieser Gruppierungen, Not leidenden und verunsicherten Menschen das Gefühl zu geben, gehört und verstanden zu werden. An diesem Punkt wird deutlich, dass Otto Haendler 1929 noch nicht mit der Psychoanalyse in Kontakt gekommen sein dürfte, da er ansonsten sowohl in seiner Habilitati-

8 So die Begriffe bei Otto Haendler: Die Idee der Kirche in der Predigt, in: Ders.: Homiletik. Monographien, Aufsätze und Vorträge (= OHPTh 2), hg., eingel. u. kommentiert von Wilfried Engemann, Leipzig 2017, 43–204, 74.

9 A.a.O., 52.

10 A.a.O., 116.

11 A.a.O., 74.

onsschrift als auch in seinen Stralsunder Katechismuspredigten sicherlich viele Dinge anders formuliert hätte – ein möglicher Hinweis darauf, warum Haendler beide trotz sorgfältiger Vorarbeiten niemals veröffentlicht hat.

2.2 Poimenische Bestimmung

Seinem Ansatz beim Menschen treu bleibend fordert Otto Haendler in seiner »Predigt« unter Berufung auf 1. Tim 2,4: »Predigt ist Verkündigung der Wirklichkeit Gottes mit dem Ziel, daß allen Menschen geholfen werde und sie zur Erkenntnis der Wahrheit kommen.«[12] Die Predigt hat somit für Haendler eine lebensdienliche (Hilfe) und eine lehrende Aufgabe (Erkenntnis), was einer seelsorglichen Bestimmung der Predigtaufgabe gleichkommt: »Predigt ist auch Seelsorge im intensivsten Sinne.«[13]

Der lebensdienlichen Dimension der Predigtaufgabe widmet Haendler in seiner »Predigt« ein eigenes Unterkapitel mit dem Titel »Der priesterliche Dienst in den Fragen der Zeit«[14]. Darin hält er gleich zu Beginn programmatisch fest, dass eine Predigt unfruchtbare Wege gehe, wenn sie Fragen der Lebensbewältigung »stillschweigend als im Glauben a priori beantwortet ansieht und dadurch als gelebte Frage mundtot macht«[15]. Erst an der Bewältigung situationsgebundener Lebensfragen in der Predigt entscheide sich, ob die Predigt den Hörern bloß ein lebloses Gedankengebäude überstülpe, oder aber die christliche Botschaft durch eine Beziehung zu der konkreten Wirklichkeit der Hörer lebendig werden lasse. Haendler kann deshalb festhalten: »[Z]ur seelsorgerlichen Predigt gehört nicht nur, daß wir dem Hörer die Wirklichkeit Gottes verkündigen, sondern auch, daß wir sie ihm in sein Leben hinein verkündigen.«[16] Eine Predigt, die bei der Bewältigung des Lebens helfen will, dürfe deshalb nicht einfach ein idealistisch vollkommenes Leben darstellen und die Hörer damit alleinlassen, sondern müsse Anreize für ein Leben mit Gott bieten und ganz praktisch erste gangbare Schritte aufzeigen. Nur durch das Miterleiden bzw. das seelsorgliche Begleiten durch schlimmste Not hindurch könne die Predigt eine Sprache finden, die Menschen in Not tatsächlich Hilfe bieten kann.

Die lehrende Dimension der Predigtaufgabe basiert vor allem auf Haendlers Rezeption der Tiefenpsychologie C. G. Jungs. So sieht er etwa in der Unterstützung des Hörers auf seinem Weg zur Selbstwerdung eine entscheidende Predigtaufgabe. Die Predigt hat demnach die Aufgabe, den Hörer in der Erkenntnis zu unterstützen, wer er selber ist und welchen Platz er in der Gesellschaft bzw. in der Gemeinde Jesu Christi auszufüllen hat. Dazu ist nach Haendler vor allem

---

12 Otto Haendler: Die Predigt, a.a.O. (s. Anm. 7), 599.

13 A.a.O., 318.

14 A.a.O., 529–541

15 A.a.O., 529

16 A.a.O., 386.

wirklichkeitsgetreue Nüchternheit von der Predigt zu fordern, die mit eventuellen Selbsttäuschungen der Hörer schonungslos aufzuräumen hat: »Die Predigt soll aber die Menschen nicht da ansprechen, wo sie zu stehen meinen, sondern da, wo sie stehen.«[17] Haendler vergleicht die Predigt in diesem Sinne mit einem »Sauerteig«, der nicht eine phantastische Welt auszumalen, sondern die christliche Botschaft mit der »entschleierten Wirklichkeit«[18] zu durchsäuern, d.h. in Kontakt zu bringen habe. Die lehrende Dimension der Predigt hat somit eine aufdeckende, noetische Funktion, die sich der Wirklichkeit zu stellen hat. Dies kann dabei auch bedeuten, mit Projektionen und falschen Gottesbildern der Hörer aufzuräumen. In seinem 1948 gehaltenen Vortrag »Gegenwartsnahe Predigt« spricht Haendler darüber hinaus von einer ordnenden Funktion der Predigt: »Die Predigt ist deshalb nicht schon dadurch gegenwartsnah, dass sie die Not aufnimmt, bestätigt und beschreibt, sondern erst, wenn sie die Not einordnet, d.h. zu ihrer realen Bejahung, zu ihrer Abwägung (Not hat nicht nur Schrecken, auch Verheißung, nicht nur Tiefe, sondern auch Grenze) und zur Aufnahme ihrer Antriebe beiträgt.«[19] Die Predigt hat in diesem Sinne nach Haendler die Aufgabe, den Hörer bei der Einordnung, Aufarbeitung, Bewertung und Abwägung existenzieller Ereignisse in seinem Leben zu unterstützen und ihm auf diese Weise dabei zu helfen, eine veränderte Sichtweise auf sein Leben zu erhalten, etwa indem sie Geschehenes in Beziehung zueinander setzt oder nach Verbindungen zum Glauben und zur Wirklichkeit Gottes fragt.

Im Blick auf seine eigene Predigttätigkeit ist festzuhalten, dass Haendler stets versucht, sich an der Lebenssituation seiner Hörer zu orientieren und mit seinen Predigten eine Hilfestellung zu bieten. Praktisch gelingt ihm dies vor allem in seinen Kasualansprachen und seinen Predigten aus dem akademischen Kontext. Die lehrende Dimension der Predigt ist durchgehend in Haendlers eigenen Predigten nachzuweisen. Negativ ist dabei anzumerken, dass die Predigten zuweilen Gefahr laufen, ein Lehrer-Schüler-Gefälle aufzuweisen. Vor allem in seinen späteren akademischen Predigten realisiert Haendler durch den Einsatz von Symbolen, Erzählungen und plastischen Vergleichen eine Lehrsituation, die sich stärker auf Augenhöhe mit den Hörern vollzieht.

2.3 Geistliche Bestimmung

Die Predigt hat nach Haendler nicht nur die Aufgabe, dem Hörer eine kognitive Kontaktmöglichkeit mit der Wirklichkeit Gottes zu verschaffen, sondern auch

17 A.a.O., 233.

18 Ebd.

19 Otto Haendler: Vortrag »Gegenwartsnahe Predigt«, gehalten am 1. Dezember 1948 auf einer Superintendentenkonferenz in Greifswald, in: Ders.: Homiletik. Monographien, Aufsätze und Vorträge (= OHPTh 2), hg., eingel. u. kommentiert von Wilfried Engemann, Leipzig 2017, 668–674, 671.

und zumal eine affektive. Dies kommt besonders deutlich in seinen Ausführungen zum Kultus zum Vorschein: »Kultus ist Anbetung, und das muß auch in der Predigt immer das Letzte sein, was hindurchklingt. Alle Predigt, auch da wo sie Kritik übt, muß letztlich nicht einreißend, sondern tragend sein. Sie muß nicht nur Einblick gewähren, sondern hineinführen in die Welt der vom Ewigen her aufbauenden Werte.«[20] So wie die Liturgie soll also auch die Predigt zur Anbetung führen, Predigt soll ein Medium sein, dem Hörer ein Gefühl von Gottesnähe und Gotteserfahrung zu vermitteln: »So bereichert, wie man aus einer recht erlebten Liturgie fortgeht, so bereichert muß man aus der Predigt gehen können mit dem Empfinden, in die ewige Wahrheit, in die Tiefe und Weite der Offenbarung spürbar hineingeführt worden zu sein.«[21] In seinem Vortrag »Gegenwartsnahe Predigt« begründet er diesen affektiven Predigtansatz mit der schlichten Tatsache, dass die »Antenne« des Menschen für religiöse Themen primär nicht im religiösen Gedanken liege, sondern im religiösen Fühlen und Erleben. »Gegenwartsnahe Predigt ist durchaus ›erhellende‹ Predigt. Diese Erhellung basiert aber primär nicht auf der Inanspruchnahme dogmatischer Gedanken, sondern profitiert von ihrem Bezug auf gelebte Wirklichkeiten.«[22]

Die Predigten Otto Haendlers tragen durchweg eine geistliche Note. Sie sprechen geistliche Themen an und zielen auf das geistliche Leben. Die zentrale Stellung, die diese Dimension der Predigtaufgabe für ihn hatte, hängt sicherlich mit seinem Berneuchener Erbe zusammen: Ganz im Sinne der Berneuchener war auch für Haendler die geistliche Dimension des Lebens nicht ein bloßes Additivum, ein Luxus, der zu dem Leben hinzukommt, sondern das Leben von Menschen ist für Haendler erst unter der Perspektive des Glaubens ganz. Wenn die Predigten Otto Haendlers also vornehmlich geistliche Themen behandeln, ist dies nicht als Flucht in die Innerlichkeit zu verstehen, sondern als Beitrag zum Leben des Menschen in der Welt.

3. Das Subjekt des Predigers

Das Subjekt des Predigers stellt den eigentümlichen Ansatz Otto Haendlers dar und soll aus diesem Grund hier ausführlicher behandelt werden. Das Subjekt des Predigers erhält für Otto Haendler nicht aufgrund eines prinzipiell auch anders zu wählenden Ansatzes seine zentrale Bedeutung für die Predigt, sondern aufgrund eines zwingenden inhaltlichen Grundes: Wenn die Predigt eine optimale Wirkung erzielen soll, d.h. wenn die Predigt inhaltlich das transportieren soll, was der Prediger intendiert, dann muss nach Haendler um der inhaltlichen Wirkung der Predigt willen auch und zuallererst der Prediger als Subjekt der Predigt im Fokus des Interesses stehen. Haben vorausgehende Homiletiken In-

20 Otto Haendler: Grundriss der Praktischen Theologie, a.a.O. (s. Anm. 3), 354.

21 Ebd.

22 Otto Haendler: Vortrag »Gegenwartsnahe Predigt«, a.a.O. (s. Anm. 19), 672.

halt und Wirkung der Predigt wenn überhaupt an ihrem Umgang mit Bibel, Dogmatik, Rhetorik oder der Hörersituation gemessen, d.h. an im Wesentlichen technischen Fragen wie etwa der Exegese, des dogmatischen Unterbaus, der rhetorischen Struktur und Darbietung sowie der inhaltlichen Anschlussfähigkeit der Predigt an den Alltag der Hörer, so legt Haendler erstmals aus inhaltlichen Gründen den Fokus auf den Prediger als Subjekt: Das Subjekt des Predigers ist aus produktionsästhetischen (Wie gelangt der Prediger zum Inhalt seiner Predigt?), rezeptionsästhetischen (Wie wirken Prediger und Predigtvortrag auf die Hörer?) und damit dezidiert theologischen Gründen (Wie ist die Aneignung der freimachenden Botschaft des Evangeliums durch die Predigt zu fördern?) für den Predigtprozess von entscheidender Bedeutung.

Dem Vorwurf der Dialektischen Theologie, nur eine Predigt, die bewusst alles Persönliche ausklammert, könne das Evangelium verkünden, hält er eine von Jung inspirierte Theorie von Subjektivität und Objektivität entgegen: Für Haendler ist eine inhaltlich »objektive«, d.h. eine inhaltlich sachgemäße Predigt nur vermittelt durch das Subjekt des Predigers zu haben: »Objektiv sein bedeutet, als Subjekt von der Sache getragen sein und als Subjekt die Sache tragen.«[23] Subjektivität und Objektivität sind also im Sinne Haendlers keine sich gegenseitig ausschließenden Alternativen, sondern bedingen sich aufgrund der schlichten Tatsache gegenseitig, dass es immer ein konkretes Individuum ist, mittels dessen Subjektivität objektive Erkenntnisse formuliert werden. Mit Blick auf Eduard Thurneysen hält er in seiner »Predigt« darum fest: »Wer ›unter möglichster Ausscheidung alles Subjektiven ganz zu einem Werkzeug in Gottes Hand werden‹ will, wird nicht zu dem Werkzeug Prediger, Bote, Verkündiger, sondern er würde zur Schallplatte, wenn von ihm noch etwas erklingen könnte. Wer sich in diesem Sinne glaubt ›ausgeschaltet‹ zu haben, in dem wirken die subjektiven Kräfte sich unkontrolliert, ungeregelt und unnormiert aus.«[24] »Der Gegensatz gegen objektiv« ist für Haendler aus diesem Grund »nicht subjektiv, sondern willkürlich und beziehungslos«[25].

Es ist also anders formuliert nach Haendler überhaupt keine Frage, ob der Prediger das Subjekt der Predigt ist oder nicht, sondern einzig und allein, ob er bewusst zum Subjekt seiner Predigt werden will oder nicht. Dies ist nach Haendler jedoch wiederum nur dadurch zu erreichen, indem der Prediger nicht nur die Wirkung seiner bewussten, sondern auch und zumal seiner unbewussten Persönlichkeitsstruktur berücksichtigt. Hier ist nun der eigentliche Ansatzpunkt für Haendlers Rezeption der Psychologie C. G. Jungs gegeben. Eine Predigt aus der »zentralen Tiefe«[26] oder der »bluthaften Mitte« der eigenen Persönlichkeit zu

23 Otto Haendler: Die Predigt, a.a.O. 328.

24 A.a.O., 330.

25 A.a.O., 335.

26 A.a.O., 337.

halten, bedeutet für Haendler im Kern, eine Predigt aus dem eigenen »Selbst« heraus zu halten, d. h. aus dem bewusste wie unbewusste Persönlichkeitsinhalte umfassenden archetypischen Bild der eigenen Persönlichkeit. Den Prozess der Erkenntnis und Herausbildung des eigenen Selbst definiert Haendler dabei in Anlehnung an den Jungschen Begriff der »Individuation« auch als »Personifikation«[27]. Der Begriff des »Selbst« nimmt damit eine entscheidende Stellung in der Homiletik Otto Haendlers ein und kann als ihr eigentliches Scharnier betrachtet werden.

Diese Grunderkenntnis mündet für Haendler schließlich in die Forderung einer originalen Predigt bzw. in die Aufforderung des Predigers, in seiner Predigt sichtbar als Original erkennbar zu werden. Im Gegensatz zum Begriff der Originalität, der für Haendler eine »Absetzung gegen das Gewohnte« bedeutet, versteht er unter dem Begriff des »Originals« einen mit dem »echten Kern der Persönlichkeit« übereinstimmenden Ausdruck.[28] Das Ziel einer an der Personifikation orientierten Predigt kann somit unter dem Begriff der Kongruenz zusammengefasst werden: Predigtinhalt und Predigtdarbietung sollen mit der echten Gestalt der Persönlichkeit übereinstimmen, ihren Stärken und Schwächen, ihrem Glauben und Zweifeln, ihrem Können und Nichtkönnen, ihren positiven wie negativen Eigenschaften.

Die Predigten Otto Haendlers lassen wenig von seiner Person erkennen. So nüchtern muss das Urteil formuliert werden. Abgesehen von einer frühen Lazarettpredigt benutzt er kaum die erste Person Singular und gibt wenig von sich preis. Die Persönlichkeit Otto Haendlers kommt, wenn überhaupt, in seinen späteren Predigten indirekt zwischen den Zeilen zum Vorschein. Dies hängt wesentlich mit Haendlers Definition einer originalen Predigt zusammen: Eine originale Predigt zu erarbeiten und zu halten bedeutet nach Otto Haendler zuallererst, dass der Inhalt der Predigt mit dem Glauben des Predigers übereinstimmen muss, dass der Prediger also nicht fremde Theologie, sondern eigene Theologie predigt. Dies aber ist durchgängig in allen Predigten Haendlers der Fall. Nirgends hat man das Gefühl, leblose Dogmatik präsentiert zu bekommen, selbst seine stärker diskursiv-begrifflich arbeitenden Stralsunder Katechismuspredigten erwecken nicht den Eindruck einer bloß auswendig gelernten Dogmatik, eines kopierten Katechismus, sondern lassen den Theologen Haendler in jedem einzelnen Abschnitt erkennen.

4. Der Hörer

Nach Otto Haendler ist für die Predigt weniger eine detailgetreue, beim konkreten Hörer ansetzende Situationsanalyse entscheidend als vielmehr eine grundsätzliche Auseinandersetzung des Predigers mit anthropologischen Fragestellungen:

27 A.a.O., 338.

28 A.a.O., 334.

»Man braucht als Grundlage nicht eine Kenntnis der Einzelnen, sondern eine Kenntnis des Menschen.«[29] In seinem »Grundriss« prägt Haendler hierfür den Begriff der »anthropologischen Sicht«, die er dem »theologischen Gehalt« der Predigt ergänzend zur Seite stellt: »Die anthropologische Sicht umfaßt den Grad von Intensität und Richtigkeit, in dem die Predigt die menschlichen Zustände, Fragen, Anliegen, Charaktere und alles sonst zum Ausdruck bringt. Was über menschliche Situationen gesagt wird, soll stimmen, und es soll nicht blaß und allgemein, sondern farbig und konkret sein.«[30] Vor diesem Hintergrund hat die Predigt nach Haendler um eines zutreffenden Menschenbildes willen neben biblisch-theologischen Aussagen zum Menschen auch Erkenntnisse anderer Wissenschaften, allen voran die der Psychologie, mit einzubeziehen. Einem möglichen Vorwurf zuvorkommend betont er dabei noch einmal, dass die psychologische Sicht auf den Menschen »nicht Ersatz der Offenbarung, sondern anthropologische Bestätigung der theologisch vorausgesetzten menschlichen Situation«[31] sei. Die Predigt treibe in diesem Sinne nicht ein »fremdes Werk«[32], wenn sie sich anthropologischen Fragestellungen auch von psychologischer oder philosophischer Seite aus nähere, sondern erfülle ihren eigentlichen Auftrag.

Die Gemeindepredigten Otto Haendlers weisen eine geringe Hörerorientierung auf, die ganz gewiss etwas mit der eben beschriebenen Einsicht zu tun hat, nicht den konkreten, sondern den allgemeinen Menschen zum Gegenstand der Predigt werden zu lassen. Die Nöte der Menschen in den Predigten Haendlers erscheinen aus diesem Grund zum Teil abstrakt. So ist etwa der geängstigte Mensch eine wiederholt auftauchende Figur, worin die Angst aber konkret besteht, schafft Haendler, abgesehen von einigen Allgemeinplätzen, nicht deutlich zu machen. Anders dagegen wieder einmal seine Kasualansprachen und seine Predigten aus dem akademischen Kontext. Hier gelingt es Haendler, vor allem aufgrund einer psychologischen Herangehensweise an biblische Figuren Identifikationsspielräume für die Hörer mit ihren Problemen zu schaffen.

5. DER PREDIGTTEXT

Otto Haendler versteht die Bibel und damit auch den Predigttext primär als Urkunde, d.h. als schriftliche Beglaubigung bestimmter Glaubensinhalte.[33] Dieser Begriff impliziert zugleich Historizität, Autorität und Normativität, da eine Urkunde autoritativ für sich in Anspruch nimmt, die Dinge so zu bezeugen, wie sie geschehen sind. Der Begriff der Urkunde stellt damit auf den ersten Blick eine besondere Betonung der Dignität der Bibel dar, weshalb er auch von der Dia-

29 A.a.O., 522.

30 Otto Haendler: Grundriss der Praktischen Theologie, a.a.O. (s. Anm. 3), 363.

31 Otto Haendler: Die Predigt, a.a.O. (s. Anm. 12), 322.

32 A.a.O., 605.

33 Zu den folgenden Ausführungen vgl. a.a.O., 491–493.

lektischen Theologie häufig verwandt worden ist. Doch der Begriff der Urkunde trägt für Haendler noch eine andere Konnotation: Wenn die Bibel eine Urkunde ist, dann beurkundet sie eine Wirklichkeit, die außerhalb ihrer selbst liegt und damit auch ohne sie existent ist. Die Bibel bezeugt in diesem Sinne nach Haendler zwar die Wirklichkeit Gottes, ist aber selbst nicht mit dieser Wirklichkeit identisch. Bibeltexte besitzen somit für Haendler zwar im Blick auf die Vermittlung von Glaubensinhalten eine noetische (vermittelt durch Bibeltexte können Menschen etwas von der Wirklichkeit Gottes erkennen) und kontrollierende Funktion (die Gestalt von Bibeltexten steht seit der Kanonisierung fest und ihr Inhalt ist damit überprüfbar), stellen jedoch nicht die einzige Möglichkeit dar, mit dieser Wirklichkeit in Kontakt zu kommen: »Die Urkunde ist Erkenntnisgrund, aber nicht Sachgrund unserer Verkündigung. Glaube entsteht nicht allein an der Beurkundung, sondern mit ihrer Hilfe zugleich direkt an den Mächten und Kräften, die von den geschehenen Wirklichkeiten ausgehen.«[34] Der Wirklichkeit Gottes muss im Sinne Haendlers demnach zugetraut werden, auch auf anderen Wegen als bloß durch Texte zu wirken, stellt sie doch eine Macht- und Kraftsphäre ganz eigener Art dar. Grundsätzlich steht für Haendler jedoch fest, dass der Sachgehalt des Bibeltextes weitaus bedeutender ist als sein Textgehalt. Evangelische Predigt predige in diesem Sinne nicht einen Text, sondern das Evangelium! Auf einen zweiten, tieferen Blick betont der Begriff der Urkunde im Sinne Haendlers also keinesfalls die Dignität der Bibel, sondern stellt im Gegenteil ihre Relativierung dar: Weil die Bibel »bloß« Urkunde ist, ist das Entscheidende der Sachgehalt ihrer Beurkundung.

Der Predigttext spielt in den Predigten Haendlers durchgehend eine untergeordnete Rolle. Dies zeigt sich ganz deutlich daran, dass die Mottopredigt den mit Abstand häufigsten von Haendler verwandten Predigttyp darstellt. Erst mit seiner tiefenpsychologischen Ausbildung entdeckte Haendler ganze Bibelperikopen wieder neu. Kennzeichnend für diese neue, psychologisch-allegorische Auslegung biblischer Texte steht sein »Petrus«, eine Predigtreihe, die er zwischen 1949 und 1950 im Greifswalder Universitätsgottesdienst gehalten hat. Hier nähert er sich mit großem psychologischem Einfühlungsvermögen der Figur des Petrus an und fragt unter dem Grundmotto »vom Überkommenen zum Überkommenden« nach modernen Andockmöglichkeiten an die Erfahrungen des Petrus. Heute Nachmittag werden wir im Workshop anhand einer anderen Predigt diese für Haendlers späte Predigten charakteristische Beeinflussung durch die Tiefenpsychologie näher analysieren.

6. Zusammenfassung

In der Homiletik Otto Haendlers begegnet eine seiner Zeit vorausweisende Theorie, deren Tiefe erst von der Seelsorgebewegung in den 1970er Jahren

---

34 A.a.O., 492.

eingeholt worden ist. Aus heutiger Sicht muten viele Erkenntnisse Haendlers wie z. B. sein Insistieren auf die Kongruenz von Predigerpersönlichkeit und Predigt als theologisches Allgemeingut an, was schnell darüber hinwegtäuscht, dass Haendler einen im Vergleich zur Seelsorgebewegung eigenständigen Begründungsweg gewählt hat. Hier ist vor allem seine Auseinandersetzung mit dem philosophischen Subjekt-Objekt-Problem zu nennen, dessen sich auf systematisch-theologischer Seite vor allem sein Jugendfreund Paul Tillich angenommen hat, aber auch seine Auseinandersetzung mit der Tiefenpsychologie C. G. Jungs. Was aus heutiger Sicht von Haendler zu lernen ist, ist eine theologisch begründete Anknüpfung an das Subjekt des Predigers und des Hörers, die vor allem eines deutlich macht: Der Glaube ist nie losgelöst vom glaubenden Individuum zu betrachten, da er immer der Glaube eines konkreten Menschen zu einer bestimmten Zeit in einer bestimmten Situation ist. Glaube zielt damit immer und zuerst auf Aneignung oder »Assimilation«, wie Haendler es nennt, durch das Individuum. Die Predigten Otto Haendlers zeugen von dem Versuch, dieser theologischen Grundüberzeugung praktischen Ausdruck zu verleihen. Vor allem im Blick auf die Frage nach dem Umgang mit der Person des Predigers im Predigtprozess helfen die Predigten Otto Haendlers dabei, seine Homiletik besser zu verstehen.

Seelsorglich predigen

Otto Haendlers Predigtlehre – pastoralpsychologisch gelesen

von Jürgen Ziemer

Die Predigtlehre Otto Haendlers[1] ist zu einem guten Teil aus erfahrener Predigtnot entstanden. Vielleicht erlebte er sie an sich selbst, gewiss aber hat er sie wahrgenommen bei den ersten homiletischen Schritten junger Prediger. Dieser Eindruck legt sich dem Leser fast auf jeder Seite dieses bis heute erstaunlichen Werkes nahe. Es ist die »hilflos machende Not des Nichtkönnens«[2], die den Prediger angesichts der Herausforderung überfällt, der Verkündigung der »Wahrheit« eine »zeit-gemäße Gestalt«[3] zu geben. Haendler macht klar, dass es nicht ausreicht, auf diese Not eine dogmatische Antwort zu geben, die das Unvermögen etwa mit Hilfe theologischer Anthropologie erklärt. Er fragt praktisch-theologisch vom Standpunkt derer aus, die zu predigen haben, und in Solidarität mit ihnen, wie die Verkündigungsaufgabe angemessen und befriedigender erfüllt werden kann. Predigt sollte »seelsorglich« sein, so dass wir »dem Hörer die Wirklichkeit Gottes [...] in sein Leben hinein verkündigen«. Zum ersten gehört eine geistliche Vollmacht, zum zweiten eine menschliche. »Erst in der organischen Verbindung beider ist die homiletische Vollmacht gegeben.«[4] Statt von »Vollmacht« würden wir pastoralpsychologisch heute eher von »Kompetenz« sprechen, aber das liegt doch nahe beieinander. Wie aber ist diese »Vollmacht« zu erlangen? Ohne es ganz direkt zu sagen, ist Haendler doch davon überzeugt, dass die erfahrenen Defizite bei vielen Predigern vor allem im »menschlichen« Bereich liegen, also in dem Unvermögen, das Evangelium lebenswirksam in die konkrete Situation der Hörer hinein zu sprechen.

Die von Haendler beobachtete »Predigtnot« hat, theologiegeschichtlich gesehen, ihre Entsprechung in einer »Seelsorgenot«, die zu den Anfängen der

---

1 Otto Haendler: Die Predigt. Tiefenpsychologische Grundlagen und Grundfragen [1941, [3]1960], in: Ders.: Homiletik. Monographien, Aufsätze und Vorträge (= OHPTh 2), hg., eingel. u. kommentiert von Wilfried Engemann, Leipzig 2017, 269–632.

2 A.a.O., 292.

3 A.a.O., 284.

4 A.a.O., 386.

(amerikanischen) Seelsorgebewegung in den 20er Jahren führte. Der Pfarrer Arno Boisen sah das Versagen christlicher Seelsorge im Psychiatrischen Krankenhaus in der Unfähigkeit der Seelsorger begründet, die Patienten selbst als »lebendige menschliche Dokumente« wahrnehmen und verstehen zu können, um auf diese Weise von ihnen zu lernen.[5]

Arno Boisen war ebenso klar wie Otto Haendler, dass zur es Verbesserung der Praxiskompetenz nötig sei, einerseits die Lebens- und Leidenssituation der Menschen, um die es geht, empathisch wahrzunehmen sowie andererseits das professionelle Verhalten der handelnden Personen (selbst)kritisch zu reflektieren und aufgabengerecht einzustellen. Das konnte prinzipiell nicht ohne die Einbeziehung der zuständigen Humanwissenschaften, vor allem der Psychologie, in das praktisch-theologische Handlungskonzept erfolgen.

Genau das aber ist die Begründungssituation für die praktische Wissenschaftsdisziplin, die wir heute Pastoralpsychologie nennen. Otto Haendler darf mit ihren Anfängen unmittelbar in einem Atemzuge genannt werden.[6] Seine Predigtlehre kann man zu Recht »pastoralpsychologisch« nennen. Auch wenn der Begriff der »Pastoralpsychologie« als »Grunddimension Praktischer Theologie«[7] seinerzeit in Deutschland noch nicht üblich war, inhaltlich passt es durchaus. Bei Haendler finden wir wesentliche Grundannahmen und Handlungsmaximen einer pastoralpsychologischen Herangehensweise. Letztlich ist es freilich unerheblich, ob man das Werk Haendlers auch ausdrücklich als »pastoralpsychologisch« bezeichnet oder nicht. Wichtig ist, die Konvergenzen zu beobachten, also die Predigtlehre Haendlers aus pastoralpsychologischer Perspektive zu lesen und sie so für heutiges Fragen nach einer angemessenen Form christlicher Verkündigung fruchtbar zu machen.

1. Konturen des pastoralpsychologischen Ansatzes in Haendlers Predigtlehre

Was heute unter »Pastoralpsychologie« verstanden wird, ist nicht leicht auf einen Nenner zu bringen.[8] Gleichwohl ist es ohne Schwierigkeiten möglich, ein paar

5 Vgl. Dietrich Stollberg: Therapeutische Seelsorge. Die amerikanische Seelsorgebewegung, München 1969, 39–51.

6 Pars pro toto sei genannt: Martin Jochheim: Die Anfänge der Seelsorgebewegung in Deutschland. Ein Beitrag zur neueren Geschichte der Pastoralpsychologie, in: ZThK, 90. Jg., 1993, 462–493 (wieder abgedruckt in: Transformationen, Pastoralpsychologische Werkstattberichte, Heft 17, Frankfurt 2012, 180–228).

7 So Heribert Wahl: Pastoralpsychologie – Teilgebiet und Grunddimension Praktischer Theologie, in: Isidor Baumgartner (Hg.): Handbuch der Pastoralpsychologie, Regensburg 1990, 41–61.

8 Einen Eindruck der Vielstimmigkeit der pastoralpsychologischen Szene schon innerhalb der Deutschen Gesellschaft für Pastoralpsychologie gibt die vereinsinterne Broschüre

Rahmenbestimmungen für pastoralpsychologisches Denken und Handeln zu benennen:

- die Integration von psychologischen bzw. im weiteren Sinne auch humanwissenschaftlichen Konzepten in die pastoral-theologische Praxis;
- eine ganzheitliche Sichtweise menschlicher Existenz, in der lebensgeschichtliche, psychische und religiöse Problemaspekte in ihrem Zusammenhang gesehen werden;
- eine besondere Aufmerksamkeit für die pastoral bzw. therapeutisch handelnde Persönlichkeit mit ihren unerlässlichen Lernwegen;
- ein Verständnis von Glauben, der zugleich als von Gott gegeben und als selbstverantwortet erfahren wird und zu entsprechender Lebensgestaltung in Freiheit führt.

1.1 Psychologische Fundierung

Die psychologische Fundierung seiner theologischen Arbeit findet Haendler früh in der Tiefenpsychologie C.G. Jungs. Dass er hier einem therapeutischen Konzept begegnet, das der religiösen Einstellung eines Patienten auch psychologische Relevanz zuerkennt[9] und sie nicht einfach als Störungssymptom abtut, kommt seinen Intentionen sehr entgegen. Psychotherapie in diesem Sinne will zur Selbstfindung der Individuen sowie zu kritischer Auseinandersetzung mit überkommenen Positionen verhelfen und so letztlich dazu beitragen, dass jemand »zu einem *vertieften* und stärker verwurzelten Glauben kommt«[10]. Da Jung neben dem persönlichen Unbewussten auch ein kollektives Unbewusstes annimmt, das den Einzelnen mit der Sphäre religiöser Symbole und Repräsentationen verbindet, ergibt sich fast zwangsläufig der Bezug zu den religiösen Wurzeln der individuellen Existenz. Weil Glauben und Religiosität auch ein Aspekt der psychischen Konstitution des Menschen sind, folgert Haendler, können und müssen sie auch psychologisch untersucht und erschlossen werden. Er räumt diesem Aspekt für Praxis von Seelsorge und Predigt die gleiche Bedeutung ein wie dem theologischen: »Die innere Freiheit zu einer furchtlosen und

---

»Pastoralpsychologie in Bewegung. Zum Stand der Seelsorgebewegung in Deutschland« (DGfP-Info 2009). Zur näheren Bestimmung von Pastoralpsychologie in der Fachliteratur vgl. u.a. Michael Klessmann: Pastoralpsychologie. Ein Lehrbuch, Neukirchen-Vluyn 2004, 17–56; Viera Pirker: Fluide und fragil. Identität als Grundoption zeitsensibler Pastoralpsychologie, Ostfildern 2013.

9 Stellvertretend sei genannt: C. G. Jung: Über die Beziehung der Psychotherapie zur Seelsorge, in: ders.: Psychologie und Religion, München 2001, 113–131, bes. 119.

10 Otto Haendler: Grenzfragen zwischen Theologie und Psychologie, in: Otto Haendler: Praktische Theologie. Schriften und Vorträge zur Praktischen Theologie (= OHPTh 1), hg. u. eingel. v. Wilfried Engemann, Leipzig 2015, 513–530, 517.

fruchtbaren *Verbindung psychologischer und theologischer Arbeit* gewinnt nur der, der die *grundsätzliche* Unerlässlichkeit beider *nebeneinander* anerkennt.«[11]

Psychologische Arbeit, so sehr sie zunächst auch mit dem rein psychischen Verhalten der Person befasst sein mag, lässt darüber hinaus den Menschen erkennen, dass »die ihn tragenden Wirklichkeiten selbständiger Natur sind, nicht identisch mit den in ihm wirkenden Seelenkräften und auch nicht deren Projektion.«[12] Das aber wird nicht jede Psychologie in gleicher Weise für theologische Arbeit leisten. So kommt für Haendler eine Anbindung an die Freudsche Psychoanalyse wegen ihrer eher distanzierenden »Psychologisierung der Religion« weniger in Frage.[13] Er ist und bleibt der Analytischen Psychologie Jungs verpflichtet. Diese Konstanz fördert Klarheit und Überschaubarkeit seines pastoralpsychologischen Ansatzes, hat zugleich freilich auch seine Wirksamkeit schon zu seiner Zeit und darüber hinaus begrenzt. Heutige Pastoralpsychologie unterscheidet sich von ihren Anfängen dadurch, dass sie sich meist weniger exklusiv an ein bestimmtes psychologisches Paradigma bindet. Sie kann vielleicht eher als eine »Brückendisziplin«[14] verstanden werden, die zwischen psychologischen und theologischen Perspektiven einerseits, theoretischen und praktischen andererseits vermittelt. Die Unverzichtbarkeit psychologischer Herangehensweise in der praktisch-theologischen Arbeit generell ist von kaum einem anderen so klar herausgestellt worden wie von Otto Haendler.

1.2 Der Prediger als Person

Besonders signifikant wird bei der pastoralpsychologischen Herangehensweise die Gewichtung der Arbeit am handelnden Subjekt. Die pastoralpsychologisch inspirierte Seelsorgebewegung der 1960er und 1970er Jahre des vorigen Jahrhunderts war deshalb zu wesentlichen Teilen eigentlich vor allem eine Seelsorgeausbildungsbewegung. Haendler war der erste, der mit solcher Konsequenz in der Homiletik mit der Person des Predigers einsetzt. Obwohl für mich früh der Name von Otto Haendler ein Begriff war, habe ich doch erst in der eigenen

---

11 Otto Haendler: Die Predigt, a.a.O. (s. Anm. 1), 308.

12 A.a.O., 309.

13 Ebd. Joachim Scharfenberg, als Schüler Haendlers gleichwohl stärker dem Freudschen Ansatz verpflichtet, den er theologisch im Anschluss an Tillich als eine Form von »Fremdprophetie« versteht, fordert darum von der Pastoralpsychologie, »eine eigene Psychologie« auszubilden: ders: Einführung in die Pastoralpsychologie, Göttingen 1985, 48f.

14 Vgl. dazu Jürgen Ziemer: Seelsorgelehre. Eine Einführung für Studium und Praxis, Göttingen [4]2015, 108f. Diesem erweiterten Verständnis von Pastoralpsychologie widerspricht nicht, dass es Seelsorgekonzepte mit spezifischem pastoralpsychologischen Profil gibt wie etwa »Tiefenpsychologische« oder »Systemische« Seelsorge, vgl. a.a.O., 124ff.

pastoralpsychologischen Ausbildung entdeckt, wie konsequent hier ein Theologe in den 1940ern bereits etwas vorausgedacht hat, was eine Generation später Schule machte. Haendlers Einsatz bei der Person ist stilbildend und epochal.[15] Dass es dem wahren Prediger immer zuerst um die Sache und um den Text gehe und nie um die eigene Person, gehört zu den häufigsten pastoralen Irrtümern. Haendler entlarvt solche Behauptungen als Selbsttäuschung. Gerade wenn man meint, sich persönlich ganz zurücknehmen zu können, die eigenen Zweifel und Antipathien im Hintergrund zu belassen, ist man vor den homiletischen Auswirkungen alles andere als sicher. »Wer sich in diesem Sinne glaubt ›ausgeschaltet‹ zu haben, in dem wirken die subjektiven Kräfte sich unkontrolliert, ungeregelt und unnormiert aus.«[16]

Heute liegt bei jeder pastoralpsychologisch intendierten Predigtausbildung ein Hauptakzent auf der Arbeit am predigenden Subjekt. In wie hohem Maße dessen innere Konflikte, Widerstände, Zweifel und Ambivalenzen die Kommunikation mit der zuhörenden Gemeinde und den Zugang zu ihren Herzen beeinflussen, wird einem dabei bewusst.[17] Haendler hat es als erster so konsequent und scharf gesehen. Die heute aktuellen Methoden erfahrungsorientierten Lernens mögen andere sein: Resonanzerleben in kollegialen Gruppen, Selbsterfahrung und Supervision. Das Ziel ist das gleiche: eine persönlich verantwortete, in sich stimmige Predigtweise. Wer predigt, muss erfahren sein: »Seine Predigt soll ein Zeugnis davon sein, dass er durch ein Tor hindurchgegangen ist.«[18] Oder wie er es an anderer Stelle ausdrückt: Es bedarf gerade in der kirchlichen Verkündigung wie in der Seelsorge der »Gestalten, die nach ihrem eigenen Maß und Rhythmus gewachsen sind.«[19]

1.3 Kritik am Dogmatismus

Pastoralpsychologische Fokussierung auf das Subjekt schließt Kritik an jeder Form von Dogmatismus und Lehrgesetzlichkeit ein. Diese zieht sich durch das Gesamtwerk Otto Haendlers – freilich stets in vornehmer und moderater Weise. Schon in seiner Habilitationsschrift fragt er die »theozentrische Theologie« an.

15 Die Details müssen hier nicht ausgeführt werden. Sie sind bestens präsentiert bei: Christian Plate: Predigen in Person. Theorie und Praxis der Predigt im Gesamtwerk Otto Haendlers (= APrTH 53), Leipzig 2014.

16 Otto Haendler, Predigt, a.a.O. (s. Anm. 1), 330.

17 Vgl. den Klassiker pastoralpsychologischer Predigtanalyse: Hans-Christoph Piper: Predigtanalysen. Kommunikation und Kommunikationsstörungen in der Predigt, Göttingen 1976; ferner: Hans van der Geest: Du hast mich angesprochen. Die Wirkung von Gottesdienst und Predigt, Zürich 1978; Wilfried Engemann: Einführung in die Homiletik, Tübingen ^{2}2011, 14–87; Axel Denecke: Persönlich predigen, Münster ^{2}2001.

18 Otto Haendler, Predigt, a.a.O. (s. Anm. 1), 373.

19 A.a.O., 342.

Aus ihrem exklusiven Anspruch könne sich eine »Ablehnung der Psychologie« und eine »Vernachlässigung der Gemeinde« ergeben.[20] Dabei kritisiert er die damit bezeichnete Dialektische Theologie gar nicht wegen ihrer dogmatischen Inhalte, sondern wegen ihres Anspruchs, daraus auch homiletische Schlussfolgerungen abzuleiten. Dogmatische Begrenzungen und Verbote schränken aber die homiletische Arbeit ein und verhindern die Herausbildung einer selbst verantworteten Theologie. Diese aber ist die Voraussetzung für eine persönliche und authentische Predigt. Fast durch die ganze Predigt zieht sich eine kritische Auseinandersetzung mit einer »Bekenntnis«-Erwartung, die der subjektiven Freiheit zu wenig Raum lässt. Das »Bekenntnis« könne aber nur dann »wahr und segensreich wirksam sein«, wenn »seine Bekenner in dieser objektiven Haltung auch subjektiv voll überzeugt stehen können«[21].

Man spürt hier deutlich dic innere Auseinandersetzung Haendlers mit Teilen der Bekennenden Kirche, speziell der von der Barthschen Theologie geprägten. Es sind durchaus seine theologischen Sympathien mit dieser erkennbar, aber auch die Furcht, hier könne die Freiheit des Predigers zur eigenen freien theologischen Entscheidung eingeschränkt werden. Kein Prediger aber sei in der Lage, »zur Freiheit des Glaubens zu führen, wenn man selbst nicht die volle Freiheit gefunden hat« [22]. In der pastoraltheologischen Arbeit zeigt sich auch heute immer wieder, wie stark normative theologische Erwartungen die homiletische Kreativität einschränken und die Überzeugungskraft der Predigt bei den Hörer desavouieren. Es zeigt sich dabei sehr oft, dass diese Normative keineswegs nur von außen herangetragen worden sind, sondern im predigenden Subjekt als verinnerlichte Selbsterwartung ihre Wirkung tun. Darauf ist ganz besonders zu achten. So hängen bei Haendler Subjektorientierung und Dogmatismus-Kritik eng miteinander zusammen.

2. Inspirationen für eine zu den Menschen hin offenen Predigt

Haendler geht es um eine Predigt, die in der Wirklichkeit des modernen Menschen ankommt. Ähnlich wie die Seelsorge sollte auch die Verkündigung immer neu eine »Brücke zur Welt«[23] bauen. So wird Zugang zum »echten« Leben gewonnen. Haendler versucht das in einer Zeit, in der die »Welt« durch Krieg und Nachkriegszeit völlig aus der Ordnung gefallen scheint, und in der die Kirche für viele Menschen keine »Heimat« mehr darstellt. Er sieht es deutlicher als viele andere, ohne sich eine prophetische Pose anzumaßen. Das macht ihn auch heute

20 Otto Haendler: Die Idee der Kirche in der Predigt, in: Ders.: Homiletik. Monographien, Aufsätze und Vorträge (= OHPTh 2), hg., eingel. u. kommentiert von Wilfried Engemann, Leipzig 2017, 43–204, 54–58 u. 58–63.

21 Otto Haendler, Predigt, a.a.O. (s. Anm. 1), 370.

22 Ebd., vgl. a.a.O. auch 394–402.

23 Vgl. dazu Jürgen Ziemer, Seelsorgelehre, a.a.O. (s. Anm. 14), 19.

in gewisser Weise aktuell. Versuchen wir das anhand seiner Predigtlehre noch etwas zu konkretisieren:

2.1 Offenheit für die »Welt«

Die Kirche müsse, gerade wenn sie einen »in sich ruhende(n) Raum« gewähren wolle, zugleich »offen für alle« sein. Dieser Slogan, mit dem die Leipziger Nikolaikirche lange vor dem Herbst 1989 für sich warb, findet sich also schon in Haendlers Predigtlehre. Wenn man in jenen Wochen häufiger die Friedensgebete mit vielen anderen vor der Nikolaikirche erlebt hat, weil es keinen Platz mehr drinnen gab, liest man mit Bewegung bei Haendler: »Wer draußen vor den offenen Kirchenfenstern Tausende versammelt denkt, die seine Predigt mithören, spricht seine Gemeinde richtiger an, als wer sich [...] an den Frieden des Kirchenraums hingibt.«

In den Tagen der Friedlichen Revolution wirkte die Predigt von drinnen unmittelbar nach außen zu den Demonstranten auf der Straße. Es war einer der seltenen Momente der Predigtgeschichte, in welchen die Prediger auf den Kanzeln die Fragen der »Welt« als ihre eigenen erfahren hatten.[24] Die Predigt brauche, sagt Haendler, eine Spannweite, die »vom Markt über die Pforte bis zum Altar« reiche. Es ist sehr wahrscheinlich, dass Haendler das weniger aufregend gemeint hat, als es im Herbst 1989 in der DDR geschah. Aber es bleibt doch wichtig, dass ein Verkündigungsziel theologisch erst einmal so formuliert wird, »dass eine Predigt ganz in der Wahrheit Gottes und zugleich ganz in der Welt zu stehen habe«[25].

2.1 Wahrnehmung der Fremdgefühle

Die Offenheit ist nicht nur räumlich zu verstehen. Sie bezieht auf alles »Fremde«, auf die innere Ferne vieler Hörer zum Evangelium. Haendler geht davon aus, dass die Hörer der Predigt dort »als Gegenwartsmenschen« mit ihren eigenen »Gedanken, Bedenken und Distanzempfindungen« sitzen. Der in einer anderen Sphäre lebende Hörer empfindet »sein eigenes Sein als geschlossen« und möchte »nichts ›Fremdes‹ hineinlassen«. Hier ist die innere Situation vieler Gemeindeglieder empathisch erfasst. Predigtinhalte werden als »fremd« empfunden und es ist die Frage, warum man sich denn darauf einlassen soll. Es ist deshalb zunächst einmal wichtig, dass das »Fremdgefühl« »anerkannt und ernstgenommen wird«[26]. Haendlers Erwägungen zum Fremdgefühl möchte ich pastoralpsychologisch als Sensibilisierung für die Widerstände im Hörer interpretieren. Praktisch bedeutet das, dass der Prediger sich immer wieder auf die Hörerebene begeben muss, um die vorhandenen »Widerstände« als solche wahr- und ernst zu nehmen. Es ist

24 Vgl. Otto Haendler, Predigt, a.a.O. (s. Anm. 1), 291 f.

25 A.a.O., 513.

26 A.a.O., 519.

homiletisch fragwürdig, die Zustimmung der Gemeinde zum Evangelium immer schon vorauszusetzen. Das könnte an den Hörern haarscharf vorbeigehen und im Übrigen viel Langeweile produzieren.

Haendler formuliert es so: Die Gemeinde sollte, »soweit sie christlich ist und nach Festigung im Christentum verlangt, psychologisch nicht als exklusiv christlich gesehen werden«[27]. Der Rat ist ausgesprochen hilfreich. Noch deutlicher heißt es anderer Stelle: »Wir reden öfter zu fragenden Heiden als zu abgefallenen Christen.«[28] Man muss sich an den pointierten Formulierungen nicht reiben. Sie provozieren zu homiletischem Realitätssinn. Die Wahrnehmung des Fremden sollte für eine heute zeitgemäße Homiletik eine Schlüsselkategorie sein. »Fremd« bedeutet dabei oft gar nicht »feindlich« oder »abweisend«, sondern eher »desinteressiert«, »unberührt«, weil ein Lebensbezug nicht erkennbar wird. Wer die Wahrnehmung des Fremden zur homiletischen Schlüsselkategorie macht, wird als Prediger auch die eigene Fremdheit gegenüber der Botschaft zu erkennen bekommen.[29] Das wäre ganz im Sinne des Haendlerschen Grundansatzes bei der Person des Predigers.

2.3 Der Weg in die Tiefe

Wie aber kann das »Fremdgefühl« in der konkreten homiletischen Situation überwunden_werden? Vielleicht so, dass die Erfahrung, die der Prediger selbst mit der Meditation macht, nun in adäquate homiletische Schritte in der Predigt umgesetzt wird. So verstehe ich Haendlers Impulse in diesem Zusammenhang. Aufgabe der Predigt sei es, die »positive Beziehung der Mitte des Christentums und der Mitte des Menschen aufzudecken.« So könne im günstigen Fall »die tiefste Erwartung des Menschen angesprochen werden und die Hoffnung ihrer Erfüllung vom Christentum aus wachgerufen«[30]. Wer über das Predigen nachdenkt, habe »nicht nur da anzubauen, wo uns die Gemeinde direkt oder indirekt die Anbaustelle zeigt, sondern wir haben [...] in die Tiefe zu dringen, bis wir auf den Urgrund kommen, unter den der Mensch nicht mehr hinab kann«[31]. Es geht dann nicht mehr primär darum, »etwas«, eine »Botschaft« oder eine »Lehre« der

---

27 A.a.O., 535.

28 A.a.O., 521.

29 Eine Studentin des homiletischen Seminars begann kürzlich ihre Predigt über das Gebet im Gemeindegottesdienst mit dem Satz: »Ich bin eine schreckliche Beterin«, sie meinte: Es gelingt mir fast nie zu beten. Die Predigt wurde erstens sehr aufmerksam gehört und sie ergab zweitens ein überaus lebendiges und offenes Nachgespräch mit den Hörerinnen und Hörers. Freilich: die Predigerin überzeugte, weil sie wirklich gemeint hatte, was sie sagte. Stilisierte Demuts-Attitüden von Predigern, wie sie einem nicht selten begegnen, wirken eher abstoßend.

30 Otto Haendler, Predigt, a.a.O. (s. Anm. 1), 520.

31 A.a.O., 535 f.

zuhörenden Gemeinde nahe zu bringen, sondern eine Sehnsucht (aus dem Unbewussten) ins Bewusstsein zu holen, eine existentielle Frage und vielleicht auch einen verschütteten Glauben, ein verlorenes Vertrauen wieder ans Licht zu fördern. Im Grunde ist das eine Weise zu predigen, in der weniger etwas verkündigt oder gar »bewiesen«, sondern eher etwas »gezeigt«[32] wird. So unterstützt die Predigt den Weg der Hörer zu einem selbstverantworteten Glauben. Der Abstieg in die Tiefe fördert vielleicht auch eine neue Sprache zu Tage, die elementar und nicht abgegriffen ist, die sich öffnet hin zur Lebens- und Gefühlswelt der Gemeinde. Hier kann man durchaus als Äquivalent zur Haendlerschen »Meditation« die neuen Wege spirituellen Lernens erwähnen, sofern diese nicht nur dazu benutzt werden, einfach in traditionelle Frömmigkeitsformen einzuweisen, sondern authentische Ausdrucksformen des Glaubens neu zu entdecken und für sich zu gestalten. So gewinnt der Hörer, wenn es gelingt und er bereit ist, vielleicht auch (wieder) ein »Heimatgefühl« in der Kirche.

2.4 Seelsorgliche Predigt

Haendler inspiriert seine Leser durch diese und andere Gedanken im Grunde zu einer seelsorglichen Predigt. Statt eine »allgemein religiöse Haltung« - sei sie kirchenkritisch, polemisch oder einfach nur undogmatisch - zu korrigieren, fordert er generell, »alles irgendwie Positive, d.h. alles was Wahrheit ist oder zur Wahrheit führen könnte, zu erkennen, anzuerkennen und sorgsam aufzunehmen«[33]. So notwendig es sei, im theologischen Denken für Klarheit und Unterscheidung zu sorgen, so muss man doch in der Predigt wie in der Seelsorge von einer »Verflochtenheit der Wirkungen vielfältiger Kräfte und Mächte im konkreten Leben«[34] ausgehen.

Was Haendler hier genau beabsichtigt, wird noch etwas deutlicher, wenn man auf das achtet, was er über die Funktion von Theologie für die Predigt sagt. Theologie gehöre zeitlich vor die Predigt, sie müsse »innerlich überwunden sein«: »Erst wer sie, psychologisch gesehen, hinter sich gebracht hat, und mit ihrem reichen Ertrag wieder ganz und gar Mensch geworden ist, kann eine Gestalt der Predigt schaffen, die wirklich unmittelbar zum Menschen spricht.«[35] Das ist natürlich jetzt sehr pointiert formuliert. Theologie wird hier ganz konsequent als Denken »von der Offenbarung her« betrachtet, die Predigt dagegen eher »vom Menschen her«. Das muss man nicht in so scharfen Entgegensetzungen verstehen. Wichtig bleibt aber, dass Predigen eine andere Perspektive verlangt. Besonders fruchtbar seien hier die Impulse, die der Prediger aus seiner eigenen Seelsorgetätigkeit erfährt - nicht primär durch den »Stoff« des Falles, sondern

---

32 A.a.O., 480.

33 A.a.O., 533.

34 A.a.O., 534.

35 A.a.O., 517.

dadurch, »dass der Prediger als Seelsorger seine eigene Seele mit dem Wesentlichen in Berührung bringt«.[36]

Im Grunde ist der Prediger jener »Theologe an der Grenze«, von dem Haendler meint, er sei der einzige, der in der Lage sei, echte Probleme »von der religiösen wie von der profanen Seite her zu sehen«[37]. Wo der Prediger den Grenzgang nicht wagt, verflüchtigt sich die Predigt leicht in Wiederholung allgemeiner Richtigkeiten oder in theologische und moralische Gesetzlichkeit.

2.5 Die Ausstrahlung der Person

Es gibt noch ein eher anthropologisches Detail in der Predigtlehre Haendlers, das mich beschäftigt. Haendler spricht vom »Fluidum« des Predigers. Wir sprechen heute von der persönlichen Ausstrahlung, die von seiner Person ausgeht oder auch von der Atmosphäre, die er schafft. Meist kommen ja verschiedene »nichttheologische Faktoren« zusammen: der Raum, die Zeit, das Ambiente, die Liturgie usw. Aber Haendler geht es um die spezifische Wirkung der Person, die gelegentlich konträr zum Text ausfällt. Da kann es einen guten Text geben, aber es »strömt« nichts, die Atmosphäre bleibt steril, vielleicht sogar beklemmend, trocken, und es kann umgekehrt sein, sodass eine durchschnittliche Predigt tiefe Bewegung auslöst.

Für Haendler steht fest, dass das, was er als Fluidum bezeichnet, im Wesentlichen aus der »Tiefenpersönlichkeit« kommt: »Je mehr der Mensch sein eigenes Selbst gefunden hat, umso stärker, tiefer und überzeugender ist sein Fluidum.« Das fällt vielen im Predigtdienst schwer, sie fühlen sich überfordert, gehetzt und gejagt. Wichtig sei »die Überwindung der Jagd von innen her. Denn alle Gejagten machen denselben Fehler: Sie leben nicht genug von innen her.«[38] Und in Aufnahme einer Wendung von Jung fügt er hinzu: »Die ›Treue zum eigenen Gesetz‹ ist die Quellkraft des Fluidums.«[39] Das ist beinahe zeitlos gültig. Es geht um die Stimmigkeit der Person, ihre Authentizität. Manchmal ist die Arbeit daran wirklich das Wichtigste. Selbstarbeit, das Gespräch mit den Menschen, zu denen wir predigen und nicht zuletzt pastoralpsychologische Supervision können hier nötig und hilfreich sein.

3. Grenzen des Subjektiven – mit Haendler weiterdenken

Ich sehe es fast als ein Wunder an, dass eine vor 75 Jahren geschriebene Homiletik uns heute überhaupt noch etwas sagen kann. Das tut sie zweifellos. Je intensiver man liest, umso mehr Anregungen werden freigesetzt. Natürlich ist es

---

36 A.a.O., 368. Zur Kategorie der seelsorglichen Predigt vgl. auch Axel Denecke: Persönlich Predigen, a.a.O. (s. Anm. 17), 178–180.

37 Otto Haendler, Predigt, a.a.O. (s. Anm. 1), 489.

38 A.a.O., 368.

39 A.a.O., 426.

ein Buch seiner Zeit. Es wäre reizvoll, die Predigtlehre auch als Zeitdokument zu lesen. Da erschließt es sich in seinen drei Auflagen nicht immer leicht. Haendlers Werk ist auch ein Zeugnis einer Praktischen Theologie unter den Bedingungen von Diktaturen, so unterschiedlich diese auch gewesen waren. Es gibt wenig direkte Zeitassoziationen, dafür umso mehr indirekte. Sprachliche Eigenheiten gehören dazu, die manchem heute die Adaption erschweren mögen.[40]

Dem im Detail nachzugehen ist jetzt nicht unsere Aufgabe. Haendler war auch Zeitgenosse, aber innerlich frei für einen eigenen Weg zwischen Anpassung und Widerstand. Eben deshalb ist es zwei Generationen später lohnend, sich darüber hinweg ganz auf das Werk einzulassen. Das schließt nicht aus, auch zu markieren, wo wir pastoralpsychologisch und praktisch-theologisch heute andere Akzente setzen, in der Richtung Haendlers weiter denken. Das kann in unserem Zusammenhang jetzt wirklich nur ansatz- und auswahlweise geschehen.

3.1 Subjektwerdung der Gemeinde?

Der erste Diskussionspunkt wäre für mich die Relation von Prediger und Gemeinde. Haendler stellt die Persönlichkeit des Predigers in den Mittelpunkt des homiletischen Diskurses und macht überzeugend deutlich, wie entscheidend es für das Gelingen der Verkündung ist, wie der Prediger sich selbst als Person, als Glaubender und im Blick auf seine Aufgabe als Verkündiger des Evangeliums sieht.[41] Das ist bekannt und vielfach dargestellt.

Weniger im Blick bleibt bei Haendler, in welcher Weise das Prediger-Subjekt auch durch seine Beziehungen geprägt ist. Es heißt bei ihm zwar, dass die »Gestaltung der Predigt [...] nicht denkbar« sei »ohne engste Beziehung zur Gemeinde«[42]. Wie ernst Haendler das für den Prediger versteht, hat er grundsätzlich klar dargelegt. »Selbstfindung bedeutet also beides: Heranreifen zur in sich selbst ruhenden Persönlichkeit und Sich-Hingeben an den Dienst der Gemeinschaft.«[43] Aber was das auf der Seite der Gemeinde, der einzelnen Gemeindeglieder bedeutet, das bleibt offen. Es muss doch gefragt werden, mit welchem Recht der Person des Predigers, ihrer Integrität, ihrer Reife und Authentizität solch ein breiter Raum gewährt wird, nicht aber der Gemeinde bzw. ihren einzelnen Gliedern. Sie bleibt - trotz aller fürsorglichen Wahrnehmung und »engster Beziehung« - in einer eher passiven Position.

Wie ist es eigentlich mit der Selbstfindung der Hörerinnen und Hörer, mit einer »Subjektwerdung« der Gemeinde? Bei aller Empathie, bei allem Verständnis für die inneren Nöte und für die Glaubenszweifel der Menschen, bei allem Re-

---

40 Das betont z.B. Michael Klessmann, Pastoralpsychologie, a.a.O. (s. Anm. 8), 99f.

41 Vgl. Otto Haendler, Predigt, a.a.O. (s. Anm. 1), 331-334, 339-342.

42 A.a.O., 511.

43 A.a.O., 353.

spekt auch vor deren abwartender oder ablehnender Einstellung zu Evangelium: Es bleibt durchgehend bei einer einspurigen Kommunikationsrichtung zwischen Prediger und Gemeinde. Ja, dem Prediger wird die »Freiheit vom Urteil der Gemeinde«[44] nahegelegt, was insofern verständlich ist, als er sich nicht von den Lob- und Tadelssprüchen der Hörerschaft abhängig machen soll. Doch wäre gerade, jedenfalls von heute aus gesehen, die Befähigung der Gemeinde zu eigenständigem Urteil in Lebens- und Glaubensfragen ein wichtiges Ziel pastoralen Handelns.

Auch im »Grundriss« schreibt Haendler später, wie der Prediger für die Gemeinde zu erarbeiten hat, was sie selbst nicht zu leisten vermag: »Sie hat ein Recht darauf, aus der Hand des Predigers auf Grund seines Säens, Pflügens, Erntens und Bereitens Brot zu empfangen.«[45] Die Gemeinde bleibt ein empfangendes Gegenüber. Aber dabei belässt es Haendler dann doch nicht. An eben dieser Stelle richtet er an die Predigt die »Forderung, dass sie seelsorgliche Predigt sei«, bei der es darum gehe, dass der Hörer »als ganzer Mensch« angesprochen würde und so »wirklich imstande« sei, »den Glauben in seinem ganzen Leben zu verwirklichen«[46]. In seinem Seelsorgeverständnis macht Haendler dann weiterhin klar, dass es nicht nur um Glauben im engeren Sinne gehe, sondern um die im Glauben begründete Freiheit, »sein persönliches Dasein mit all seinen Problemen heilvoll zu gestalten[47].

Diese Aussagen führen über die Predigtlehre Haendlers hinaus. Sie beschreiben indirekt die Subjektwerdung bzw. die Selbstwerdung des Predigthörers. Von da ist es nicht weit zu einem Verständnis von Predigt als »Kommunikation des Evangeliums«[48], bei der die Einspurigkeit durch ein eher dialogisches Verständnis des homiletischen Prozesses überwunden wird. »Dialog« bedeutete dabei, dass die Gemeinde auch ein Akteur in dem komplexen Predigtgeschehen werden könnte. So freilich denkt und redet Haendler nicht, jedenfalls nicht ausdrücklich. Aber ein homiletisches Konzept, das in diese Richtung weist, wäre doch keine Korrektur des Haendlerschen Ansatzes, eher Fortführung in seiner Spur.

---

44 A.a.O., 523–526.

45 Otto Haendler: Grundriss der Praktischen Theologie, in: Otto Haendler, Praktische Theologie, Aufsätze und Vorträge (= OHPTh 1), eingel. u. hg. v. Wilfried Engemann, Leipzig 2015, 113–481, 357.

46 A.a.O., 358.

47 A.a.O., 474.

48 Vgl. Ernst Lange: Kirche für die Welt. Aufsätze zur Theorie kirchlichen Handelns, München 1981, 101 ff.; Wilfried Engemann: Einführung in die Homiletik, a.a.O. (s. Anm. 17), XXII ff. u. ö., Jan Hermelink: Die homiletische Situation. Zur jüngeren Geschichte eines Predigtproblems, Göttingen 1992, 179 ff., Christian Grethlein: Praktische Theologie, Berlin 2012, 8 ff., 522–327.

3.2 Selbstfindung und Gemeinschaft

Ein anderer Punkt bezieht sich auf die Wege des Predigers zu sich selbst und auf die Meditation. Es hat für einen heutigen Leser geradezu einen Entdeckungswert, wenn Haendler sich des Öfteren dagegen wehrt, dass alles das, was mit Selbstarbeit, Selbsterfahrung und Therapie zu tun hat, doch als ein »Kreisen um das liebe Ich«[49] als überflüssig abgewertet wird. Haendler macht klar, dass Selbstbeschäftigung »keineswegs eine harmlose Angelegenheit« sei. »Das Gewicht der Selbstfindung wird man aber nur dann ermessen, wenn man versteht, dass hier eine Wandlung bis in die Gründe des Seins sich tatsächlich vollzieht, die eine wirkliche Neugeburt genannt werden kann mit dem Sterben und Werden, das dazu gehört.«[50]

Es geht um die Begegnung mit den eigenen, oft »verdeckten« Widerständen und Zweifeln, mit der »unbewussten Fremdheit des Predigers gegenüber seiner eigenen Überzeugung«[51]. Haendler knüpft damit - vermutlich unbewusst - an alte spirituelle Traditionen des Christentums an. Vor allem ist hier an das »Sitzen« der Wüstenväter zu denken, bestimmt von schonungsloser Selbstbegegnung, Erfahrung von Leere und sehnsuchtsvoller Erwartung von Gottesnähe.[52] Das kann sehr fruchtbar sein, aber es ist kein Spiel, und es sind nicht wenige, die auf diesem Weg gescheitert sind. Haendler hat auch für den Selbstfindungsprozess der Prediger klar gesehen, wieviel da gefordert ist. Dafür hatte er therapeutische Erfahrung, passiv wie aktiv.

Zu den spezifischen Herausforderungen der Selbsterfahrung kommen die konkreten Aufgaben des priesterlichen Dienstes, Menschen in Seelsorge und Verkündigung für die »Bewältigung des Lebens«[53] zu stärken. Haendler schreibt von der »Lebensgeschichte und Mühsalsgeschichte«, die viele Menschen im Angesicht dunkler »Mächte« erleben.[54] Christliche Verkündigung habe nur dann eine Verheißung, »wenn sie durch alle Tiefen mitgeht und deshalb zu den wirklichen Höhen führen kann«[55]. Tatsächlich stehen hinter solchen Andeutungen die konkreten Schreckenserfahrungen mit Krieg und Nachkriegszeit. Aber sie gehören in jeder Phase so oder so zum »priesterlichen Dienst«. Wie soll der Prediger dem gewachsen sein? Reicht seine persönliche »Schicksalsfähig-

---

49 Otto Haendler, Die Predigt, a.a.O. (s. Anm. 1), 348.

50 A.a.O., 341 f.

51 A.a.O., 351.

52 Vgl. Günther Schulz/Jürgen Ziemer: Mit Wüstenvätern und Wüstenmüttern im Gespräch. Zugänge zur Welt des frühen Mönchtums in Ägypten, Göttingen 2010, 51 ff.; 138 ff.

53 Otto Haendler, Die Predigt, a.a.O. (s. Anm. 1), 530.

54 Ebd.

55 A.a.O., 532.

keit«[56] aus, um selber standzuhalten und anderen Kraft und Mut zuzusprechen? Reicht sein Glaube aus, um anderen einen Weg dahin zeigen zu können? Diese Fragen stellt die Predigtlehre Haendlers unumwunden. Sie gewinnt so einen bemerkenswert ernsten Ton. Der Ernst hängt mit den Überlebenskämpfen der Menschen und den weltanschaulichen, politischen und auch theologischen Auseinandersetzung der Zeit zusammen. Er hat aber auch mit der konzeptuellen Stringenz und der geistlichen Prägung des Autors Otto Haendler zu tun. Er gibt dem Prediger viel, er wertet seine Aufgaben hoch, aber er fordert auch viel. Für ihn war der Prediger ein Solitär: bedeutend gefordert, einsam und verletzlich. Das ist jetzt sehr pointiert gesagt, und es ist auch wahr: In dem Buch steht vieles, was diese Beschreibung ein wenig relativiert, aber intuitiv bleibt der beschriebene Eindruck. – Steht der Prediger da für sich allein?

Pastoralpsychologisches Denken und Handeln geht davon aus, dass die Selbstwerdung des Einzelnen und das Gefüge seiner Beziehungen in einem engen Zusammenhang gesehen werden können.[57] Das war zur Zeit Haendlers so nicht im Blick. Wenn wir aber heute über die Predigerpersönlichkeit nachdenken, müssen wir das unmittelbare Bezugsfeld stärker einbeziehen. Dabei geht es vor allem um drei Bereiche einer sozialen Unterstützung des Individuums, also des Predigers:

- Erstens: das lebensweltliche Kontaktnetz. Welche Rolle spielt soziale Vernetzung des Predigers in Familie, Freundschaft und in der kollegialen Berufswelt? Das ist nicht nur privat von Bedeutung, sondern wirkt sich unmittelbar auf das Glaubensverständnis und die kommunikative Kompetenz in Predigt und Seelsorge aus. Für jemanden wie Otto Haendler, der selbst neben seinem Pfarramt psychotherapeutisch tätig war, lagen diese Zusammenhänge natürlich auf der Hand.[58] Aber er hat diesen Aspekt der pastoralen Existenz homiletisch nicht umsetzen können oder wollen. Praktisch gilt für ihn in der Homiletik: Die Persönlichkeit des Predigers steht im Blickpunkt, die persönlichen Verhältnisse bleiben außen vor.
- Zweitens: Die professionelle Unterstützung. Professionsberufe wie der des Pfarrers und der Pfarrerin bedürfen heute permanent der Weiterbildung, der kollegialen Beratung und fachspezifischen Supervision. Ziel ist dabei nicht nur die Stärkung der beruflichen Kompetenz und Effektivierung der eigenen Berufsarbeit mit ihrer spezifischen Rollenproblematik, sondern auch die

56 A.a.O., 357.

57 Heute wird inzwischen von einer »intersubjektiven Wende in der Psychoanalyse« gesprochen: vgl. z.B.: Martin Altmeyer/Helmut Thomä (Hg.): Die vernetzte Seele. Die intersubjektive Wende in der Psychoanalyse, Stuttgart 2006.

58 Ausdrücklich verweist Haendler auf das Pfarrhaus, das »mit seiner Wärme und Stille anspricht und überzeugt« und das die »Atmosphäre« für Arbeit an der Predigt bewirke: Predigt, a.a.O. (s. Anm. 1), 409.

verlässliche Gewährung eines Raumes beruflicher und persönlicher Reflektion. Für die Bewältigung der Pfarramtsaufgaben gewinnt diese Ebene professioneller Unterstützung zunehmend an Bedeutung. Auch die Arbeit an der eigenen Person, Selbsterfahrung eingeschlossen, gehört heute in den Schutzraum professioneller Unterstützung. Das hat Haendler für sich selbst sicher als psychotherapeutischer Berater in Anspruch nehmen können, einen Niederschlag in der Predigtlehre hat es nicht gefunden.

- Drittens: die spirituelle Beheimatung. Im weiteren Sinne ist hier von »Kirche« als communio sanctorum zu reden. In seiner Habilitationsschrift hatte Haendler die »Notwendigkeit der Durchdringung der Predigt vom Willen zur Kirche« begründet.[59] Angesichts der Herausforderungen subjektivistischer und kollektivistischer Strömungen in der Gesellschaft sollte zur Stärkung des Glaubens angesichts des zunehmenden Unglaubens die »Idee der Kirche« die Verkündigung prägen. Es geht Haendler dabei um die »Idee« der Kirche und um den Auftrag, ihre Gestalt zu festigen und zu stärken. Der Gedanke, dass »Kirche« als Koinonia verstanden werden darf, in welcher ihre Glieder miteinander verbunden sind als Gemeinschaft im Geiste Jesu Christi, wird hier nicht entfaltet. Aber er ist natürlich Haendler nicht fremd gewesen. Seine Verankerung bei den »Berneuchenern« lässt erkennen, woher er die innere Kraft für Dienst und Werk in so schwerer Zeit empfing. Hier war die Quelle für Spiritualität in Liturgie und Meditation. Sie kann auch in anderen Formen und an anderen Orten gefunden werden, aber für die Ausübung des Verkündigungsdienstes ist sie unerlässlich.

Mit einer besonderen Aufmerksamkeit für dieses dreifache Netz kommunikativer und spiritueller Unterstützung wird die Arbeit für den »Prediger als Person«, die Otto Haendler so eindrucksvoll eingeleitet und praktisch-theologisch vorangetrieben hat, auch unter den Bedingungen der Gegenwart fortgeführt werden können.

---

59 Otto Haendler, Idee der Kirche, a.a.O. (s. Anm. 12), 74.

Das Selbst des Predigers gestalten

Predigtarbeit auf Basis des Personen-Prinzips

von Isolde Meinhard

Otto Haendler war überzeugt, dass das Reden von Gott aus lebendiger geistlicher Erfahrung kommen muss. In seinem Werk »Die Predigt« schlägt er seinen Weg vor, um zu solcher Erfahrung hin zu führen und sie mit Predigtarbeit zu vermitteln. Mit Bezug auf diesen Ansatz Haendlers stelle ich Verknüpfungspunkte zu spezifischen zeitgenössischen praktisch-theologischen Texten her. In einem ersten Teil gehe ich der Frage Haendlers nach, wie wirkungsvolles Predigen vorbereitet und umgesetzt werden kann. Dazu verweise ich auf Aspekte, die Haendler anführt: Psychoanalyse und Meditation, »Fluidum« des Predigers und Gestaltung der Predigt. Jeweils daneben stelle ich, was in unserer Zeit dem entspricht und uns womöglich eine uns näher liegende Sprache anbietet. Im zweiten Teil komme ich auf theologische Fragen zu sprechen, die teilweise im ersten Teil bereits angeschnitten werden: Was ist religiöse Erfahrung? Welchen Stellenwert hat sie im Vergleich mit der Bedeutung biblischer Texte? Und wie gehen wir mit der Nichtmachbarkeit religiöser Erfahrung um?

1. »Geistliche Wirklichkeiten«

Haendler[1] begründet und beschreibt, wie ein Prediger zu einer geistlichen Person werden kann, wie er zu Orientierung »im Raume geistlicher Wirklichkeiten«[2] und zur »Verkündigung der geistlichen Wirklichkeiten«[3] kommt. Diese Wirklichkeiten versteht er umfassend. Statt einer Entgegensetzung von Religion und christlichem Glauben[4] akzeptiert Haendler, »dass auch in einem ausgeprägten

---

1 Otto Haendler: Die Predigt. Tiefenpsychologische Grundlagen und Grundfragen, in: Otto Haendler: Homiletik. Monographien, Aufsätze und Predigtmeditationen (= OHPTh 2), hg., eingel. u. kommentiert von Wilfried Engemann, Leipzig 2017, 269–632. Als Haendler seine Predigtlehre schreibt, sind predigende Frauen nicht im Blick. Daher beschränke ich mich auf die maskuline Form, wenn ich mich auf seine Darstellung beziehe.

2 A.a.O., 526.

3 A.a.O., 392.

4 Vgl. a.a.O., 532 f. Haendler hält sie für häufig kirchenpolitisch konstruiert.

Christenglauben [...] das allgemeinreligiöse Element eine ungleich größere Rolle spielt, als man es in der Regel selber weiß«[5]. Während er »Die Predigt« schreibt, ist das Dritte Reich auf dem Höhepunkt seiner Macht und Selbstdarstellung. Haendler beschäftigt, welche Kraft und Wirkmächtigkeit christlicher Glaube dem Staatskult entgegensetzen kann. Was können wir Menschen in diesem Zusammenhang tun – und auch versäumen, was überlassen wir angemessen Gottes Wirken? Haendler sieht, dass es nicht um eine Auseinandersetzung mit Argumenten geht, sondern dass tiefliegende Emotionen angesprochen sind. Entsprechend beschreibt er nicht – quasi in der Horizontalen – gesellschaftliche Veränderungen, denn Gegner sind nicht einfach Menschen. Stattdessen sieht er einen metaphysischen Kampf, in dem ganz andere Höhen und vor allem Tiefen und weit übermenschliche Kräfte involviert sind.[6] Es geht um eine neue, angemessene Gestalt der »metaphysische[n] Fundierung des Seins«[7]. Entsprechend ist auch an Predigt und Kultus relevant, inwiefern sie teilhaben an übermenschlichen Mächten, Religion überhaupt, Gefühlen und kollektivem Unbewusstem.

Der gesellschaftliche Kontext in Deutschland in den letzten Jahrzehnten schafft für die Predigt nicht dieselbe Not und nicht dieselbe Herausforderung. In den zeitgenössischen sozialen Medien jedoch bildet sich seit Jahren ab, dass Emotionalität und vor allem Authentizität aufgrund persönlicher Erfahrung einen hohen Stellenwert haben. Und in jüngster Zeit spielt Emotionalisierung auch in der politischen Meinungsmache wieder eine dominante Rolle. Die wissenschaftliche Beschäftigung mit den Phänomenen nimmt nach Generationen der Skepsis gegenüber Religion und Emotionen in verschiedenen Fachgebieten zu.

---

5 A.a.O., 484.

6 Vgl. a.a.O., 343 f. Haendlers Ausdrucksweise ist der Sprache seiner Zeit geschuldet, v. a. aber zeigt sie sein dringliches Bemühen, etwas zu bewirken und zur Wirksamkeit aufzurufen. Wörter aus dem Feld von »wirken« sind häufig. Das Zustände benennende »Wirklichkeit« und das abgeschliffene »wirklich« klingen in dem ganzen textlichen Umfeld nach »Wirksamkeit«. Häufig sind auch Kombinationen mit dem Adjektiv »voll«. Unerschöpflich kann Haendler die Silbe »ur-« kombinieren. Zum Teil ist wie mit »voll« ein Superlativ impliziert (gewaltiger, urgewaltig). Mehr noch wird damit ein Aufruf perpetuiert. Er ähnelt dem textbezogenen »ad fontes!«. Es geht aber nicht zu – schon an die Oberfläche getretenen – Quellen, sondern zu verschiedenen Urgründen. Verbunden sind die Ur-Wörter häufig mit Wörtern aus dem Bereich von Wirksamkeit. Alles Ur- impliziert schon von sich aus Wirkungen. Geradezu inflationär kommt das Wortfeld »tief« vor. Einerseits führt Haendler damit in räumliche und psychische Regionen, andererseits dient es auch einfach wieder einer Steigerung der Intensität.

7 A.a.O., 282.

1.1 Seelsorge – durch Predigt

Das Charakteristische von Haendlers Werk »Die Predigt« liegt in der grundlegenden Bedeutung der Psychoanalyse für seine Arbeit.[8] Er sieht »die seelische Gesundheit der Zukunft [...] davon abhängen, ob wir die unmittelbare Fähigkeit wiedergewinnen, aus den Kräften des Unbewussten wieder in höherem Maße zu leben«[9]. Ausdrücklich sieht er die Relevanz psychologischer Erkenntnis und Arbeit nicht nur für die Seelsorge, sondern auch für die Predigt. »Denn Predigt ist auch Seelsorge im intensivsten Sinne.«[10]

Während er sich auf die psychologischen Aspekte der Predigtarbeit konzentriert, behält Haendler die Perspektive auf die Öffentlichkeit der Predigt und den Anspruch auf eine gesellschaftliche Wirksamkeit bei.[11] Der Begriff, mit dem er die Verflechtung von individuellem Lebensweg und gesamtgesellschaftlicher Situation benennt, ist »Schicksal«. Haendler fordert zur »Schicksalsfähigkeit« heraus.[12] Dabei geht es um die aktive Annahme der eigenen Lebensgeschichte, der prägenden Begegnungen und Erlebnisse, aber auch der je gegenwärtigen Lebenssituation mit der Anforderung an die persönliche Entwicklung, die sie stellt.[13] Auch die Aufgeschlossenheit gegenüber dem Schicksalserleben anderer gehört zu diesen Aufgaben.[14] Das Ziel ist »echte Erkenntnis«[15], die sich nicht nur auf die eigene Person bezieht, sondern »eine unmittelbare lebensmäßige Beziehung zum Gesamtschicksal« weckt.[16] Erkannt werden »die Wirklichkeiten und Mächte der geistigen Welt«[17].

In der Seelsorgebewegung sind die Erkenntnisse über die Vielschichtigkeit der menschlichen Psyche für die Analyse von Predigtwirkungen fruchtbar gemacht worden.[18] Selbsterforschung, Selbsterprobung in unvertrauten Settings wird auch in der Seelsorgeausbildung angeleitet. Predigen bleibt hier allerdings der Ausbildung zum seelsorgerlichen Gespräch untergeordnet. Wenig berücksichtigt wird auch die Vorstellung von einem kollektiven Unbewussten im Blick auf die Gesellschaft. Bei Haendler trägt sie jedoch wesentlich zur überindividuellen Bedeutung der Predigt bei. Die gesellschaftlich relevante Predigt und die

---

8 A.a.O., 303.
9 A.a.O., 313.
10 A.a.O., 318.
11 A.a.O., 512.
12 A.a.O., 358.
13 A.a.O., 359.
14 A.a.O., 361 f.
15 A.a.O., 362.
16 A.a.O., 360.
17 A.a.O., 472.
18 Veröffentlicht z.B. in H.-C. Piper: Predigtanalysen. Kommunikation und Kommunikationsstörungen in der Predigt, Göttingen 1976.

Rolle des Predigers stellt er sich offenbar ähnlich vor wie C. G. Jung den Künstler und seine Dichtung.[19] Gesamtgesellschaftlich wirksame Vorstellungen und Bindungen kommen durch ihre Prägekraft in der Person des Predigers zur Konfrontation mit dem Evangelium.

1.2 Religiöses Erleben

Wie kommt es dazu, dass Menschen durch eine Predigt bewegt werden? Es ist Haendlers Verdienst, dass er die Frage nicht mit Machbarkeiten beantwortet, sondern sich zwei grundlegenden, aber lange tabuisierten Aspekten gestellt hat, der persönlichen Spiritualität und der lebensbestimmenden Emotionalität. »Die Auseinandersetzung wird aus der Sphäre der Meinungen und ›Überzeugungen‹ in die der Mächte verlegt.«[20] Neben der psychologischen Arbeit traut er der Meditation weitreichende Prozesse zu. In ihr werden »die Erkenntnis, die Erfahrungen, die Hingabe, aber auch Entscheidung und Kampf [...] in die Region der wirkenden Urmächte zurückverlegt«[21]. Zwar ist »zur vollen Durcharbeitung des Seins«[22] die »Zusammenarbeit mit dem [...] erfahrenen Psychologen«[23] wichtig, aber die Meditation als »Autopsychotherapie« steuert die notwendige »ureigene Selbstarbeit« zum Prozess bei.[24] In der Beschreibung einzelner Schritte der Meditation gibt Haendler Hinweise, wie »wir der Ausstrahlungen des Unbewussten soweit habhaft werden können, dass wir zu einem Ausgleich zwischen Bewusstsein und Unbewusstem kommen«.[25] Dazu gehört das intuitive Denken, das in der Bild-Schicht zwischen Unbewusstem und Bewusstem vermittelt.[26] Vorbereitend hilft die Stille.[27] Durch den Atem geschieht Entscheidendes.[28] Ziel ist eine spezifisch meditative Haltung von »Eingehen und Sichgeben«[29]. Aus-

---

19 »Wo immer das kollektive Unbewußte sich ins Erlebnis drängt und sich dem Zeitbewußtsein vermählt, da ist ein Schöpferakt geschehen, der die ganze Epoche angeht, denn das Werk ist dann in tiefstem Sinne eine Botschaft an die Zeitgenossen« (C.G. Jung: Psychologie und Dichtung, in: Ders.: Gestaltungen des Unbewussten, Psychologische Abhandlungen Band VII, Zürich 1950, 24 f.). »Als Künstler ist er [...] Kollektivmensch, ein Träger und Gestalter der unbewußt tätigen Seele der Menschheit. Das ist sein Offizium« (30).

20 Otto Haendler, Predigt, a.a.O. (s. Anm. 1), 343.

21 »Meditation ist der Weg der Erkenntnis der Tiefen des Seins« (a.a.O., 449).

22 A.a.O., 454.

23 Ebd.

24 Ebd.

25 A.a.O., 436.

26 A.a.O., 438 f.

27 A.a.O., 447.

28 A.a.O., 443.

29 A.a.O., 448.

schlaggebend ist, dass das diffuse Bestimmtsein von Mächten in ein gestaltbares Gegenüber eines Subjekts zu Objekten gewandelt wird.[30] In diesem ganzen Prozess der Selbst-Verwirklichung kommt es zum »Zusammenhang zwischen dem Erfahren der Welt geistlicher Wirklichkeiten und der Predigterarbeitung«[31]. Auch die Beschäftigung mit dem Bibeltext wird einbezogen. Es geht darum, dass man »den Text in das Maß von tiefster Besinnung und Sammlung hineinzunehmen vermag, dessen man fähig ist, so dass unsere Predigttexte mit den jeweils tiefsten uns erreichbaren Schichten unseres Seins eine wesenhafte Verbindung eingehen«.[32]

Nicht nur auf der Seite der jeweils gegenwärtig predigenden Menschen spielen geistliche Wirklichkeiten und Erfahrung eine so entscheidende Rolle, sondern auch auf der Seite der biblischen Texte. Die »Urkunde der Offenbarung« ist für ihn »allseitiger und ursprünglicher Ausdruck der Erfahrung geoffenbarter Wahrheit und Wirklichkeit«.[33] Die biblischen Texte übermitteln eine Wirklichkeit, die eigentlich den Anstoß zum Glauben gibt.[34] Haendler bringt es auf den Punkt: »Die biblische Offenbarung als Gesamtheit der Texte ist also, homiletisch gesehen, in diesem Aspekt nicht die ›einzige‹ Quelle unserer Glaubenserkenntnis. Sie selber fußt auf Wirklichkeiten, die geschehen sind.«[35] Homiletisch konkretisiert sich dies in seinem Eintreten für die Themapredigt.[36]

Ein zeitgenössisches Fortbildungsprogramm für Predigende berücksichtigt die Entwicklung einer geistlichen Persönlichkeit.[37] Carina Sundberg stellt fest, dass heute in Predigten Erfahrungen benannt werden und die alltägliche Lebenswelt zur Sprache kommt. Sie bemerkt aber auch, »dass es uns noch immer schwer fällt, unsere Erfahrungen (oder: Nicht- Erfahrungen) mit Gott in Beziehung zu bringen. Mir scheint, als stelle es eine große Herausforderung dar, in tiefere theologische und hermeneutische Schichten des ›Erlebens‹ vorzudringen, ohne allzu schnelle, allzu einfache Antworten zu geben. Dazu genügt es eben

30 A.a.O., 448 f. Nach den Rückmeldungen zur ersten Auflage äußert sich Haendler ausführlicher zum Gebet (455–460).

31 A.a.O., 295.

32 A.a.O., 551.

33 A.a.O., 390. »Urkunde der Offenbarung« erscheint noch mehrfach.

34 »Die Urkunde ist Erkenntnisgrund, aber nicht Sachgrund unserer Verkündigung. Glaube entsteht nicht allein an der Beurkundung, sondern mit ihrer Hilfe zugleich direkt an den Mächten und Kräften, die von den geschehenen Wirklichkeiten ausgehen« (a.a.O., 492).

35 Ebd.

36 A.a.O., 491.

37 Carina Sundberg: Leiblich predigen. Ein schwedisches Fortbildungsprogramm zwischen Aufmerksamkeit, Performance und Choreographie, in: Peter Meyer/Kathrin Oxen (Hg.): Predigen lehren. Methoden für die homiletische Aus- und Weiterbildung, Leipzig 2015, 325–334.

nicht, einfach einmal eine Geschichte zu erzählen«.[38] Für eine Vertiefung des Erlebens während der Vorbereitung und beim Vortrag der Predigt bezieht sie die Leiblichkeit mit ein, wie sie in der Schweigemeditation bewusst wird. »Die Begriffe sind: Konzentration, Entspannung und Zuhören. [...] Natürlich bezeichnen diese Worte im christlichen Kontext auch eine Beziehung zu Gott – [...] Es geht um leibgewordenes Gebet.«[39] In der schwedischen Fortbildung wird die persönliche geistliche Existenz als Grundlage für alles konkrete Predigen unterstützt und gebildet und damit gerechnet, dass es um einen lange währenden, ja andauernden Prozess geht.

Nicht in der Homiletik, sondern auf einem Nebenschauplatz ist die Frage nach Glaubenserfahrung, nach einem emotionalen Gehalt von Glaubenswahrheiten seit mehreren Jahrzehnten diskutiert worden, nämlich in der Bibliodramaarbeit. Mit seiner Bindung an biblische Texte, mit den Begegnungen in der spielenden Gruppe und mit ihrer Leitung verknüpft Bibliodrama psychologische Arbeit und Aneignung eines Textes in einer ähnlichen Weise, wie es nach Haendler in der Meditation geschehen kann. So heißt es bei den niederländischen Pionieren: »Es ist ein bestimmtes, kaum umschreibbares Moment des Lebensstromes, das durch das Bibliodrama angesprochen wird. [...] Diesen Glauben zu erfahren und wirksam werden zu lassen, ist das Ziel des Dramas.«[40] Zugleich gibt es ein Bewusstsein für die ganze Geschichte, die zurück liegt, und für die Offenheit in neue Entwicklungen.[41] In ähnlicher Weise ermutigt oder ermahnt Haendler, den bis dahin gewachsenen eigenen Glauben in einen Gottesdienst oder in die Gottesdienste in einer bestimmten Lebensphase einzubringen.[42]

In der evangelischen Theologie in Deutschland hat besonders G. M. Martin Aufmerksamkeit auf das Bibliodrama gerichtet. Relevant an den Texten sind die Erfahrungen, die in ihnen liegen. In Konfrontation mit gegenwärtigen Lebenserfahrungen entsteht ein Prozess mit dem Ziel, »in eine neue lebendige Bewegung zu kommen«[43]. Martin untersucht besonders die Tatsache, dass Bibliodrama-Arbeit sich nicht allein im Kopf abspielt, sondern mit dem ganzen Körper geschieht. »Der Leib als Aufführungsort des Lebens«[44] muss erst entdeckt werden.

38 A.a.O., 332.

39 A.a.O., 330.

40 Herman Andriessen/Nicolaas Derksen: Lebendige Glaubensvermittlung im Bibliodrama. Eine Einführung, Mainz [2]1991, 44; niederländische Erstveröffentlichung 1986.

41 Vgl. a.a.O., 60 f.

42 Vgl. dazu z. B. die Charakterisierung der verschiedenen Altersstufen bei Otto Haendler, Predigt, a.a.O. (s. Anm. 1), 353–357.

43 Gerhard Marcel Martin: Sachbuch Bibliodrama. Praxis und Theorie, Stuttgart 1995, Klappentext.

44 A.a.O., 30.

In Langzeitprogrammen von Aus-, Fort- und Weiterbildung kirchlicher Mitarbeiter und Mitarbeiterinnen macht er die Bibliodrama-Arbeit fruchtbar.[45]

Welche religiösen Erfahrungen nun tatsächlich im Bibliodrama gemacht werden, untersucht Claudia Mennen in einer empirischen Studie.[46] Sie stellt Diskussionen um religiöse Erfahrung vor. Demnach meint Antje Kiehn, es gehe »um die Katalysierung und Initiierung religiöser Erfahrungen«, mit K. Graf Dürckheim bezeichnet als »initiatische Erfahrungen«: »Nach innen erschüttern und nähren sie den Menschen, nach aussen führen sie zu einer veränderten Lebensgestaltung.«[47] Heike Radeck kritisiert: »Die andere Welt, die im Erleben der ›grossen Augenblicke‹ in die alltägliche einbricht, beschreibt sie [Kiehn] mit den Dimensionen der Tiefe und des Ursprungs. Die christliche Religion hat demgegenüber lediglich Oberflächencharakter. Der biblische Text macht den Weg frei zu etwas anderem, dem eigentlich Wichtigen.«[48] Diese Kritik könnte auch Haendler treffen. Jedoch hat Haendler – bei aller psychoanalytisch gebotenen Aufmerksamkeit für faktisch gelebte Religion – den christlichen Glauben nicht in der Weise relativiert.[49] Für Mennens InterviewpartnerInnen bleiben die Erwartungen und Erfahrungen stärker mit der Lebensgeschichte verbunden. Über die Motivation schreibt sie zusammenfassend: »Das Vermissen von Erfahrungsintensität und persönlichem Angesprochensein in der religiösen Lebensgeschichte führt zur Dynamik, diesen Mangel zu beheben. Bibliodrama erwies sich [...] als ein Weg des Mangelausgleichs und der Steigerung von Erlebnisqualität, der neue Plausibilitäten im Religiösen generiert.«[50]

Die anthropologische Seite des Brückenschlags zwischen einstiger religiöser Erfahrung in den biblischen Texten und einer Erfahrung heute versteht Ludwig

45 Vgl. a.a.O., 93. Martin weist auf die Nähe zur Lebensreformbewegung und Jugendbewegung hin, die auch in der Gottesdienst-Reformbewegung vom Anfang des 20. Jahrhunderts zu finden ist, der wiederum Haendler sich anschloss (vgl. a.a.O., 109).

46 Claudia Mennen: Bibliodrama – Religiöse Erfahrungen im Kontext der Lebensgeschichte. Eine qualitativ-empirische Studie, Fribourg 2004.

47 A.a.O., 38.

48 A.a.O., 39, mit Bezug auf Heike Radeck: Spiritualität im Bibliodrama – Evidenzerlebnis im Spielraum des Textes, in: Evangelisches Zentrum Rissen (Hg.), Lernort Gemeinde, Band 3/1999, Bibliodrama, 25–29. Die vielfältige Bewegung der geistlichen Begleitung, mit der sich z. B. Radeck beschäftigt, bleibt hier leider noch unberücksichtigt. Auch darin gibt es Gemeinsamkeiten mit Haendlers Anliegen.

49 »In einer Zeit wie der gegenwärtigen ist Verkündigung nur dann vollgültig, wenn sie die Urkraft des Evangeliums zum Leuchten und Wirken bringt« (Otto Haendler, Die Predigt, a.a.O. [s. Anm. 1], 287).

50 Claudia Mennen, Bibliodrama, a.a.O. (s. Anm. 46), 337.

Zeier zu erläutern.[51] Demnach eröffnet die Arbeit ein »potential space« in dem Sinne, wie es der Entwicklungspsychologe D. W. Winnicott beschrieben hat. In diesem psychischen Freiraum zwischen Wunsch und Realität ist eine symbolische Erfahrung möglich (oder sogar nötig). »Der Begriff ›symbolische Erfahrung‹ bezeichnet dabei keinen eindeutigen Inhalt (wie etwa die Archetypen Jungs), sondern eine gewisse strukturelle Beschreibung einer Erfahrungsform.«[52] Religiöse Erfahrung versteht Zeier als »eine spezifische Art der symbolischen Erfahrung«.[53] Schon psychologisch betrachtet muss man sagen: »Symbolische Erfahrungen sind weder bloß objektiv noch bloß subjektiv, sondern gehören einem Übergangsraum an.«[54]

Ähnliche Anliegen wie im Bibliodrama findet man im Bibliolog berücksichtigt, den U. Pohl-Patalong im Anschluss an P. Pitzele vorstellt.[55] Er bleibt stärker beim Text und bei rein mentaler Gestaltung[56], sucht aber auch die Erfahrungsebene.[57] Pohl-Patalong merkt an, dass ja Subjektivität auf der Kanzel seit den letzten Jahrzehnten durchaus vorkommt, hat aber den Eindruck, dass damit häufig lediglich »die Person des Predigers in den Vordergrund« rückt. Wie kann sie stattdessen der Gemeinde eine subjektive Begegnung mit dem Text vermitteln?[58] Bibliolog bietet dafür eine Technik an.

Auch bei den Besuchern eines eher traditionellen geistlichen Angebots lassen sich die Sehnsucht nach einem intensiven Erlebnis sowie »religionsproduktive Züge« beobachten. Zugleich gibt es »eine gewisse Gegenbewegung zu dem ›Erlebnis pur‹«– »Menschen spüren, dass im Erlebnis an sich nicht alles liegt und fragen nach dem Sinn hinter dem Erleben«[59]. Im Blick auf die wissenschaftliche Arbeit stellt sie fest: »Im Kontext der Diskussion um das Verhältnis von ›Religion‹ und ›Religiosität‹ und die wachsende Bedeutung von ›Spiritualität‹ dürfte vermutlich der Erlebensbegriff künftig an Bedeutung gewinnen.«[60]

---

51 Ludwig Zeier: Die Wirklichkeit und ihre Spielräume. Das Bibliodrama aus der Sicht der Psychoanalyse, Stuttgart 2003.

52 A.a.O., 49.

53 Ebd.

54 A.a.O., 51.

55 Uta Pohl-Patalong: Bibliolog. Gemeinsam die Bibel entdecken, Stuttgart 2005.

56 »Während beim Bibliodrama der Körper eine wichtige Rolle spielt, ist Bibliolog wesentlich stärker sprachlich orientiert« (a.a.O., 26).

57 A.a.O., 24; vgl. auch 29.

58 A.a.O., 101 f.

59 Uta Pohl-Patalong: Gottesdienst erleben, Empirische Einsichten zum evangelischen Gottesdienst, Stuttgart 2011, 91 f.

60 A.a.O., 90.

1.3 Wirkung des Religiösen

Haendler zufolge hängt für ein Erleben während der Predigt viel von den Predigenden ab. Unabdingbar ist eine zwar vorbereitete, dann aber frei gesprochene Rede.[61] In ihr werde die »Wirkungskraft« nachgerade spürbar. Predigende, die aus dem »gelebten und erfahrenen Glauben«[62] agieren, teilen von ihrem »Lebensstrom«[63] aus. So entwickeln sie ein »Fluidum«[64] als spürbare Wirkung ihres Selbst und ihres Handelns. »Bei positivem Fluidum aus befreitem und gestaltetem Selbst strömt die Predigt die entscheidende Atmosphäre aus, die das Vertrauen zur Gegenwärtigkeit und zur Weite und Tiefe der Verkündigung weckt.«[65] Haendler erwartet, »dass das Fluidum des Predigers den negativen Strömen des Fluidums der Gemeinde nach Möglichkeit entgegenwirke und vielleicht sie überwinde«[66].

Eine Kraftquelle für diesen Auftrag findet Haendler im »Kultus«. »Kultus steht [...] in seinem Wesen wie in seiner Wirkung in nächster Nähe zur Meditation.«[67] »[D]er Gottesdienst [...] ist Kultus im engeren Sinne, und Kultus im weiteren Sinne ist die Durchgestaltung des täglichen Lebens mit der sich in der Stille wiederholenden ausdrücklichen Hinwendung zu Gott.«[68] Eine alltägliche Form des Kultus sieht er als »in der anthropologischen Situation« begründete »Notwendigkeit« an.[69]

In den vergangenen Jahrzehnten ist es Manfred Josuttis[70], der »mit der eigenständigen Wirklichkeit und der selbsttätigen Macht des Heiligen«[71] rechnet. Vom Faktum spirituellen Handelns her nimmt er die eigene Realität des Heiligen ernst. »Frömmigkeit ist eine ›Technik‹ der Gottesbegegnung. Wer sich dem Heiligen nähert, gerät in den Strom einer Heiligung.«[72] Das trifft auch für das Predigtgeschehen zu. Fast wie Haendler klingt die Frage: »[W]ie wird die Lebenskraft, die zur dynamischen Qualität von Evangelium gehört, unter den

61 Otto Haendler, Die Predigt, a.a.O. (s. Anm. 1), 580f.

62 A.a.O., 401.

63 A.a.O., 425.

64 A.a.O., 425–429.

65 A.a.O., 427.

66 A.a.O., 589.

67 A.a.O., 465.

68 A.a.O., 462.

69 Ebd., vgl. a.a.O. 463.

70 Manfred Josuttis: Die Einführung in das Leben. Pastoraltheologie zwischen Phänomenologie und Spiritualität, Gütersloh 1996. Hierin erwähnt er sowohl Haendler als auch H. Schmitz; zu Schmitz siehe Teil II.

71 A.a.O., 9.

72 Ebd.

Anwesenden ausgeteilt?«[73] Und ähnlich wie Haendler zweifelt er nicht daran, dass normalerweise etwas körperlich und psychisch Erlebbares geschieht. »Daß es von den Betroffenen so wenig wahrgenommen wird, dürfte nicht zuletzt daran liegen, daß wir auf transrationale Aspekte im homiletischen Akt wenig zu achten gelernt haben.«[74] Von Haendler nimmt er auf, wie wichtig das Meditieren ist[75], setzt allerdings ein anderes Verständnis von Meditation daneben.[76] Wie Haendler klingen seine grundsätzlichen, in »Wirklichkeit« unter »Verhalten« angestellten Erwägungen zum Sinn und zur Wirkung kultischer Handlungen in »Der Weg in das Leben«[77]. Verwandte Sprache auf dem Grund der Psychoanalyse, aber zugleich damit auch eine verwandte Aufmerksamkeit für das erfahrbare Geschehen in gottesdienstlichen Handlungen kommt außerdem in dem ebenfalls zur Grundlegung gehörenden Abschnitt »Antriebe« unter »Gehen« vor: »Wenn Menschen in den Gottesdienst gehen, [...] machen [sic] sich auf den Weg, um eine andere, um die eigentliche Wirklichkeit zu entdecken.«[78]

Der Vergleich verstärkt die Beobachtung, dass es in Haendlers »Die Predigt« um die Grundlagen religiösen Handelns geht. Für Haendler wie in zeitgenössischen Reflexionen handelt es sich bei dem, was ich mit religiösen Gefühlen überschrieben habe, wohl um etwas subjektiv Wahrnehmbares, nicht aber um etwas Individuelles oder nur Psychisches, sondern um ein bis in die Leiblichkeit reichendes Erleben und eine Erfahrung von überindividueller, ja übergemeinschaftlicher Atmosphäre und Mächtigkeit.

1.4 Gottesdienst als Weg

Die Predigt sieht Haendler eingebettet in das ganze liturgische Geschehen und die gottesdienstliche Liturgie als Glied in einer Kette alltäglichen »Kultus«. In dieser Richtung hat Martin Nicol weiter gedacht.[79] Grundlage ist die Wertschätzung und neue theoretische Konzeption von Ästhetik in den Literaturwis-

73 A.a.O., 111 f.

74 A.a.O., 110.

75 A.a.O., 66, mit Bezug auf Haendler.

76 »Der phänomenologische Ansatz betont demgegenüber sehr stark, daß Meditation eine Form der Einverleibung darstellt« (Josuttis, a.a.O. [s. Anm. 70], 66).

77 »Der Gottesdienst, der nach der Agende abläuft, ist eine Form kultischer Praxis. Menschen versammeln sich zur Gottesverehrung und schreiben ihrem Verhalten besondere Wirksamkeit zu, weil und sofern es sie in eine besondere Wirklichkeit führt« (Manfred Josuttis: Der Weg in das Leben. Eine Einführung in den Gottesdienst auf verhaltenswissenschaftlicher Grundlage, München 1991, 42).

78 A.a.O., 53 im Anschluss an ein Zitat von E. Neumann: Zur psychologischen Bedeutung des Ritus, in: Kulturentwicklung und Religion. Auf Neumann bezieht sich auch Haendler, vgl. a.a.O. (s. Anm. 1, 34, 37, 40 u. ö.).

79 Martin Nicol: Einander ins Bild setzen. Dramaturgische Homiletik, Göttingen 2002.

senschaften wie in den Darstellenden Künsten. Nicol geht von einem Ereignischarakter von Predigt und Gottesdienst aus.[80] Potentiell führt Predigt zu einem Moment religiöser Erfahrung. Seine wesentlichen Anregungen bezieht er allerdings nicht aus Haendler, sondern aus der US-amerikanischen »New Homiletic« und ihrem Bezug zum Ereignischarakter des Gotteswortes.[81] Kurz knüpft Nicol bei Schleiermachers Verständnis von Religion an.[82] Ihm ist aber die Konzentration auf den biblischen Text wichtig.[83] Was er in »Weg im Geheimnis« ausführt, ist hier schon skizziert: »Dramaturgische Homiletik hätte ein Konzept zu entwerfen, das die Predigt als integralen Bestandteil des Gottesdienstes zur Geltung bringt.«[84] Unterstützt durch theoretische Beobachtungen zur »neuen Oralität« spricht sich Nicol ähnlich vehement wie Haendler für einen freien Predigtvortrag aus.[85] Dies ist aber erst der zweite Stichpunkt unter der Überschrift »Performance«. Der erste ist »Spiritualität« und zeigt wieder eine wichtige Gemeinsamkeit mit Haendlers Verständnis. »[D]ie gesamte Predigtarbeit steht unter dem Vorzeichen von Spiritualität.«[86] Die darauf folgende Aufzählung erinnert stark an das 5. Kapitel in Haendlers »Die Predigt«.

»Das Leitbild vom ›Weg im Geheimnis‹ [...] kennzeichnet den Gottesdienst als eine Weise, Erfahrungen zu machen und Einsichten zu gewinnen in einer ebenso tröstlichen wie befremdenden Gotteswirklichkeit.«[87] Wie Haendler traut auch Nicol dem ganzen Gottesdienst-Geschehen Wirksamkeit zu. Es geht um eine bewusste Präsenz in der Gegenwart Gottes. Dazu wirbt Nicol für eine »zweite Kultfähigkeit«[88], ohne allerdings den Kultus so in die Verwandtschaft zur Meditation zu rücken, wie Haendler es tut, der viel ausdrücklicher eine Stärkung des Liturgen und Predigers darin sieht. Aber auch Nicol tritt »für eine geistige

---

80 A.a.O., 47.

81 A.a.O., 50.

82 A.a.O., 51.

83 »Niemand wird bestreiten, dass religiöses Erleben auch abseits von Bibel stattfindet. Und niemand wird bestreiten, dass es neben der Textpredigt auch die Themenpredigt gibt und geben muss. Aber eine Homiletik, die sich erneuern möchte, dürfte zunächst ausreichend damit zu tun haben, religiöses Erleben im Wirkbereich biblischer Worte, Bilder und Geschichten nach allen Seiten zu erkunden« (a.a.O., 51 f.).

84 A.a.O., 38.

85 A.a.O., 119.

86 A.a.O., 117 f.

87 Martin Nicol: Weg im Geheimnis. Plädoyer für den Evangelischen Gottesdienst, Göttingen ³2011, 28. Haendler kommt im Literaturverzeichnis nicht vor. Für ein evangelisches Verständnis des Mysteriums bezieht er sich immer wieder auf Wilhelm Stählin. Mit den Erfahrungen und Zielen der liturgischen Bewegung und der Michaelsbruderschaft ist eine für Haendler entscheidende Quelle einbezogen.

88 A.a.O., 131.

Existenz des Personals« ein.[89] Der Pastor soll »spirituell erfahren« sein.[90] Praxis der Spiritualität ist bei Nicol konsequent schriftgebunden. Sie konzentriert sich darauf, »dass man sich von jeder Gegenwart aus [in der ›heiligen‹ Schrift] finden kann«[91]. Konkretionen findet er als Meditation der Schrift bei Luther und als Midrasch im Judentum. Insgesamt berücksichtigt Nicol den Aspekt religiöser Erfahrung, beschreibt aber wenig den (Lebens-)Weg, auf dem sie gewonnen werden kann, geschweige denn eine Ausbildung des geistlichen Menschen. Die Fragen, die sich für Haendler dadurch stellen, nämlich wie umzugehen ist mit einer religiösen Orientierung, die nicht christlich ist, und mit Gefühlen, die vielleicht religiös, aber dem christlichen Glauben nicht gemäß sind, kommen nicht zur Sprache.

1.5 Performanz

Die Wirkung des Predigers ist Haendler ein zentrales Anliegen, sowohl, was die erhoffte der Botschaft angemessene Wirkung angeht, als auch, was sich an verdunkelnden Wirkungen beobachten lässt. Dabei geht es ihm nicht um momentane Effekte, sondern um eine gesellschaftliche Relevanz der Predigt. Abgesehen von der umfassenden räumlichen und zeitlichen Perspektive möchte er, dass auch im einzelnen Gottesdienst im Zusammenspiel von Reden und Hören die Gegenwart des Geistes spürbar wird. Das Handeln am Altar sollte dem Ziel nahe kommen, dass »alle Sammlung und Hinwendung der Gemeinde« und »Hingabe« des am meisten erfahrenen Liturgen sich verbinden zu einem »kraftgeladene[n] Geschehen«[92].

Was genau genommen als Reflexionen auf die Performanz gelesen werden kann, ist z. T. verdeckt unter der Darstellung und Verteidigung einer recht verstandenen und notwendigen Subjektivität des Predigers. »Wir können das Evangelium lebendig verkündigen nur so, wie es uns lebendig geworden ist.«[93] Am Auftreten und der Präsenz der Predigenden muss also gearbeitet werden. Positiv gewendet: »Die Kraftströme des Evangeliums kommen, soweit überhaupt sie durch den Prediger wirken, durch seine positiven Kräfte, nicht trotz ihrer zur Geltung.«[94] Objektivität hat nur Sinn, wenn sie wirksam und lebendig vorgestellt wird, »und ist deshalb nicht durch Ausschaltung des Subjektes, sondern im Gegenteil nur durch Höchstmaß von Subjektivität [...] und Hervortreten des Subjektes zu erreichen«[95]. Dabei ist Haendler weit davon entfernt zu übersehen,

89 A.a.O., 273.

90 A.a.O., 273, vgl. auch 283.

91 A.a.O., 292.

92 A.a.O., 183.

93 A.a.O., 49.

94 A.a.O., 50.

95 Ebd.

dass sich auch aller Unglaube, alle Unvollkommenheit und persönliche Begrenztheit der Person auswirken. Aber eben darum ist auch die Arbeit an der Person des Predigers, nämlich an ihrer Gestalt, entscheidend. Ein Bewusstsein für die sprachliche Form der Predigt und die körperliche Verfassung des Predigers lässt er vor allem in seinen Hinweisen im fünften Kapitel[96] erkennen.

Auf der Seite der mitfeiernden Gemeinde beobachtet Haendler drei verschiedene Schichten von Erwartung an das Predigtgeschehen.[97] Die ersten beiden können in heutigen Begriffen als der Wunsch nach Unterhaltung und der Wunsch nach Spiritualität bezeichnet werden. Die dritte erläutert er so: »In ihr lebt das existentielle Verlangen nach der ewigen Wahrheit, das die entscheidende Wandlung des ganzen Wesens, die wahre Taufe und die Geburt aus dem Geist erwartet.«[98] Ich würde sie als »Sehnsucht nach dem Heiligen« bezeichnen. Jedenfalls muss die Predigt zu allen in Beziehung stehen. Allerdings geht es nicht darum, Erwartungen zu befriedigen. Die eigenständige Aufgabe des Predigtgeschehens bezeichnet er mit »Erfüllung«. »Erfüllung ist die Aufnahme der echten und tiefen Erwartung. Diese ist oft nicht nur die leisere Stimme, sondern fast nur unbewusste Richtung.«[99]

Haendler arbeitet an Aspekten des Predigtgeschehens, die in der gegenwärtigen Homiletik unter »Performativität« analysiert werden. Ursula Roth hat dafür auf die »Semiotik des Theaters« von E. Fischer-Lichte Bezug genommen.[100] »Inszenierung«, »Korporalität« und »Wahrnehmung« als einzelne Aspekte tragen zur Beobachtung des gesamten Geschehens unter der Frage nach seiner »Performativität« bei. Beschreibungen werden gefunden für die »Ko-Präsenz von Zeichenproduzenten und Zeichenrezipienten«, für die »Rückkoppelungen«, die sie sich gegenseitig geben. Performative Ereignisse »erschöpfen sich in ihrem Vollzug«, aber sie »konstituieren Wirklichkeit«, wobei sie »Körper wie Geist bewegende Erfahrungen ermöglichen«[101]. Mit diesen Kategorien kann das Geschehen im Gottesdienst beschrieben werden. Jetzt braucht es die Umsetzung in eine Ausbildung der »Hauptdarsteller«.

In die Ausbildung zum Predigen wurde die Professionalität von Schauspielern einbezogen, am bekanntesten ist die Fortbildung zur »Liturgischen Präsenz« durch Thomas Kabel. Auch Haendler geht auf das Auftreten des Predigers ein (im

96 A.a.O., 263–319.

97 Die sensationelle, die besinnliche und die Wesensschicht (vgl. a.a.O., 236).

98 A.a.O., 236.

99 Ebd.

100 Ursula Roth: Drama Gottesdienst? Anmerkungen zum gottesdiensttheoretischen Rekurs auf den Dramenbegriff, in: Hanns Kerner (Hg.): Zwischen Heiligem Drama und Event. Auf dem Weg zu einer zukunftsfähigen Agende, Leipzig 2008, 115–130.

101 A.a.O., 127 f.

letzten großen Abschnitt des letzten Kapitels). Seine Skepsis gegenüber äußerlichem Üben ist noch immer relevant.[102]

2. »EINE GESTALT ERARBEITEN«

Als Ertrag aus diesem Durchgang durch Hinweise auf geistliche Wirklichkeiten halte ich fest: Die Anliegen Haendlers in Bezug auf die Aufgabe der Predigt und auf die Person des Predigers lassen sich in unserer Zeit im Zusammenhang mit Fragen nach dem Gottesdienst und der liturgischen Fortbildung finden, sowie allgemeiner in Fragen nach geistlichem Leben und religiöser Erfahrung. Als Ziel formuliert Haendler, dass Pfarrer und Pfarrerinnen in sich stellvertretend für die Gemeinde, die sie leiten und in der sie predigen, die Auseinandersetzung zwischen dem Geist des Evangeliums und dem jeweiligen Geist ihrer Zeit führen und vertiefen. Er erwartet, dass sie darin weiter fortgeschritten sind als die Gemeindeglieder gewöhnlich. Was die Situation in unserer Zeit anlangt, ist seit langem das Ungenügen an einer nur exegetischen und systematisch-theologischen Vorbereitung der Predigt geäußert. Aber auch die Anreicherung durch psychologische Kenntnis und soziologische Beschreibung des Gemeindekontextes hat, zumal sie nie dieselbe Intensität während des Studiums erlangen, zu keiner entscheidenden Veränderung geführt. Haendlers Arbeit, zusammen mit vergleichbaren Praktiken in unserer Zeit, lässt ahnen, dass es nicht um ein weiteres Ausbildungsmodul gehen kann. Die Bildung zu einer geistlichen Person, die eine geistliche Rede vorbereitet und aufführt, ist im Grunde ein eigener Ausbildungsgang.

Haendlers Anstöße könnten also folgenreich sein für die Gegenwart. Wie kann die Relevanz von Erfahrung, nicht nur im historischen Kontext der biblischen Zeugnisse, sondern in der jeweiligen Gegenwart, theologisch gefasst werden? Welche Kriterien gibt es, was als christusgemäße religiöse Erfahrungen und Gefühle gelten kann? Und wie werden ggf. andere korrigiert?

2.1 Religiöse Erfahrung

Die Frage nach der Erfahrbarkeit von Gottes Wirken ist wichtig, nicht nur, weil Erfahrung und Erleben gesellschaftlich derzeit so gefragt wären, sondern als theologische Frage. Verbalisierungen, gar schriftlich festgelegte Texte, sind nachfolgende Zeugnisse. Wie schon gezeigt, bezieht Haendler eindeutig gegen eine einseitige theologische Wertschätzung der biblischen Texte Stellung. Es geht aber nicht um speziell homiletische Diskussionen, sondern um die systematische Aufgabe, die anthropologische Seite von Gottes offenbarendem Handeln zu formulieren, und dies nicht nur im Blick auf Ereignisse, die den Menschen wider-

102 Vgl. Otto Haendler, Predigt, a.a.O. (s. Anm. 1), 547 u. 586. Dem entspricht, dass die ganze Arbeit nur ein Achtel ihres Umfangs auf Konkretionen zur »Gestalt der Predigt« verwendet.

fahren, sondern auch im Blick auf die Verarbeitung des Widerfahrenen durch die Betroffenen. Demnach wird ein psychisches Phänomen untersucht, nämlich, was alles als religiöse Erfahrung gelten soll und wann sie als dem christlichen Glauben angemessen angesehen werden kann. Unter den Untersuchungsgegenständen der Psychologie wird es insbesondere um Gefühle gehen, z. B. darum, auf welche Weise religiöse Gefühle bestimmt werden können und wie diese Bestimmung unter christlicher Perspektive aussieht.[103] Eine Verengung der religiösen Erfahrung auf innerliche Vorgänge wäre aber nicht angemessen, wie die in vielen Ansätzen hervorgehobene Bedeutung der Leiblichkeit gezeigt hat.

Für die Reflexion religiöser Erfahrung halte ich die Arbeiten von Philosophen für hilfreich, die selbst einen Bezug dazu haben.[104] Vermittelt durch Alexander Deeg erwähne ich Walter Benjamins Unterscheidung von Erlebnis durch schockhafte Ereignisse zum einen, und kontinuierliche Erfahrung, die für andere als »Aura«, als »unverfügbare Präsenz« erfahrbar wird, zum anderen.[105] In der Gegenüberstellung von Erfahrung und Erlebnis, die Deeg hier übernimmt, kommen zwei wesentliche Aspekte bei der Selbst-Verwirklichung des Predigers im Sinne Haendlers zur Sprache, nämlich die langen Zeitstrecken, in denen Erfahrung wächst, sowie die für andere erlebbare Prägung, die sich in ihr entwickelt. »Natur, Emotion, echte Gemeinschaft« führen zu Erfahrung, »darum ging es in der Jugendbewegung – und ähnlichen Zielen schlossen sich auch viele in den jüngeren liturgischen Bewegungen an«[106]. Eine ähnliche Beurteilung wie bei Haendler geht auf eine Verwurzelung in der gleichen historischen Phase zurück.

Grundlagen für die Reflexion auf religiöse Gefühle und Erfahrungen hat F. D. E. Schleiermacher gegeben, auf den im Zusammenhang von praktischer

---

103 Sabine Döring und Anja Berninger sind der Frage nachgegangen »Was sind religiöse Gefühle? Versuch einer Begriffsklärung«, in: Lars Charbonnier/Matthias Mader/Birgit Weyel (Hg.), Religion und Gefühl. Praktisch-theologische Perspektiven einer Theorie der Emotionen, Göttingen 2013, 49–64.

104 Interessanterweise geschieht das sowohl mit hermeneutisch als auch mit phänomenologisch und mit analytisch orientierter Grundhaltung.

105 Alexander Deeg: Erlebnis Predigt. Zur Bedeutung von Erfahrung und Emotion in der homiletischen Praxis und Reflexion. Eine Einführung, in: ders. (Hg.): Erlebnis Predigt. Eine Veröffentlichung des Ateliers Sprache e.V., Braunschweig, Leipzig 2014, 13–35 (mit Bezug auf Benjamins Abhandlung »Über einige Motive bei Baudelaire« sowie auf den Aufsatz »Das Kunstwerk im Zeitalter seiner technischen Reproduzierbarkeit«), insbes. 18.

106 A.a.O. 19. Deeg zitiert in seiner Einleitung Fechtner und Lauster in ihrem Vorwort zum Themenheft über Gefühle der PrTh, 48. Jg., 2013, 71, in dem sie ausdrücklich auf die Bedeutung Haendlers verweisen, als kleinen Ersatz dafür, dass ein Artikel zur Homiletik in dem Themenheft fehlt (vgl. Deeg: Erlebnis Predigt, a.a.O. [s. Anm. 105], 30).

Theologie und Predigt in letzter Zeit verschiedentlich Bezug genommen wird.[107] In seiner zweiten Rede »Über die Religion« sucht er zu beschreiben, was in einer religiösen Erfahrung geschieht, wobei er sie nicht als ein völlig singuläres Ereignis versteht, sondern als etwas, das allen Lesern nachvollziehbar sein könnte.

»Die Betrachtung des Frommen ist nur das unmittelbare Bewußtsein von dem allgemeinen Sein alles Endlichen im Unendlichen und durch das Unendliche, [...] Dieses suchen und finden [...] in allem Thun und Leiden und das Leben selbst im unmittelbaren Gefühl nur haben und kennen als dieses Sein, das ist Religion.«[108] Bekanntlich geht es ihm um eine spezifische Form intellektueller Tätigkeit, neben »Wissenschaft« und »Praxis«[109]. Das »unmittelbare Bewußtsein« versucht er genauer zu beschreiben. »Alles Anschauen gehet aus von einem Einfluß des Angeschauten auf den Anschauenden [...]. So die Religion; das Universum ist in einer ununterbrochenen Tätigkeit und offenbart sich uns jeden Augenblick. Jede Form, die es hervorbringt, [...] ist ein Handeln desselben auf uns, und so alles Einzelne als einen Teil des Ganzen, alles Beschränkte als eine Darstellung des Unendlichen hinnehmen, das ist Religion.«[110] Das Universum im heutigen Sprachgebrauch als das All der Sterne und Galaxien spielt eine wichtige Rolle[111], mit dem Begriff bezeichnet Schleiermacher aber auch andere umfassende, das Individuum und seinen Vorstellungskreis weit übersteigende Größen, v.a. die menschliche Gesellschaft.[112] Die ursprüngliche Beeindruckung durch das »Universum« ist nicht schon das »Gefühl«, nicht einmal in dem Sinne, wie Schleiermacher »Gefühl« versteht (als durch sinnliche Wahrnehmung zu Bewusstsein gekommen[113]), sondern ein Moment von Einssein. »Ihr werdet Sinn und das Ganze wird Gegenstand, und dieses Ineinandergeflossen- und Einsgewordensein von Sinn und Gegenstand, ehe noch [...] der Gegenstand wieder losgerissen vom

107 Z.B. Lars Charbonnier/Matthias Mader/Birgit Weyel (Hg.), Religion und Gefühl, a.a.O. (s. Anm. 103), darin zu Predigt: Albrecht Grözinger: Predigt und Gefühl. Eine homiletische Erkundungsreise, 313–326; Günter Meckenstock/Joachim Ringleben (Hg.): Schleiermacher und die wissenschaftliche Kultur des Christentums, Berlin 199; darin zu Predigt: Theodor Jørgensen: Predigt als Selbstdarstellung, 173–185, Konrad Müller: Wort und Wirkung. Zur Grundlegung der Predigt, Leipzig 2015. Entscheidend für Müller ist die Imagination (368), verstanden als »Erfahrung, die ich vom Hörensagen kenne«, einschließlich eines inneren »Anschauungsraums, in dem ich Erfahrung mache« (344).

108 Friedrich D. E. Schleiermacher: Über die Religion. Reden an die Gebildeten unter ihren Verächtern (= KGA I.12), hg.v. Günter Meckenstock, Berlin 1995, 53.

109 »Wahre Wissenschaft ist vollendete Anschauung; wahre Praxis ist selbsterzeugte Bildung und Kunst; wahre Religion ist Sinn und Geschmack für das Unendliche« (a.a.O., 56).

110 A.a.O., 52f.

111 Vgl. a.a.O., 55f.

112 Vgl. a.a.O., 95.

113 Vgl. a.a.O., 52f.

Sinn Euch zur Anschauung wird und Ihr selbst wieder losgerissen vom Sinn Euch zum Gefühl werdet, [...] das ist jener Moment, den Ihr jedesmal erlebt, aber auch nicht erlebt, denn die Erscheinung Eures Lebens ist nur das Resultat seines beständigen Aufhörens und Wiederkehrens.«[114] Entsprechend groß sieht er die Distanz zur Reflexion.[115]

Schleiermacher hat eine Sprache für das gesucht, was dem Fassen in Erzählungen, in Bekenntnissen, schließlich dem Formulieren in systematischen Reflexionen als Wahrnehmung in einer menschlichen Daseinskategorie zugrunde liegt – und seine Grundlage sein muss, damit es sich um lebendige persönliche Religiosität handelt.[116] Er hat auch eine ausgeprägte Vorstellung davon, was zu den religiösen Gefühlen im Sinne von Gestimmtheiten und Haltungen gehört – und was nicht. Die Ausführungen in der Zweiten Rede sind voll davon[117], Hinweise gibt es auch in den folgenden Reden noch.

Ein weiterer Klassiker zum Thema religiöser Erfahrung stammt von William James.[118] Ich nehme ihn hier in der Verarbeitung durch den zeitgenössischen Philosophen H. J. Schneider auf. Schneider hat sich mit dem Problem der Unsagbarkeit und mit der Ungegenständlichkeit religiöser Erfahrung beschäftigt.[119] Er konzentriert Erfahrungen, die religiös genannt werden können, auf herausgehobene Ereignisse. »[Im] Sinne [von Wittgensteins Spätphilosophie] kann religiöse Erfahrung ungegenständlich genannt werden, obwohl sie zugleich lebensverändernd ist. Diese zweite Eigenschaft genügt, um sie real und wichtig zu machen; dafür ist es nicht nötig, vorher die Existenz eines inneren oder äußeren (»transempirischen«) Gegenstands festzustellen.«[120]

Was dabei geschieht, beschreibt er mit dem Begriff »Gestalt«: »Der vielfach für die Religion als konstitutiv angesehene Schritt zur Transzendenz lässt sich [...] als ›Gestaltwandel‹ verstehen: ›Das Ganze‹ verändert sich, obwohl alles Einzelne gleich bleibt.«[121] Dieser Gestaltwandel ist unverfügbar. James' eigenes Erleben und seine Untersuchungen zusammenfassend, beschreibt Schneider Elemente im Prozess der religiösen Erfahrung: »Dies Ganze schließt ausdrücklich die leidhafte Seite und die Übel des Lebens ein [...]. Die nüchterne Wahrnehmung, die Akzeptanz und die gelingende Integration dieser leidhaften Seite in die Haltung

114 A.a.O., 60.

115 Vgl. a.a.O., 54 u.ö.

116 Vgl. a.a.O., 112.

117 Vgl. z.B. a.a.O., 100–103.

118 William James: Die religiöse Erfahrung in ihrer Mannigfaltigkeit. Materialien und Studien zu einer Psychologie und Pathologie des religiösen Lebens, Leipzig 1907.

119 Hans Julius Schneider: Religion, Berlin 2008.

120 A.a.O., 15.

121 A.a.O., 15f.

zum Ganzen ist bei James der Kern der religiösen Erfahrung.«[122] Schneider folgt Schritten im Prozess der Integration, von der Erfahrung der eigenen Machtlosigkeit und Unvollkommenheit über das Aufgeben eigener Bemächtigungsversuche zur überraschenden Erfahrung, durch diese Selbstaufgabe nicht unterzugehen. Schließlich lebt die Person nachhaltig in einer »unsichtbaren Ordnung« und seelischen Standfestigkeit.[123] Für Schneider ist »Widerfahrnis« der angemessene Ausdruck für die Erfahrung.[124] Religiöse Texte haben exemplarisch solche Erfahrungen in Worte gefasst. Schneider fordert auf zu »fragen, von welcher Art die Situationen der Orientierungslosigkeit oder Hilflosigkeit waren, in denen diejenigen religiösen Erfahrungen auftauchten, die von den Betroffenen als krisenüberwindend erlebt wurden«[125]. Während Erfahrung im Sinne einer lebensbegleitenden Entwicklung wie bei Schleiermacher der mystischen Tradition zugeordnet werden kann, passt das einmalige Widerfahrnis mit Konsequenzen für die folgende Lebenszeit bei James zur prophetischen Tradition.[126]

Schon vor Jahrzehnten hat sich Josuttis auf die phänomenologischen Arbeiten von Hermann Schmitz bezogen.[127] Intensiv mit Schmitz auseinandergesetzt hat sich Julia Koll.[128] Die Hinwendung der Praktischen Theologie zur Phänomenologie begründet sie mit der Aufwertung der subjektiven Erfahrung; Praktische Theologie wird Wahrnehmungswissenschaft.[129] Koll diskutiert Schmitz' Religionstheorie im Durchgang durch die Bände III/2 und v.a. III/4 seines Systems und kommt dabei auf seine Konzeption von Gefühlen und Atmosphären zu sprechen.[130] Schmitz' Phänomenologie ist in dreifacher Hinsicht für Reflexion auf religiöse Gefühle interessant. Sein Material besteht aus einer

122 A.a.O., 54.

123 Vgl. a.a.O., 55–57.

124 A.a.O., 55.

125 A.a.O., 46.

126 Dass religiöse Erfahrung sowohl mit einem singulären Ereignis verbunden werden kann als auch mit einem das Leben begleitenden Beeindrucktwerden, findet seine Entsprechung u.a. in der Annahme zweier Grundtypen: Friedrich Heiler nennt sie »mystisch« und »prophetisch« und findet sie in zwei großen Gruppen von Gebetskonzeptionen, vgl. Friedrich Heiler: Das Gebet, München 1969, 248–259. Unter dem leitenden Begriff »Gebet« hat Heiler eine große Zahl an Zeugnissen für religiöse Erfahrung berücksichtigt. Prototypisch für die prophetische steht Jeremia (a.a.O., 237). Gemeinsam ist den Vertretern der prophetischen Richtung, dass sie aus vielfältigen Affekten heraus zum Gebet kommen (vgl. »Anlaß und Motiv zum Gebet«, ab 348) und zusammenfassend im Unterschied zum mystischen Gebet (358).

127 In »Der Weg in das Leben« zitiert Josuttis Schmitz mehrfach aus den Bänden III/2 und III/4.

128 Julia Koll: Körper beten. Religiöse Praxis und Körpererleben, Stuttgart 2007.

129 A.a.O., 49.

130 A.a.O., 115–137. Da es ihr um Formen des Körpergebets geht, liegt ihr Schwerpunkt auf dem »Alphabet der Leiblichkeit« und der Differenzierung von Körper und Leib.

Fülle von Selbstbeschreibungen, die um 1900 von verschiedenen Psychologen oder Philosophen erhoben und ausgewertet wurden. Er bietet weiter eine Erklärungsstruktur an, die körperliche bzw. eigenleibliche Empfindungen konsequent in die phänomenologische Erforschung von Gefühlen einbezieht, dazu den räumlich ausgreifenden Atmosphären einen wesentlichen Stellenwert einräumt. Schließlich erarbeitet er einen Katalog von Strukturen, nach dem er verschiedene Arten von Gefühlen zu beschreiben und zu differenzieren vermag.[131] Sein System erlaubt, die Tradition von Religionspsychologie bei Schleiermacher und James aufzunehmen und anders als durch psychologische Emotionenforschung und Hirnforschung, aber auch anders als durch religionssoziologische Erhebungen, eine Beurteilung dessen zu finden, was als religiöses Gefühl und möglicherweise wiederum zugespitzt, was als ein durch den christlichen Glauben gestärktes Gefühl gelten kann.

Für einen Zugang hat der Philosoph Begrifflichkeiten erarbeitet. Er unterscheidet materialen, von außen gesehenen Körper von selbst wahrgenommenem Leib[132], indem er ersterem eine relative Örtlichkeit zuschreibt, in einem »System von Lage- und Abstandsbeziehung«, dem anderen eine absolute, unabhängig von solchen Relationen wahrgenommene.[133] »Der reine Leib ist bloß absolut-örtlich [...] bestimmt; er kommt bei den panischen Zuständen von Angst, Schmerz und Wollust vor, wenn die räumliche Orientierung verloren gegangen ist. Der reine Körper ist bloß relativ-örtlich [...] bestimmt; er bildet das Objekt der naturwissenschaftlichen Beschäftigung von Anatomie, Physiologie und exakt messender Medizin mit dem menschlichen Körper. In der Mitte zwischen beiden steht der körperliche Leib, der sowohl absolut-örtlich als auch relativ-örtlich ist«.[134] Wahrgenommen wird dies so, »daß alles Leibliche, wenn überhaupt, dann unteilbar ausgedehnt ist. Das Körperliche gilt dagegen mit Recht als teilbar ausgedehnt. [...] Die Muskeln als körperliche Organe lassen sich [...] zerfetzen [...];

131 Schmitz' Arbeiten werden derzeit in der philosophischen und soziologischen Erforschung von Emotionen, Atmosphären und Stimmungen aufgenommen und weiterentwickelt. Als Beispiel erwähne ich den Workshop des Instituts für Soziologie in Erlangen zum Thema »Atmosphären und Stimmungen – zur Hintergrundaffektivität des Sozialen, 11.–12.2. 2015 (http://www.soziologie.phil.uni-erlangen.de/system/files/programm/atmosphaeren_und_stimmungen.pdf). Ein Überblick über die Diskussion der Arbeiten Schmitz' ergibt sich aus Kerstin Andermann (Hg.): Gefühle als Atmosphären. Neue Phänomenologie und philosophische Emotionstheorie, Berlin 2011.

132 Hermann Schmitz: System der Philosophie. Zweiter Band. Erster Teil: Der Leib, Bonn 1965.

133 A.a.O., 6.

134 A.a.O., 54.

das [...] ›Muskelgefühl‹, [...] kann aber durchaus nicht in kleine Stücke geschnitten werden«[135].

Weiter unterscheidet Schmitz leibliche Regungen von Gefühlen.[136] »Leibliche Regungen sind stets örtlich umschrieben, [...] d.h. aus einer Weite abgehoben und nicht uferlos in diese ergossen. Gerade das ist aber bei Gefühlen der Fall, die innerhalb der jeweils erlebten Umgebung nicht umschrieben, sondern wie das phänomenale Wetter weiteräumlich zerflossen sind.«[137] Gefühle als Atmosphären werden dem Subjekt durchaus leiblich spürbar, Schmitz bezeichnet dies als »affektives Betroffensein«[138]. Auf diese Weise lassen sich Leiblichkeit und Gefühle, auch religiöse Gefühle, miteinander verbinden. Die leiblichen Regungen sind spezifisch: »Der bekannteste Typus, über den wenig gesagt zu werden braucht, ist das Eingeben vertikaler Richtungsimpulse, das Heben und Drücken. [...] Zur Freude gehört ein Aufsteigen des Herzens, zur Trauer ein Ab- und Niedersinken. Wichtiger als das vertikale Einwirken des Gefühls auf das leibliche Befinden ist vielleicht noch das zentripetale und -fugale, das durch Engung und Weitung geschieht.«[139] Die vermeintlich innerlichen Gefühle schreibt Schmitz der Wirkung von äußeren Atmosphären zu.[140] Besonders die phänomenale Herausarbeitung der Atmosphären baut eine Brücke zu religiösen Erfahrungen.[141]

In seiner Ausarbeitung des Gefühlsraumes kommt Schmitz zu weiteren Unterscheidungen in der genauen Beschreibung von Gefühlen. Sie erfüllen umfassend, unausgerichtet und ohne ein Zentrum den Raum als Leere[142] im Sinne von Verzweiflung[143] oder als Zufriedenheit[144]. Die Beobachtung von zentrifugalem oder zentripetalem Erleben kann wiederum unterscheiden zwischen unumkehrbar zu einem Subjekt gehörend oder umkehrbar wirkend.[145] Als Beispiel für ein zentripetales Gefühl beschreibt er die Bangnis, als Beispiel für ein zentrifugales die »Euphorie« (in einem positiven Sinne).[146] Die verschiedenen

---

135 A.a.O., 54 f.

136 Hermann Schmitz: System der Philosophie. Dritter Band: Der Raum. Zweiter Teil: Der Gefühlsraum, Bonn 1969.

137 A.a.O., 150. Vgl. auch a.a.O., 98: Gefühle sind »phänomenal den klimatisch-thermischen Atmosphären (dem Wetter) sowie den jahres- und tageszeitlichen (Frühling-, Herbst-, Morgen- oder Abendatmosphäre) nahe verwandt« (ebd.).

138 A.a.O., 153.

139 A.a.O., 161.

140 A.a.O., 103.

141 A.a.O., 127.

142 A.a.O., 227.

143 A.a.O., 231.

144 A.a.O., 247; vgl. auch 256 f.

145 A.a.O., 277 f.

146 A.a.O., 280 ff. und 294 ff.

Richtungen bedingen für Schmitz eine eigene Klassifizierung. »Ich bezeichne Gefühle, sofern sie weit sind, als Stimmungen, sofern sie gerichtet sind, als Erregungen. [...] Viele Erregungen sind nicht bloß gerichtet, sondern obendrein zielgerichtet; dann handelt es sich um zentrierte (intentionale) Gefühle.«[147] Auch die intentionalen Gefühle versteht Schmitz freilich nicht als willentliche Ausrichtung aus einem Subjekt heraus. »Die Rede, daß ein Gefühl intentional ist oder einen Gegenstand hat, soll also bedeuten, daß dieser Gegenstand das Zentrum ist.«[148] Zu seinem Umdenken gehört, dass er die Rede von »tiefen« Gefühlen korrigiert. Offenbar haben die so bezeichneten Gefühle eine Weite, die einerseits ernst genommen werden muss, sich andererseits von einer Verortung im dreidimensionalen Raum überhaupt unterscheidet. Schmitz spricht von praedimensionaler Tiefe.[149]

Insgesamt zählt Schmitz acht verschiedene Charakteristika als ›Buchstaben‹ für sein »Gefühlsalphabet«[150] auf, mit denen er Gefühle klassifiziert.[151] Er analysiert selbst eine Fülle von Gefühlen, auch solchen, die im Glaubensleben unmittelbar relevant sind (Erwartung, Stille ...). Seine strukturelle Beschreibung macht es möglich, einer Vielfalt von Gefühlen nachzuspüren und sie phänomenologisch zu beschreiben, ohne die Wertsetzungen christlichen Glaubens oder dessen, was man für Religion hält, oder sonst eines inhaltlich bestimmenden Rahmens gleich mitzunehmen. So ließen sich möglicherweise Kriterien erarbeiten, die im Zusammenhang mit der Subjektivität der Predigenden, mit religiösem Erleben und religiöser Erfahrung zur Orientierung helfen. Was sind religiöse Gefühle und was sind keine? Gibt es dafür Kriterien – so wie für Schriftgemäßheit?

2.2 Schriftprinzip – Personenprinzip

Neben der Angemessenheit religiöser Erfahrung wird die Subjektivität der Predigenden nach wie vor kontrovers diskutiert. Sie hat nicht nur mit der menschlichen Begrenztheit zu tun und damit, dass die Auslegenden kulturell, sozial, zeitgeschichtlich, psychisch geprägt sind. Sie hat mit ihrem Glauben zu tun, mit ihrer Glaubwürdigkeit und Authentizität im Kommunikationsprozess, und mit dem Wirken Gottes, das zu ihrem Glauben und ihrer Glaubwürdigkeit führt.

Für Haendler wichtig ist dabei der Begriff »Begegnung«. Die predigende Person ist ein Ort, an dem Begegnung geschieht, und zwar im ganzen Predigtprozess. Glaube kommt aus Begegnung, nämlich »[w]enn der Mensch als Ganzes

147 A.a.O., 264.

148 A.a.O., 311.

149 A.a.O., 339 f., mit Verweis auf III/1.

150 A.a.O., 351.

151 A.a.O., § 158.

dem Evangelium als Ganzem begegnet«[152]. Alle Reflexionsstufen - biblische Texte, Bekenntnis, Theologie - sind Mittel, um durch sie hindurch »wesenhafte Begegnung«[153] zu erfahren. In der gehaltenen Predigt begegnen sich »der Prediger in seiner konkreten Gestalt und das Evangelium in seiner konkreten Gestalt«[154]. Nicht erst, dass fertige Ergebnisse auf dem Glaubensweg verkündigt werden, sondern schon, dass das eigene innere Ringen zur Sprache kommt[155], macht eine Predigt aus. Für das, was als Wahrheit zum Vorschein kommt, spielt das Subjekt eine ebenbürtige Rolle, insofern »wir die Gestalt der Wahrheit [...] psychologisch gesehen uns ›ausgesucht‹ haben, d. h. dass sie uns nur überwinden konnte, weil sie uns in der unserer Subjektivität entsprechenden Gestalt gegenübertrat«[156].

Haendlers Rede von der Wirklichkeit hinter der Urkunde der Erfahrung gerät in die Gefahr, den Text als Fenster zu einer historischen Realität zu verstehen, was ein überholtes Textverständnis wäre. Anschlussfähig ist jedoch seine Betonung der Begegnung. Wilfried Engemann hat Haendlers Beobachtungen und Anliegen in ein zeitgenössisches Text- und Überlieferungsmodell aufgenommen. In seiner Einführung in die Homiletik stellt er Thesen zur Frage nach dem Text der Predigt auf. »›Textbezug‹ ist der Ausdruck für eine inhaltliche Kontinuität zwischen einem Stück biblischer Überlieferung und Predigt. [...] Die Predigt ist eine Sequenz innerhalb eines unabschließbaren Verstehens- und Bekenntnisprozesses, in dem das in ein Glaubenszeugnis gefasste Wort Gottes jeweils im Kontext einer spezifischen Situation gedeutet wird und wiederum zu einem persönlichen Zeugnis führt. [...] Sofern [...] der Textbezug immer und notwendigerweise ein je gegenwärtiger Akt ist, soll und muss ein Bibeltext im Akt der Bezugnahme historisch werden, indem ihm das Zeugnis des Predigers als neue Gestalt des Wortes Gottes folgt.«[157] Entscheidend dabei sind die Wirksamkeit des Wortes und die Behauptung, dass es eben für die Wirksamkeit die jeweils letzte Gestalt haben darf und muss. Die Gewichtung der aktuellen Erfahrung neben der Schrift leitet Engemann aus der urchristlichen Situation ab.[158] Verbunden ist die Konzeption mit einer auf Haendler aufbauenden Wertschätzung der Subjektivität der Predigenden.[159] Mit zeitgenössischer Texttheorie erläutert Engemann, wie die

---

152 Otto Haendler, Predigt, s. Anm. 1, 433.

153 Vgl. a.a.O., 405.

154 A.a.O., 432.

155 Vgl. a.a.O., 353.

156 A.a.O., 390.

157 Wilfried Engemann: Einführung in die Homiletik, Tübingen 2002, 238; vgl. 263.

158 A.a.O., 240.

159 Vgl. a.a.O. unter 2.1.3. Die Persönlichkeit des Predigers, 182–189, und 2.2.2. Personale Kompetenz und die Selbstwahrnehmung des Predigers, b) Zur homiletischen Rezeption C. G. Jungs, 192–196.

»Begegnung« von Text und Prediger im Sinne Haendlers – Engemann spricht von »Kooperation« – im Prozess bis zu einer Predigt beschrieben werden kann.[160]

Ausdrücklichen Widerspruch dazu äußert A. Deeg: »Macht sich damit der Prediger in seiner Subjektivität und mit seinem Erlebens- und Erfahrungshaushalt zum Maßstab – und verhindert so unter Umständen eine Menge der Erfahrungen, die der biblische Text den Hörerinnen und Hörern ermöglichen könnte?«[161] Die Problematisierung der Subjektivität hängt zum einen an einem historischen Code, in dem das je ältere hierarchisch immer höher steht als das jüngere (ad fontes). Dem stellt Haendler einen Aufruf zu den psychischen Quellen zur Seite. In einem psychologischen Code gibt es ebenfalls eine Hierarchie: die unmittelbare, authentische Begegnung steht immer höher als die durch einen Text vermittelte. Dass zum andern »subjektiv« als problematisch angesehen wird, ergibt sich durch die Konzeption von Subjekt, die sich im Lauf der europäischen Philosophie- und Geistesgeschichte entwickelt hat. Es könnte sein, dass Schmitz eine Alternative sowohl zum Konflikt zwischen historischem und psychologischem Code als auch zum individualisierten und verinnerlichten Subjektverständnis bietet.[162] Ich meine, dass eine Systematisierung religiöser Erfahrung auf dem Hintergrund seiner Strukturprinzipien der Gefühle tatsächlich zu einem Personprinzip führen könnte, das in angemessener Weise das Schriftprinzip ergänzte.[163] Es ginge dabei durchaus um eines der protestantischen »sola«, nämlich um »sola fide«.

Davon abgesehen sind religiöse Erfahrungen an und mit den biblischen Texten möglich und immer wieder prominent bezeugt. Erzähltexte können ja die

---

160 A.a.O., 263–267. Ich selbst halte die Konzeption der Kritischen Narratologie Mieke Bals für übersichtlicher als Analyseinstrument für die textinternen Ebenen und Instanzen. Sie verzichtet begründet auf die Leserinstanzen und personalisiert auch die Instanzen zu Sprache, Fokussierung und Geschichte nicht. Mit der Ebene der »Fokussierung« beschreibt sie diejenige im Text, mit der maßgeblich die lesende »Begegnung« geschieht. In der Fokussierung z.B. einer Predigt lassen sich dann die Weise und das (vorläufige) Ergebnis dieser Begegnung beobachten. Vgl. Isolde Meinhard: Ideologie und Imagination im Predigtprozess. Zur homiletischen Rezeption der kritischen Narratologie, Leipzig 2003, v.a. 2. 2: Erzähltextanalyse nach der narrativen Subjektivität.

161 Alexander Deeg: Erlebnis Predigt, a.a.O. (s. Anm. 105), 23f.

162 Koll stellt Schmitz' Konzeption von Subjektivität und Bewusstsein dar und gibt einen kurzen Überblick über andere Ansätze in Bezug dazu, vgl. Julia Koll, Körper beten, a.a.O. (s. Anm. 128), 100–109.

163 Das »Personen-Prinzip« konstruiere ich wie das reformatorische Schriftprinzip, allerdings im Unterschied zu diesem. Es hat nicht zu tun mit dem »Personen-Prinzip«, das offenbar in der katholischen Soziallehre vorkommt. Vgl. Valentin Szifkovitz: Die Kirche, eine Demokratie eigener Art? (=ICS-Schriften 37), Berlin 1997 sowie ders.: Orientierungen für eine humane Welt, Berlin 2012.

Selbst- und Weltkonzeption bilden und zwar einschließlich gefühlsmäßiger Einstellungen.[164] Wenn Haendler trotzdem darauf dringt, die lebens- und religionsrelevanten Erfahrungen neben Umsetzungen in biblischen Texten ernst zu nehmen, kommt das der gegenwärtigen Aufmerksamkeit für Kasualien, Segenshandlungen u. ä. entgegen. Der Ausgangspunkt dafür sind Erwartungen und Erfahrungen im Lebenslauf oder im gesellschaftlichen Geschehen, sind mit Haendler gesprochen Fragen danach, wie mit dem »Schicksal« zu leben ist.

2.3 Erfahrung »machen«?

In den Auseinandersetzungen um religiöse Erfahrung und das Subjekt des Predigers geht es um die alte Frage, ob und wenn ja, in welcher Weise und wie weitgehend Menschen aktiv etwas tun können oder getan haben, wenn Gottes Wirken in der Welt erfahrbar wird. Von allem religiösen »Handwerk« ist im protestantischen Bereich prominent die Predigt übrig geblieben. Demnach stellt sich in Bezug auf sie die Frage: Eröffnet sie einen Raum, in den Gott zu wirken kommen kann? Soll sie nicht nur ansagen, sondern auch bewirken, wovon die Rede ist – und lässt sich benennen, was da geschieht bzw. geschehen soll? Haendler argumentiert schöpfungstheologisch. »Es gibt [...] einen falschen Synergismus, der Gott und Mensch auf gleiche Stufe stellt [...] Es gibt aber auch einen echten (den biblischen) ›Synergismus‹, in dem das Geschöpf seine Kräfte dem Schöpfer hingibt, von dem es sie empfing und in seinem Dienste sie betätigt, aus seiner Kraft heraus (das ist das ›syn‹), zum Heil der andern und zum eigenen Heil.«[165]

Eine positive Würdigung menschlicher Subjektivität im Bereich von Schöpfungstheologie kommt gegenwärtig im Ringen um eine angemessene Theologie der Religionen zur Sprache. Eine Vielfalt von Wahrheitsansprüchen wird auf dem Hintergrund von »Konvivenz« reflektiert. Evangelischerseits geht es zudem um die Konsequenzen, die die Überzeugung von Freiheit im Glauben mit sich bringt. »Die evangelische Kirche nimmt den Pluralismus der Religionen und Weltanschauungen nicht nur als ein äußerliches Faktum hin, mit dem man in modernen Gesellschaften eben rechnen müsse. Sie bejaht ihn vielmehr aus grundsätzlichen Überlegungen und aus ihrer eigenen Sache heraus. [...] Die Existenz anderer religiöser Gewissheiten und die Glaubensfreiheit, aus der Christenmenschen leben, gehören untrennbar zusammen. Da der christliche Glaube eine je eigene individuelle Gewissheit ist, kann er nicht verantwortlich vertreten werden, ohne das Recht divergierender religiöser Überzeugungen und

---

164 Vgl. dazu z. B. Lektion 7: Zur Möglichkeit und Konzeption einer theologischen Ethik, in: Johannes Fischer/Stefan Gruden/Esther Imhof/Jean-Daniel Strub: Grundkurs Ethik. Grundbegriffe philosophischer und theologischer Ethik, Stuttgart 2008, 2.

165 Otto Haendler, Predigt, a.a.O. (s. Anm. 1), 304.

damit das Recht des religiösen Pluralismus anzuerkennen und zu stärken.«[166] Ähnlich wie die Wertschätzung geschöpflicher Vielfalt und je individueller Glaubensgewissheit im interreligiösen Kontext lässt sich auch die Erwartung unmittelbarer Gotteserfahrung heute und die Uneinheitlichkeit der Bezeugungen reflektieren. Damit ist noch nichts zum menschlichen Wirken gesagt, es ist aber zunächst systematisch-theologisch der Raum dafür eröffnet, dass es »Subjektivität« gibt und geben darf.

Wilfried Engemann bettet die Wirkung der Person in zeitgenössische pneumatologische Reflexionen ein. Was Walter Kasper zur Rolle des Heiligen Geistes in Bezug auf das Gottsein Gottes und das Menschsein Jesu Christi entwickelt, bezieht Engemann auf das Verhältnis von Gott und Mensch im Gottesdienst. »Vom Geist als einem Medium zu sprechen, heißt also, ihn als notwendigen Frei- und Spielraum für die personale Kommunikation zwischen Gott und Mensch zu interpretieren. Der Charakterisierung des Heiligen Geistes als Frei- bzw. Spielraum des Zu-Tun-Habens Gottes mit den Menschen entspricht es, bei der Rede vom Geist an einen Bewegungsraum zu denken, in dem ein ›Kraftfeld‹ wirkt, ein Raum, in dem Entscheidendes, den Menschen in jedem Fall Betreffendes, Veränderndes und Erneuerndes geschieht – und der dem Menschen wiederum Bewegungsfreiheit verschafft.«[167]

Neben der theologischen Seite der Frage, ob wir Erfahrungen »machen« können, geht es um die anthropologische. Dazu stellen sich ganz praktische Fragen, die hier unbeantwortet bleiben: Wie kann gefördert werden, dass Pfarrer und Pfarrerinnen Gottes Wirken in ihrem Leben bemerken, zu benennen lernen, sich darüber – einander bestärkend – austauschen? Und das mit Rücksicht auf die Tatsache, dass etwas Ähnliches, die an psychotherapeutische Expertise anknüpfende Seelsorge-Ausbildung, nach wie vor auf viel Scheu und Abwehr stößt? Wie kann eine angemessene Wertschätzung geistlicher Kompetenz aussehen – und der spezifisch geistlichen Eitelkeit und Überheblichkeit wehren? Und was bedeutet die Gemeinschaft aller Getauften im Blick auf die Forderung nach geistlicher Kompetenz?

Die praktisch-theologische Frage bleibt: Woran können wir tatsächlich arbeiten, um den Predigtprozess in einer Weise anzuregen und zu verbessern, dass religiöse Erfahrungen ins Spiel kommen? Hermeneutische Arbeit, die den biblischen Text in seinem Kontext erschließt und Analogien in unserer Zeit aufsucht, ist schwerpunktmäßig Arbeit am Inhalt. Sie soll und muss nicht im wissenschaftlichen Erarbeiten bleiben, auch hier geht es schon um eine Sprache

166 Christlicher Glaube und religiöse Vielfalt in evangelischer Perspektive. Ein Grundlagentext des Rates der Evangelischen Kirche in Deutschland (EKD), Gütersloh 2015, 19–21.

167 Wilfried Engemann, Homiletik, a.a.O. (s. Anm. 157), 126f.

voller Bilder, um Erzählungen, um eine Rede, die das eigene Imaginieren anregt. Das Subjekt der Predigerin wird aber nicht ausdrücklich thematisiert.

Arbeit an der Performanz richtet die Aufmerksamkeit auf alle Formen, materiale Zeichensysteme, die im Gottesdienst und speziell beim Predigen eine Rolle spielen. Sie sind bezogen auf den Inhalt; aus dem Repertoire möglicher Verwendungen der Zeichensprache werden dem Gottesdienst angemessene ausgewählt. Sie haben auch die Möglichkeit, das Subjekt der Agierenden zu prägen, auf die Dauer zu bilden, aber es wird nicht ausdrücklich thematisiert, wie das geschieht, und es geht nicht um eine Orientierung am Selbst der Person, die da predigt und liturgisch handelt.

Haendler geht es um einen dritten Aspekt, um die »Gestalt«. Sie ist ein Leitwort vornehmlich in der Einleitung zu »Die Predigt«. Eine Gestalt haben alle im Predigtprozess wirkenden Größen. Die ganze Gesellschaft ist die umfassendste. »Das Ringen um die metaphysische Fundierung des Seins ist das entscheidende Anliegen jedes Menschen und jeder Zeit [...]. Die Zeiten freilich und innerhalb ihrer die Menschen sind darin verschieden, schon im normalen Fluss des Geschehens. Einmal beherrscht eine geprägte Gestalt des Glaubensgrundes das Leben, ein anderes Mal wird um diese Gestalt gerungen.«[168] Zeiten des Ringens haben den Sinn, dass wir »das Werdenwollen durchtragen zu neuer Gestalt«[169]. Die Kirche als soziale Größe in der Gesellschaft ist von dem Veränderungsprozess mitbetroffen, auch wenn sie zugleich »als überkommene, feste Gestalt der Vergangenheit in die Gegenwart hinein [ragt]«[170]. Immer wieder jedoch »muss [sie] sich anschicken, eine Gestalt zu erarbeiten, die der gegenwärtigen Lage auch insofern gerecht wird, als Fragende und Suchende aus einer andern Welt herankommen. [...]. Die Kirche muss [...] zu neuer Gestalt bereit sein, und gerade diese Bereitschaft ist echter Ausdruck evangelischer Haltung«[171].

Von der Psychoanalyse herkommend versteht Haendler unter »Gestalt« etwas, das sich weder mit der materialen Form noch mit einer Idee oder einem Significans deckt. Gestalt ist eine Weise, die Wahrheit, und wenn es gut geht mit »Kraft«, in der Gegenwart präsent zu machen. »Auch sehr ›neuzeitliche‹ Menschen sind bereit, eine ›alte‹ Form ohne Hemmung zu bejahen, wenn die in ihr sich offenbarende Kraft als Kraft von heute erfahren wird [...] Freilich sind sie [...] gegen jede Gestalt, in der keine gegenwärtige Wahrheit sich vollkräftig auswirkt. Wiederum, so gewiss es um die Wahrheit geht, muss sie doch zu jeder Zeit ihre entsprechende Gestalt finden. Jede Zeit hat ein Recht auf die ihr zugängliche Gestalt der Wahrheit und die Kirche jederzeit die Pflicht, diese im Eigentlichen

---

168 Otto Haendler, Predigt, a.a.O. (s. Anm. 1), 282.

169 Ebd.

170 A.a.O., 283.

171 A.a.O., 286.

›zeit-gemäße‹ Gestalt zu finden.«[172] Der Arbeit an der Gestalt des metaphysischen Fundaments, in Bezug auf die Gesellschaft insgesamt und zunächst in Bezug auf die Kirche, dient die Predigt. »Die Predigt wirkt in dem Maße an der Gestaltung des Lebens mit, in dem sie es in sich einbezieht und mit ihrer Verkündigung in es hineingeht.«[173] Und die Predigt selbst hat Gestalt, in der Weise, wie sie sich auf gesellschaftliche Strömungen und die Wahrheit des Evangeliums zugleich bezieht. »Unter Gestaltung der Predigt verstehen wir alles, was zur wirkenden inneren Gestalt der Predigt beiträgt. Es geht dabei nicht zuerst um ihre Form, sondern um ihr Wesen. Die Form ist zwar nicht äußerlich, sondern nur außen und steht zur inneren Gestalt in engster Wechselbeziehung. Dennoch ist die Form der Predigt ein zweites gegenüber ihrer Gestalt als dem ersten. Form ist das, was man sieht bzw. hört. Gestalt ist das, was man erkennt, was einem begegnet und womit man sich auseinander zu setzen hat.«[174]

Untrennbar verbunden mit der Predigt, und eben auch mit ihrer Gestalt, ist das Subjekt, das sie erarbeitet und vorträgt. In Bezug auf den Prediger verwendet Haendler das Wort »Gestalt« weniger als »Wesen« und »Schicksal«, aber eben um die Arbeit daran geht es in seinem Buch. »Wenn die Erarbeitung des Selbst gründlich erfolgen soll, so ist sie ein langer, schwerer Weg, [...]. Man sinkt aus einer Scheingestalt unter Umständen zunächst in ein wesenloses zentrifugales Drehen von Strebungen [...]. Erst allmählich erhebt sich daraus ein gewachsener Kern, der die verfügbaren Kräfte an sich zieht und zu dem eigentlichen und echten Wesen, dem ›Selbst‹ gestaltet.«[175] Am Wesen – oder der Gestalt – eines Menschen hat der christliche Glaube Anteil. »Menschsein und Christsein sind wie zwei verzweigte Organismen, die richtig ineinandergreifen müssen. Das geschieht erst dann, wenn Stück für Stück das Wesen des Menschen von der Kraft des Christenglaubens durchdrungen und Stück für Stück des Christenglaubens Inhalt seiner selbst-eigenen Erkenntnis geworden ist.« Im Zusammenhang der Schicksalsfähigkeit anders gesagt: »Erkenntnis Gottes im Leben und Erkenntnis des Lebens im Angesicht Gottes sind die Urkräfte der Gestaltung.«[176]

Ergänzend erwähne ich aus den unter Teil I aufgeführten zeitgenössischen Arbeiten die Erläuterung des Gestaltpsychologen Zeier mithilfe der Theorie Winnicotts: »Religiöse Symbole verkörpern zweifelsohne menschliche Sehnsüchte und Wünsche, können also zu Recht als von Menschen erzeugt verstanden werden. [...] Von der Innenperspektive wird die religiöse Erfahrung nicht als menschliche Projektion verstanden. Im Gegenteil: Religiöse Erfahrung ist hier etwas, das von außen auf den Menschen zukommt, ohne dass er dies beeinflussen

172 A.a.O., 284.
173 A.a.O., 288.
174 A.a.O., 511.
175 A.a.O., 349.
176 A.a.O., 364.

kann. [...] Es ist also ein Verstehensmodell der religiösen Erfahrung von Winnicott her zu entwickeln. Dabei geht es nicht um eine psychoanalytische Metatheorie, in die die religiöse Erfahrung eingebettet werden soll, sondern um ein Verstehen der erfahrungsbezogenen Aspekte der Religion.«[177]

Schmitz' differenzierte Konzeption von Gefühlen, die Körperliches, Leibliches und Atmosphärisches berücksichtigt, könnte in diesem Zusammenhang zu einer Überwindung des Gegensatzes beitragen, der zwischen der Gestaltung »von außen« und der »von innen heraus« nach wie vor eine Rolle spielt.

Aufmerksamkeit für die »Gestalt« ist ein Ausdruck für das, was Haendler mit seiner Konzentration auf das Subjekt und mit seiner Arbeit auf der Grundlage der Psychoanalyse in die Diskussion um die Ausbildung und Fortbildung zur Predigt einbringt. In der Gestalt treffen Unverfügbarkeit und menschliches Wirken zusammen, und dies in einem unablässigen Prozess. Dabei geht es selbstverständlich um ein innergeschöpfliches Geschehen. Es ist aber dies die Ebene, die konstruktiv in der theologischen Reflexion beachtet werden kann. Es geht weder nur um handwerkliches Tun – auch im Sinne spirituellen Handwerks –, oder sprachliche Form, noch nur um inhaltliche und intellektuell nachweisbare Kontinuität. Gestalt ist eine dritte Größe, die vor dem Verstehen empfunden werden kann, die in ihrer Weise beeindruckt, und die den lebendigen, je gegenwärtigen und persönlichen Bezug zum dreieinigen Gott hält. Haendler zusammenfassend: »[D]ass wir glaubhaft erscheinen, ergibt sich nicht aus unserer Vollkommenheit, sondern aus dem Eindruck, dass wir von Gott her zu kommen vermögen.«[178]

---

177 Ludwig Zeier, Wirklichkeit, a.a.O. (s. Anm. 51), 101.

178 Otto Haendler, Predigt, a.a.O. (s. Anm. 1), 527.

Die Frage nach dem Subjekt des Predigers im Spannungsverhältnis von Selbstwerdung und Individualisierung

von Christian Plate

Problemanzeige

Die Erkenntnis Otto Haendlers, nach der das Subjekt des Predigers eine für den Predigtprozess zentrale und unter dem Eindruck der Dialektischen Theologie in der Homiletik lange Zeit vernachlässigte Nahtstelle einnimmt, klingt bereits in seiner unveröffentlichten Habilitationsschrift von 1930 an. Unter dem Titel »Die Idee der Kirche in der Predigt« setzt Otto Haendler in für ihn ungewöhnlicher Weise bei einer Gesellschaftsanalyse an:[1] Die erste Hälfte des 20. Jahrhunderts ist nach Haendler geistes- und sozialgeschichtlich in hohem Maße durch Kollektivideen geprägt, die im Nationalismus und Sozialismus ihre extremsten Manifestationen erhalten. Im Gegensatz zu dieser Entwicklung seien Kirche und Theologie seit der Aufklärung wesentlich von Subjektivismus und Individualismus geprägt. Diese Differenz sei letztlich dafür verantwortlich, dass Menschen sich in der Moderne in größerer Zahl von der Kirche ab- und dem Nationalismus oder Sozialismus zuwenden, was als tragisch zu bewerten sei, da das Christentum mit der »Idee der Kirche« über eine durchaus veritable und in der zweitausendjährigen Kirchengeschichte durchdachte und erprobte Kollektividee verfüge. Haendler schlägt aus diesem Grund vor, bei der Predigt anzusetzen, und durch sie die »Idee der Kirche« zu befördern, um der gesellschaftlichen Marginalisierung der Kirche entgegenzuwirken. Methodisch weist Haendler in seiner Arbeit dabei bereits auf eine Leerstelle seiner Betrachtung hin, die in den folgenden Jahren zum zentralen Forschungsansatz Haendlers werden wird:

»Es wird also mit Bewusstsein das dritte konstitutive Moment der Predigt, nämlich der Prediger, außer Betracht gelassen. Das Recht zu dieser Einschränkung ergibt sich lediglich daraus, dass es sich hier um eine Einzelarbeit handelt. Hinsichtlich der Gesamthomiletik dürfte man vielmehr eher fragen, ob nicht das

---

1 Dieser Umstand dürfte vor allem auf der Betreuung des Habilitationsprojekts Haendlers durch den Greifswalder Ordinarius für Praktische Theologie und Konsistorialrat Eduard Freiherr von der Goltz zurückzuführen sein, der seinerseits ein hohes Interesse an gesellschaftlichen und historischen Fragestellungen hatte.

dritte Moment, der Prediger, in der bisherigen Homiletik überhaupt zu kurz gekommen ist. Es könnte sein, dass die verständliche Vernachlässigung dieses subjektivsten Moments der Predigt gegenüber dem großen objektiven Moment des Evangeliums und dem objektiveren der Gemeinde gerade in der Gegenwart aufgehoben werden muss. Es könnte sein, dass sich aus einer gründlichen und umfassenden Bearbeitung dieses subjektiven Moments (etwa in Anknüpfung an Bassermann) wertvolle Gesichtspunkte zur Erhöhung der Bedeutung der Predigt ergeben würden, umso mehr, je mehr das Recht des Evangeliums durch die gegenwärtige homiletische Situation gesichert ist, und vorausgesetzt, dass es gesichert bleibt.«[2]

Was Haendler 1930 noch vorsichtig formuliert, wird den Ansatzpunkt seines opus magnum, der »Predigt«, werden. Die praktisch-theologische Beschäftigung mit einem gesellschaftlichen Thema (der Marginalisierung der Kirche), das Otto Haendler mittels einer Kollektividee zu lösen versucht, hat ihn über Umwege somit letztlich zur Wertschätzung des Subjekts geführt. Im Subjekt des Predigers, in seiner bewussten Zurverfügungstellung seiner Persönlichkeit, seines Glaubens und Unglaubens für den Dienst am Evangelium, sieht er die Manifestation der Kirche, die Menschen einen Zugang zum Christentum (erneut) eröffnen kann.

Es lohnt sich, diesem Kerngedanken der Homiletik Otto Haendlers zu folgen und sie erneut an eine gesellschaftliche Fragestellung rückzubinden: Ist es in der Postmoderne, die kultur- und geistesgeschichtlich stark vom Individualismus geprägt ist, überhaupt noch sinnvoll und weiterführend, den Fokus auf das Subjekt des Predigers in der zentralen Weise zu lenken, die Otto Haendler uns vorschlägt? Ist, anders gefragt, das Subjekt nicht so sehr zum Ausgangs-, Dreh- und Angelpunkt der Homiletik wie der praktischen Predigtausbildung geworden, dass wir der Mahnung Haendlers nicht mehr bedürfen? Müssten wir stattdessen heute vielleicht sogar von einem »Zu-Viel« an Subjekt-Zentriertheit sprechen?

Eine erste Annäherung an diesen Fragenkomplex soll ein Blick auf Otto Haendler und seine Forderung nach einer subjekthaften Predigt bilden. Anschließend wird dem Ansatz Haendlers folgend ein kurzer Blick auf gegenwärtige soziologische Beschreibungsmodelle des Phänomens »Individualismus« geworfen, um abschließend zur Ausgangsfrage zurückzukehren.

1. Die Selbstwerdung als Aufgabe der Predigtarbeit bei Otto Haendler

Wenn die Predigt den vom Prediger intendierten Inhalt wirkungsvoll transportieren soll, wenn anders formuliert also mit hoher Wahrscheinlichkeit das beim Hörer ankommen soll, was der Prediger beabsichtigt, dann ist dieser Prozess aus

2 Otto Haendler: Die Idee der Kirche in der Predigt (Theol. Habil., Universität Greifswald 1930), in: Ders.: Homiletik. Monographien, Aufsätze und Vorträge (= OHPTh 2), hg., eingel. u. kommentiert von Wilfried Engemann, Leipzig 2017, 43–204, 70.

der Sicht Otto Haendlers nicht losgelöst vom Subjekt des Predigers zu betrachten, ja, dann muss das Subjekt des Predigers vielmehr aus zwingenden inhaltlichen Gründen einen zentralen Stellenwert innerhalb der Homiletik einnehmen. Hatte die Dialektische Theologie aus Angst vor einer Marginalisierung des Evangeliums noch gefordert, die Auswirkungen der Persönlichkeit des Predigers auf den Predigtprozess möglichst auszuschalten, fordert Otto Haendler 1943 in seiner Homiletik im Rekurs auf eine Forderung Eduard Thurneysens das genaue Gegenteil: »Wer ›unter möglichster Ausscheidung alles Subjektiven ganz zu einem Werkzeug in Gottes Hand werden‹ will, wird nicht zu dem Werkzeug Prediger, Bote, Verkündiger, sondern er würde zur Schallplatte, wenn von ihm noch etwas erklingen könnte. Wer sich in diesem Sinne glaubt ›ausgeschaltet‹ zu haben, in dem wirken die subjektiven Kräfte sich unkontrolliert, ungeregelt und unnormiert aus.«[3] Gerade um einer Marginalisierung des Evangeliums entgegenzuwirken, ist es nach Otto Haendler zwingend notwendig, dass die Homiletik das Subjekt des Predigers zu einem ihrer zentralen Forschungsgegenstände werden lässt und der Prediger seiner Persönlichkeit, den bewussten wie unbewussten Inhalten, eine gewisse Aufmerksamkeit zukommen lässt. Nur so sei es zu gewährleisten, dass sich verdrängte oder unbewusste Persönlichkeitsinhalte nicht unkontrolliert auf den Inhalt, die Gestalt und die Wirkung der Predigt auswirken.

Methodisch entscheidend ist dabei Haendlers Rekurs auf die Tiefenpsychologie C. G. Jungs, allen voran sein Begriff des »Selbst«, unter dem Jung das bewusste wie unbewusste Persönlichkeitsinhalte gleichermaßen umfassende archetypische Bild der eigenen Persönlichkeit versteht. Haendler übernimmt jedoch, anders als ihm schon früh vorgeworfen worden ist,[4] den Begriff des Selbst nicht eins zu eins von Jung, sondern erweitert und interpretiert ihn dezidiert schöpfungstheologisch: »Die Vokabel ›Selbst‹ scheint uns auch sprachlich zum Ausdruck zu bringen, dass hier das tiefste Anliegen des Menschen angesprochen ist: das zu werden, was eigentlich vom Schöpfer mit ihm gemeint ist, und ein Leben zu führen, in dem die Gesetze seines eigenen Seins voll zum Ausdruck kommen.«

In diesem Sinne an der eigenen Persönlichkeit zu arbeiten und eine Predigt aus der »zentralen Tiefe«[5] oder der bluthaften Mitte der eigenen Persönlichkeit zu halten, stellt für Haendler die entscheidende Predigtaufgabe dar. Predigtarbeit, so könnte man formulieren, ist für Otto Haendler damit auch und zuallererst

---

3 Ders.: Die Predigt. Tiefenpsychologische Grundlagen und Grundfragen [1941, ^{3}1960], Ders.: Homiletik. Monographien, Aufsätze und Vorträge (= OHPTh 2), hg., eingel. u. kommentiert von Wilfried Engemann, Leipzig 2017, 269–632, 330.

4 Vgl. exemplarisch Martin Doerne: Predigtlehre als Psychotherapie, in: PBl, 85. Jg., 1942/43, 90–103.

5 Otto Haendler: Die Predigt, a.a.O. [s. Anm. 3], 337.

Selbstwerdung oder »Personifikation«[6], wie er es in Anlehnung an einen Begriff Jungs nennt. Nur auf diese Weise kann es dem Prediger gelingen, eine »originale« Predigt zu halten, d.h. eine Predigt, in der er selbst als Original sichtbar zum Vorschein kommt.[7] Das Ziel einer an der Personifikation orientierten Predigt kann somit mit dem Begriff der Kongruenz zusammengefasst werden: Predigtinhalt und Predigtdarbietung sollen mit der echten Gestalt der Persönlichkeit übereinstimmen, ihren Stärken und Schwächen, ihrem Glauben und Zweifeln, ihrem Können und Nichtkönnen, ihren positiven wie negativen Eigenschaften.

Ein Blick auf die eigenen Predigten Haendlers kann dabei helfen, genauer zu verstehen, welche Art von Predigten er dabei im Sinn hat – natürlich nur unter der Annahme, dass sich Haendler bemüht hat, seiner eigenen Homiletik zu entsprechen. Um das auf den ersten Blick ernüchternde Fazit gleich vorwegzunehmen: Die Persönlichkeit Otto Haendlers kommt in seinen Predigten wenn überhaupt nur indirekt zum Vorschein. Die Verwendung der ersten Person Singular kommt so gut wie gar nicht vor (mit Ausnahme einer frühen Predigt als Lazarettseelsorger im 1. WK), das Anbringen persönlicher Erfahrungen oder Beispielgeschichten ist sehr selten (vornehmlich in den späteren akademischen Predigten). Dennoch wird indirekt durch die verwendete Sprache und den gewählten Inhalt etwas von seiner Persönlichkeit deutlich: Otto Haendler präsentiert sich seinen Hörern in der Regel als theologischer Lehrer oder Seelsorger. Je nachdem welche der beiden Rollen überwiegt, realisiert er einen stärker Distanz aufbauenden (so vornehmlich in seinen Gemeindepredigten) oder abbauenden (so vornehmlich in seinen akademischen Predigten und Kasualansprachen) sprachlichen Grundcharakter. Grundsätzlich kann dabei festgehalten werden, dass die von Otto Haendler bis Mitte der 1930er Jahre gehaltenen Predigten stärker unter dem Problem leiden, das Wilfried Engemann mit dem Begriff der »obturierten Predigt« beschreibt, d.h. einer Predigt, die Verstehenswege »verstopft« oder sogar blockiert.[8] In den akademischen Predigten der 1950er Jahre – also in der Zeit nach der Formulierung seines homiletischen Ansatzes bei der Person des Predigers – findet dagegen eine zunehmende Thematisierung der eigenen Persönlichkeit Haendlers durch den Gebrauch stimmiger, zum Teil aus der eigenen Erfahrung entnommener Beispielgeschichten und Vergleiche statt, die sich positiv mit einer stärker psychologisch angelegten Wahrnehmung des Predigttextes ergänzen.

Mit seiner Fokussierung auf das Subjekt des Predigers ging es Otto Haendler somit nicht um ein Plädoyer für eine Predigt, die die Persönlichkeit des Predigers en détail zum Vorschein kommen lässt, sondern um ein Plädoyer für eine Predigt,

---

6 A.a.O., 338.

7 A.a.O., 333f.

8 Vgl. Wilfried Engemann: Semiotische Homiletik. Prämissen, Analysen, Konsequenzen, Tübingen/Basel 1992, 107–110.

die mit dem Glauben, Denken und Erleben des Predigers übereinstimmt. Und das trifft auf die Predigten Otto Haendlers in hohem Maße zu.

2. Individualismus als Grundphänomen der postmodernen Gesellschaft

Der Großteil der einschlägigen soziologischen Gesellschaftsanalysen sieht die Individualisierung oder den Individualismus als zentrales Kennzeichen der Postmoderne an. Grundsätzlich lassen sich dabei in den unterschiedlichen Studien drei Formen des Individualismus unterscheiden: der Leistungsindividualismus, der Anspruchsindividualismus und der hedonistischer Individualismus.[9]

- *Leistungsindividualismus*

Unter Leistungsindividualismus ist ein Mechanismus zu verstehen, nach dem Menschen sich selbst als Individuen vornehmlich durch die Leistungen identifizieren, die sie erbringen und für die sie Gegenleistungen erhalten: Geld, beruflichen oder gesellschaftlichen Aufstieg, Macht, Wertschätzung, Anerkennung, Prestige etc. Das, was dieses Individualismusprinzip so erfolgreich macht, ist seine milieu- oder systemübergreifende Anwendbarkeit. Egal ob Arbeiter, Familienmensch, Arzt, Künstler oder bewusster Leistungsaussteiger: Überall kann der Leistungsindividualismus zur Anwendung kommen, da er sich nicht nur auf beruflichen Erfolg oder Geld beziehen kann, sondern alle zu erarbeitenden Güter umfassen kann. Alain Ehrenberg[10] hat aus diesem Grund darauf hingewiesen, dass der Leistungsindividualismus auch die Selbstkonstruktion des Menschen erfassen und ihn erschöpfen kann. War die Psychose die Volkskrankheit des 19. Jahrhunderts, ist die Depression das Problem des 20. und 21. Jahrhunderts.

- *Anspruchsindividualismus*

Der Anspruchsindividualismus entwickelt sich an einer Diskrepanz des wahrgenommenen Seins und des gewünschten oder gewollten Sein-Sollens und hat ein stark vergleichendes Moment. »Gestern ging es mir noch besser als heute!«, »Anderen geht es besser als mir!« sind Aussagen des Anspruchsindividualismus. Der Mensch identifiziert sich mit dem, was ihm im seinen Augen oder in den Augen der Gesellschaft an Wohlstand, Gesundheitsfürsorge, Aufmerksamkeit etc. zusteht. Der Anspruchsindividualismus entzündet sich dabei vor allem an

---

9 Vgl. zu den folgenden Ausführungen: Uwe Schimank: Die individualisierte Gesellschaft – differenzierungs- und akteurtheoretisch betrachtet, in: Thomas Kern (Hg.): Individualisierung und soziologische Theorie, Opladen 2000, 107–128 sowie Albert Scherr: Individualisierung – Moderne – Postmoderne, in: Thomas Kron (Hg.): Individualisierung und soziologische Theorie, Wiesbaden 2000, 186–202.

10 Vgl. Alain Ehrenberg: Das erschöpfte Selbst. Depression und Gesellschaft in der Gegenwart, Stuttgart 2008.

den Verteilungskonflikten des modernen saturierten Wohlstands- und Wohlfahrtsstaat und führt nach Niklas Luhmann zwangsläufig zu einer Steigerungslogik[11] und einer Anspruchsinflation[12]: Ein einmal erreichtes Niveau zieht weitere, gesteigerte Ansprüche nach sich und wertet das Erreichte damit letztlich ab.

- *Hedonistischer Individualismus*

Der hedonistische Individualismus muss in enger Verbindung zu den beiden vorher genannten gesehen werden. Die modernen Wachstumsgesellschaften stellen ihre Individuen scheinbar vor die Wahl: Leistung oder Sich-Ausleben, Anspruchsminimierung oder Anspruchsoptimierung. Das Streben nach dem eigenen Wohl oder Glück wird im Zuge des hedonistischen Individualismus zum leitenden Handlungsprinzip und trägt in entscheidendem Maße zur Identitätskonstruktion bei: Menschen suchen nach ihrer Identität auf einem Wege, der es ihnen erlaubt, glücklich zu sein. Die pervertierte Form des hedonistischen Individualismus stellt der Narzissmus dar.

3. Die Frage nach dem Subjekt des Predigers – eine praktisch-theologisch relevante Frage?

Vor dem Hintergrund der gegenwärtigen Homiletik und Predigtkultur muss erneut nach der Relevanz des Grundansatzes Haendlers für heutige Herausforderungen gefragt werden. Ist 1. das Fehlen einer angemessenen Beurteilung der Rolle des Predigers im Predigtprozess überhaupt noch ein Problem der Homiletik und ist 2. eine mangelnde Selbstreflexion des Predigers ein tatsächlich zu spürendes Manko gegenwärtiger Predigten?

(1.) Im Blick auf den ersten Fragekomplex stellt sich die Sachlage in der gegenwärtigen Homiletik sicherlich entspannter dar als zu Zeiten Otto Haendlers. Sogar stärker in der Tradition Rudolf Bohrens stehende homiletische Entwürfe wie beispielsweise der von Haendlers derzeitigem Nachfolger auf dem Greifswalder Lehrstuhl, Michael Herbst, heben deutlich die Bedeutung des Subjekts des Predigers für den Predigtprozess hervor, wenngleich sie natürlich andere Akzentuierungen und Begründungen setzen.[13] Der Mainstream der Homiletik teilt die von Haendler aufgezeigte Notwendigkeit einer Beschäftigung mit

11 Vgl. Niklas Luhmann: Die gesellschaftliche Differenzierung und das Individuum, in: ders.: Soziologische Aufklärung, Bd. 6: Die Soziologie und der Mensch, Opladen 2005, 125–141.

12 Vgl. ders.: Distinctions Directrices. Über Codierung von Semantiken und Systemen, in: Friedhelm Neidhardt/Mario Reiner Lepsius (Hg.): Kultur und Gesellschaft, Opladen 1986, 145–161.

13 Vgl. Michael Herbst/Matthias Schneider: »Wir predigen nicht uns selbst.« Ein Arbeitsbuch für Predigt und Gottesdienst, Neukichen-Vluyn 2001, 40–47.

dem Subjekt des Predigers, weshalb hier nicht mehr von einem unerkannten, drängenden Problem gesprochen werden kann.

(2.) Im Blick auf den zweiten Fragekomplex, die gegenwärtige Predigtkultur, stellt sich das Bild jedoch etwas anders dar. So arbeitet beispielsweise Wilfried Engemann in seiner »Einführung in die Homiletik« an ausgewählten Predigten von Studierenden sehr anschaulich heraus, dass zumindest bei Predigtanfängern das Problem einer unreflektierten oder sogar falschen Subjektivität noch weit verbreitet ist.[14] Auf der einen Seite bewerten nach Engemann viele Prediger ihre eigene Subjektivität im Blick auf eine »objektive« Verkündigung der biblischen Botschaft immer noch als Problem, weshalb der dialektisch-theologische »Keryx« noch weitaus lebendiger sei, als es die gegenwärtige Homiletik glauben lassen möchte; auf der anderen Seite bringen viele Prediger ihre eigene Persönlichkeit aber auch in einer unangemessenen Weise zum Ausdruck, die sie selbst als Alleskönner oder Gotteslieblinge darstellt. So erhalte man in einigen Predigten den Eindruck, als läge der Wille Gottes dem Prediger »morgens als Tagesanweisung auf dem Küchentisch«[15].

Im Vergleich zu den Ausführungen Engemanns bewertet Axel Denecke die gegenwärtige Predigtkultur in seiner Programmschrift »Persönlich Predigen« dagegen weitaus positiver. Nach Denecke ist die evangelische Predigt mittlerweile viel persönlicher geworden: »Wie selbstverständlich gibt sich die Person des Predigers auf der Kanzel zu erkennen. Die Predigerin/der Prediger spricht sehr direkt von sich, von seinem Glauben und Zweifeln, seinen Ängsten und Hoffnungen, gewährt der Gemeinde Einblick auch in den innerpsychischen Prozeß des Glaubens. Hier herrscht also kein Mangel mehr. Manchmal habe ich gar den Eindruck, es wird des Guten zu viel getan.«[16] Vor allem das von Denecke angesprochene »Zuviel« deutet jedoch auf eine Entwicklung hin, die nicht nur positiv zu bewerten ist.

Das Plädoyer Otto Haendlers für einen bewussten Umgang mit der eigenen Person kann vor dem Hintergrund dieser beiden Analysen keinesfalls als überholt bewertet werden. Vor allem der Hinweis von Axel Denecke macht auf die Notwendigkeit aufmerksam, dass sich eine heutige Beschäftigung mit dem homiletischen Grundanliegen Haendlers stärker dem gesellschaftlichen Problem des Individualismus zu stellen hat. Was Haendler im Gefolge Jungs mit Individuation oder Selbstwerdung meint, hat nichts mit Leistungs-, Anspruchs- oder hedonistischem Individualismus zu tun. Die von Soziologie und Psychologie gleichermaßen festgestellte zunehmende Depression aufgrund von Selbstoptimierung und Steigerungslogik ist nicht die Form der gesteigerten Aufmerksamkeit des Subjekts, die Otto Haendler im Sinn gehabt hat, sondern vielmehr

14 Vgl. Wilfried Engemann: Einführung in die Homiletik, Tübingen ^{2}2011, 15–19.

15 A.a.O., 16.

16 Axel Denecke: Persönlich Predigen, Münster ^{2}2001, 167.

deren Perversion. Angesichts einer »Welt des Ichs« erhält aus diesem Grund eine »Homiletik des Selbst« eine umso größere Bedeutung, freilich immer unter der Voraussetzung, dass die »Arbeit« am eigenen Selbst ihrerseits nicht zum Einfallstor einer Steigerungs- und Selbstoptimierungslogik wird.

Ferner kann eine moderne Homiletik von dem Ansatz Otto Haendlers beim Subjekt erneut lernen, was Begeisterung für das Evangelium bedeuten kann, denn das Postulat der Selbstwerdung zielt bei Haendler ja letztlich nicht auf ein rein persönliches Motiv, sondern steht im Dienste der Predigt: Nur wer im Haendlerschen Sinne ganz bei sich selbst ist, kann ganz bei Gott und ganz bei der Gemeinde sein, nur wer in hinreichendem Maße ein zutreffendes Bild seiner eigenen Persönlichkeit hat, geht den vielen inneren und äußeren Stimmen nicht auf den Leim, sondern vermag zu einem neuen Hören der biblischen Botschaft zu gelangen. Von dieser neu gewonnenen Perspektive zeugen vor allem die akademischen Predigten Haendlers aus den 1950er Jahren, denen eine neue Begeisterung für das Evangelium anzumerken ist. Der homiletische Ansatz Otto Haendlers kann somit vermittelt durch eine intensivere und bewusstere Auseinandersetzung mit der eigenen Persönlichkeit und dem eigenen Glauben zu einer wirkmächtigen oder »vollmächtigen«[17] Predigt führen, die die eigene Persönlichkeit und den eigenen Glauben einsetzt und riskiert, um das Evangelium zu gewinnen und anderen ansichtig zu machen.

17 Zur »vollmächtigen Predigt« vgl. Otto Haendler: Die Predigt, a.a.O. (s. Anm. 3), 288, 373, 386f., 614–618, sowie Michael Herbst/Matthias Schneider: Wir predigen nicht uns selbst, a.a.O. (s. Anm. 13), 17–32.

»Dass wir des Lebens Herr werden«

Ergebnisse eines Workshops zu einer Predigt von Otto Haendler

von Wilfried Engemann

Am zweiten Tag des Neukirchener Symposiums fand unter anderem ein Workshop »Predigtanalyse« statt, in dem sich die Teilnehmerinnen und Teilnehmer mit einer Predigt von Otto Haendler auseinandersetzen konnten.[1] Weil Haendler sich gerade auf dem Gebiet der Predigtlehre stark positioniert hat und schon seit den 1930er Jahren eine angemessene, reflektierte Integration des Subjekts bzw. der Person des Predigers in den homiletischen Prozess angemahnt hatte[2], lag es nahe, unter anderem auch danach zu fragen, ob und wie sich Haendlers homiletische Prinzipien in seiner eigenen Predigtpraxis niederschlagen. Allerdings spielten auch andere homiletische Aspekte eine Rolle, wie aus den unten genannten Fragen zur Analyse hervorgeht.

Die Predigt wurde zum ersten Mal am 2. Mai 1948 gehalten, wie der handschriftliche Vermerk auf dem Manuskript erkennen lässt – also zu einem Zeitpunkt, als Haendler seine Predigtlehre längst geschrieben hat und gerade deren 2. Auflage vorbereitet, in einer Zeit, in der viele Menschen noch unter dem Schock der Folgen des Zweiten Weltkriegs stehen, ihre Gegenwart irgendwie überstehen wollen und voller Zweifel, Skepsis und Schuldgefühle in die Zukunft blicken. Unter Pfarrern wird vermehrt gefragt, wie man zu einer »gegenwartsnahen Predigt«[3] gelangen könne.

---

1 Die Predigt stammt aus dem Archiv von Oberkirchenrätin Dr. Kerstin Voigt und lag – wie die meisten Predigten Haendlers – bislang nur in unveröffentlichter Form vor. Otto Haendlers Predigten werden in Band 5 der OHPTh erstmals der Öffentlichkeit zugänglich gemacht werden. Der Band wird voraussichtlich 2019 erscheinen (Otto Haendler: Praxis des Christentums. Schriften, Predigten und Kasualansprachen, hg. von Wilfried Engemann, eingeleitet und kommentiert v. Christian Plate, Leipzig 2019).

2 Näheres dazu in meinem Beitrag »Auf der Suche nach einer Kirche für Menschen. Kontext, Inhalt und Argumentationslinien der Habilitationsschrift Otto Haendlers (1930)«, in diesem Band S. 53–73.

3 Im Herbst desselben Jahres (1948) hält Haendler einen Vortrag zum Thema »Gegenwartsnahe Predigt«. Darin geht er auf die Zumutungen von Umbrüchen auch im per-

Die Predigt »Jakobs Kampf« wurde für die Analyse nicht nur deshalb ausgewählt, weil unterstellt werden darf, dass Haendlers homiletische Reflexionen um 1948 zu klaren Ergebnissen gekommen waren und die Zeitläufe ihn als Prediger vor besondere Herausforderungen stellten. Haendler scheint gerade diese Predigt besonders wichtig gewesen zu sein; andernfalls hätte er sie nicht im Abstand von 14 Jahren drei Mal gehalten.[4] Im Workshop wurde die Predigt anhand von Aspekten erörtert, die in Haendlers homiletischen Arbeiten eine besondere Rolle spielen und dort in verschiedenen Variationen begegnen. Haendler geht es beim Predigen unter anderem um:

- einen angemessenen Umgang mit den Anwesenden, was anthropologische und situationsbezogene Entscheidungen gleichermaßen einschließt,
- eine assimilierte Theologie, die den Prediger u.a. davor bewahrt, die angesprochenen Probleme der Predigt schuldogmatisch aufzulösen und gleichsam zu erübrigen,
- die Unaufgebbarkeit eines (nicht im konfessionellen Sinn) evangelischen Gottesbildes, das den Menschen Mensch sein lässt und ihn bzw. seinen Glauben nicht überfordert,
- einen Textgebrauch, der über die Erhebung exegetischen Wissens hinausführt und als exemplarische Annäherung an das Evangelium als eigentliches Verstehensziel zu betrachten ist.

Die Predigt wurde anhand folgender Fragen – die dann weitere theologische und homiletische Erörterungen nach sich zogen – besprochen:

1. Wie wird die Situation des Einzelnen aufgegriffen?
2. Welches Menschenbild unterstellt die Predigt?
3. Mit welchem Gottesbild arbeitet der Prediger?
4. Wie nehme ich den Umgang mit dem biblischen Text wahr?
5. Was erfahre ich über die Person des Predigers?
6. Was versteht Otto Haendler gemäß dieser Predigt unter »Glauben«?

Im Gespräch über die Predigt kamen unter anderem die folgenden Beobachtungen zur Sprache.[5]

---

sönlichen Leben und Denken sowie auf die Notwendigkeit der Aneignung einer eigenen, angeeigneten, durchdachten und insofern stimmigen Theologie ein. Vgl. Otto Haendler: Gegenwartsnahe Predigt, in: Ders.: Homiletik. Monographien, Aufsätze und Vorträge (= OHPTh 2), hg., eingeleitet und kommentiert von Wilfried Engemann, Leipzig 2017, 670–674.

4 Vgl. dazu die Daten direkt im Dokument (in diesem Band S. 147).

5 Die im Folgenden in Klammern gesetzten Zahlen beziehen sich auf die Zeilenzahlen der Predigt Haendlers (S. 147–153). Die Rubriken, unter denen die einzelnen Beobachtungen aufgeführt werden, lassen sich nicht scharf voneinander trennen. Einige der An-

1. Den Situationsbezug der Predigt betreffende Beobachtungen:

- Indem sich Haendler zu einer Symbolisierung einzelner Aussagen des Textes entschließt, schafft er die Möglichkeit, ihn für psychische Prozesse und religiöse Erfahrungen zu erschließen (2–14, 63–70 u.ö.). Diese sind insofern Bestandteile einer »Situation«, als der Mensch ein »Mensch unterwegs« ist, der Auseinandersetzungen zu bestehen hat, tiefe Schluchten durchwandern (17) muss und – so sollte es zumindest sein – um eine im positiven Sinn offene Zukunft weiß, was zu seinen entscheidenden Antriebskräften gehört. Die Predigt scheint u.a. die Funktion zu haben, bei den Hörerinnen und Hörern diese Kraft zu stärken bzw. zu erhalten und Gott als deren tieferen Grund zu erkennen.
- Einschneidende Veränderungen, die Nicht-Fortsetzbarkeit des gewohnten Alltags werden als gegebene Zumutungen wahrgenommen, zu denen man sich verhalten muss: Der unaufhaltsame Weg ins Ungewisse fordert Entscheidungen (27–31), die man ohne eine bestimmte Haltung der Gewissheit (die Gewissheit, behütet und ins eigene Leben hinein unterwegs zu sein) nicht treffen kann. Die Predigt soll helfen, in diese Haltung hineinzufinden.
- Haendler geht von der existentialen Situation des »Alleinseins« aus und hat insofern den Einzelnen als Individuum im Blick, der je für sich zu »den Mächten« in Beziehung steht und herausgefordert wird, Stellung zu beziehen. Seiner Beziehung zu Gott verdankt es der Mensch, dass er in diesem Spannungsfeld nicht nur überlebt, sondern gestaltend (in sein Leben) eingreifen kann (31–33).
- Erkennen und Verstehen der eigenen Situation setzt »theologische« und religiöse Auseinandersetzung mit schwierigen Erfahrungen voraus. Die Hörenden dazu anzuleiten gehört zum Grundanliegen der Predigt (47 f.).

2. Das Menschenbild der Predigt betreffende Beobachtungen

- Kontingente Lebenserfahrungen werden erstaunlich nahe an Gotteserfahrungen herangerückt, indem Haendler sie auf ein Agieren Gottes zurückführt (»Gott versagt«, »Gott« erprobt usw., vgl. 98–149). Haendler folgert aber daraus keine Unterwerfung oder Gehorsam des Menschen, sondern ein Sich-zuversichtlich-Abarbeiten an den Herausforderungen des Lebens, wozu es gehört, nicht bestimmen zu können, wie es einem entgegenkommt. Menschen machen solche Erfahrungen »immer mit dem bestimmten Ziel, dass [sie] des Lebens Herr werden« (125).
- Was in anderen Texten Haendlers explizit zur Sprache kommt, klingt hier nur an: Die Gottesbeziehung des Menschen wird als eine gegebene, nicht immer wieder neu herzustellende Lebensrelation betrachtet. Bereits darin liegt

---

gaben unter 1.–6. könnten demnach unter verschiedenen Gesichtspunkten gemacht werden.

Segen (186–194). Hier muss nichts erst noch »angenommen« oder »bejaht« oder »zugelassen« werden. Die Wirklichkeit Gottes ist eine Grundlage des Menschen, die ihm nicht einfach abhanden kommt, nur weil er vergessen hat, an ihn zu denken.

- Die wichtigste Wirkung des Gottesbezugs des Menschen ist ein Leben in Freiheit, um die gleichwohl ein Leben lang zu ringen ist (195–209). Die immer wieder einmal zu querenden Jabbok-Furten des Lebens stellen eine bleibende Herausforderung dar, im Vertrauen auf Gottes Begleitung »nicht leichtsinnig« zu leben (wenn auch »von der bedrückenden Macht der Sorgen frei«), dem eigenen Gewissen zu folgen und dabei Schritte in die Freiheit zu gehen.

3. Das Gottesbild der Predigt betreffende Beobachtungen

- Haendler geht von Erfahrungen aus, die es schwierig erscheinen lassen, Gott von vornherein freundlich zu denken (49–55). Die Hörer werden aber an den Gedanken herangeführt, dass ihre womöglich »feindlich« konnotierten Gottesvorstellungen mit einem verzerrten Gottesbild zusammenhängen (90 f.), das zu bewältigen einem »Kampf mit dem Dämon« (89) gleichkommt. Diese Bewältigung geschieht nicht durch Verdrängung, sondern durch Einsicht in die Übertragung eigener Versagens- und Enttäuschungserfahrungen auf unsere Gottesvorstellung einerseits und die Akzeptanz von Widrigkeiten, Dunkelheit und Leid als unausweichlichen Existenzbedingungen unseres Lebens (88–119) andererseits.
- Die Gegenwart Gottes selbst hat für den Menschen nichts Bedrohliches, sondern ermöglicht eine kontinuierlichen Hinwendung zum eigenen Leben (210–224). Allerdings wird dadurch weder der Schwierigkeitsgrad menschlicher Lebenswege verringert, noch erübrigt sich die Selbstbeteiligung des Menschen an dem vor ihm liegenden Leben.
- Die Anwesenden werden als Menschen angesprochen, deren »Seele genesen ist« (Perfektform). Davon profitieren sie, wenn es gilt, unter vorgegebenen Bedingungen ein nicht vorgegebenes Leben zu führen, d. h. »als Mensch zu leben und sein Schicksal zu bestreiten« (239 f.)

4. Den Textgebrauch betreffende Beobachtungen

- Ein offenbar sehr genaues Textverständnis auf der einen Seite (die Details der im Text selbst dargestellten Welt der Erzählung kommen an verschiedenen Stellen der Predigt zum Tragen) und die Möglichkeit der Emanzipation von Gestalt und Wortlaut des Textes auf der anderen Seite gehören in dieser Predigt zusammen und ermöglichen ein kohärentes Argumentieren mit Motiven, Bildern und Pointen.
- Im Fluchtpunkt des Verstehens liegt nicht die historische Geschichte, sondern sie ist Hilfe zum Verstehen des eigenen Lebens (vor Gott, aus Glauben)

in der Gegenwart: »Solche Sinngeschichten sind uns nicht gegeben wie historische Berichte, die das Geschehene von einst uns erhalten, sondern als Deutungen unserer Seele, die das in ihr jetzt Geschehende[6] klären. Wir dürfen aus ihnen unsere Situation ablesen und lesen damit nicht hinein, was nicht in ihnen steht, sondern aus ihnen heraus, was für uns in ihnen enthalten ist. Der Maßstab des richtigen oder falschen Herauslesens liegt darin, dass es letztlich stimmt und uns weiterhilft [...]« (63–69).

5. Die Person des Predigers betreffend

- In der Predigt findet sich ein Hinweis zur Haltung des Predigers, angesichts der Ambivalenzerfahrungen des Einzelnen »›zwischen‹ Heidentum und Christentum« (131) evangelisch zu predigen und damit der Freiheit das Wort zu reden. Dies gelingt nur im Verzicht auf Vollmundigkeit: »Wer sich nicht, auch als Prediger, vor allem nicht selbst erfahrenem Leid in echter Erfurcht beugt und vor ihm zu schweigen bereit ist, übergeht die Wirklichkeit, und das tut nur weh« (142–144).
- Haendler gebraucht in seiner Predigt kein einziges Mal das Wort »Ich«. Angesichts seiner reich dokumentierten Aufmerksamkeit für das »Subjekt der Predigt« und der etablierten Kategorie des »Ichs auf der Kanzel« mag das zunächst überraschen. Die vorliegende Predigt ist gleichwohl ein beredtes Beispiel dafür, worum es bei Haendlers Forderung um eine vom Subjekt getragene Predigt im Kern geht: Es geht nicht um die explizite Artikulation von Persönlichem, nicht primär um direkte Einblicke in individuelle Situationen und Erfahrungen, die auch sprachlich mit ausdrücklichem Bezug auf ein »Ich« präsentiert werden könnten.[7] Sein Interesse gilt einer Predigt, die mit der je eigenen Glaubens- und Vorstellungswelt des Predigers im Einklang steht, also einer seinen Erfahrungen, Gedanken und Empfindungen entsprechenden Predigt, die auf einer assimilierten Theologie basiert und insofern »original« ist, statt sich im Rückgriff auf dogmatische Versatzstücke durch die Wirklichkeit des Lebens zu lavieren.[8]

---

6 Hervorhebungen Otto Haendler.

7 Die Wertschätzung einer – aus inhaltlichen Gründen – auch formal bzw. rhetorisch-strategisch auf das redende Subjekt verweisenden Predigtsprache, die u.a. zwischen einem »exemplarischen«, »fiktiven« und »repräsentativen Ich« zu differenzieren vermag, ist späteren Datums. Zur Erläuterung im Kontext des Themas »Glaubwürdigkeit des Predigers« vgl. Wilfried Engemann: Einführung in die Homiletik, Tübingen ^{2}2011, 74–82.

8 Zur Idee der Assimilation vgl. z.B. Otto Haendler: Die Predigt, in: Ders.: Homiletik. Monographien, Aufsätze und Vorträge (= OHPTh 2), hg., eingel. und kommentiert von Wilfried Engemann, Leipzig 2017, 33f., 374–377.

6. Das Glaubensverständnis der Predigt betreffend

- In dieser Predigt geht es um einen vom Glauben mitgetragenen »Übergang in eine neue Situation« (13 f.) – ohne diesen Übergang ein für alle mal vollziehen zu können –, also letztlich um eine Einübung in einen Glauben, der einem hilft, schwierige Situationen in Gegenwart und Zukunft zu bestehen (2–26) bzw. Kontingenzerfahrungen zu bewältigen (49–58).
- Die neugierig-entschlossene Auseinandersetzung mit den Gegebenheiten bzw. Widrigkeiten des Lebens ist eine Form des Glaubenskampfes (80–86). Umgekehrt ist Glauben eine Form der Bewältigung des Lebens – bzw. selbst als »Bewältigungskraft« (87) zu verstehen.
- Gleichwohl gewinnt Glauben seine Bedeutung nicht erst als Ressource zur Überwindung von Missständen, er ist als Haltung der Freiheit unter allen Umständen kostbar.
- Nicht nur ein Leben mit Heilungs- und Rettungserfahrungen, auch ein Leben mit Verletzungen kann ein gesegnetes Leben sein, in dem Menschen die Erfahrung machen, dass ihre Identität nicht durch die Umstände definiert wird, sondern unter anderem dadurch, wie sie sich ihnen kraft des Glaubens stellen (174–185).

Otto Haendler: Jakobs Kampf

Predigt mit 1. Mose 32,23–33

Quelle: Archiv Kerstin Voigt, Erfurt, maschinenschriftliches Manuskript

Entsprechend den Notizen auf dem Manuskript wurde die Predigt zu folgenden Terminen gehalten:

- Sonntag Rogate, 2. Mai 1948, im Universitätsgottesdienst in Greifswald
- Sonntag Quasimodogeniti, 8. April 1956, im Universitätsgottesdienst in Berlin
- 14. Sonntag nach Trinitatis, 23. September 1962, auf einer Ärztetagung in Weimar

> |1| »Noch in der gleichen Nacht stand Jakob auf und zog an die Furt des Jabbok [...] und blieb allein. Da rang einer mit ihm bis zum Anbruch der Morgenröte. Und da er sah, dass er ihn nicht überwinden könne, rührte er das Gelenk seiner Hüfte an, so dass die Hüftpfanne Jakobs ausgerenkt wurde, während er mit ihm rang. Und er sprach: Lass mich gehen, denn die Morgenröte bricht an. Aber er antwortete: Ich lasse dich nicht, du segnest mich denn [...]. Und Jakob fragte ihn und sprach: Sage doch: Wie heißest du? Er aber sprach zu ihm: Warum fragst du mich, wie ich heiße? Und er segnete ihn daselbst. Und Jakob hieß die Stätte Penuel, denn »ich habe Gott von Angesicht zu Angesicht geschaut und meine Seele ist genesen«. Und als er an Penuel vorüber war, ging die Sonne vor ihm auf« (Gen 32,22–33). |2|

Liebe Gemeinde,

der grandiosen Geschichte von Jakob an der Furt des Jabbok spüren wir es wohl alle ab, wie sie im Leben steht: der Weg ins Ungewisse, die Furt, das Allein-Zurückbleiben, das Ringen mit dem Ungenannten, vielleicht auch die nicht ablassende Bitte um den Segen und dann der getroste Weg ins neue Land – sie sind uns entweder unmittelbar bekannt oder können uns nach kurzem Einfühlen Wegweiser und Weghelfer werden.

Jakob hat seine Gründe, der Begegnung mit seinem Bruder Esau bangend entgegenzusehen. Die Spannung und die Furcht müssen sich gesteigert haben, je näher er der Schlucht des Jabbok kommt, denn dieser Übergang ist der Übergang über die Grenze, in ihm vollzieht sich der entscheidende Schritt. So schickt er seine Habe und seine Menschen in Gruppen über den Fluss voraus und bleibt allein, unmittelbar, ehe der eigentliche Schritt, der den Übergang in eine neue Situation besiegelnde Schritt geschieht.

Die Landschaft ist dazu angetan, Abbild der inneren Situation zu sein und dadurch zugleich Triebkraft ihres Durchlebens zu werden. Indem Jakob das Gebirge Gilead überquert, nähert er sich quer dem tiefen Felsental, das der Jabbok in das Gebirge schneidet. Er muss durch diese Schlucht hindurch und auch durch die Furt des »blauen Stromes« Jabbok auf seinem Grunde. Es wachsen da Eichen und Therebinten, die Höhen sind von ihnen dicht bewaldet, und zwischen den Wäldern sind zugleich Weiden, von denen seine Herden sich nähren konnten. Am Ufer wachsen Oleander und in die Felswände haben sich tiefe Höhlen eingeschnitten. In die gelöste Weite der Höhen diesseits und jenseits schneidet die unheimliche Furt so scharf wie möglich hinein, es muss ihm geradezu bei jedem Schritt wie vor Augen geführt vorgekommen sein, dass er jetzt die lang eingewohnte Situation verlässt und ins ungewisse Neue geht.

Die Bibel macht nicht unnötige Worte, und es ist gewiss nicht nur eine Mitteilung, sondern ein Stück Sinn- und Seelengeschichte, wenn ausdrücklich gesagt wird: »*Und blieb allein*«. Einsamkeit kann tröstlich und erleuchtend sein, sie kann auch furchtbar und bedrohend werden. Dies zumal in Entscheidungsstunden. So hier bei Jakob. Sicher hat er das Alleinsein gesucht. Es gibt Entscheidungen, die |3| man nur im Alleinsein richtig treffen kann – und es gibt Seelenzustände, die man nur im Alleinsein klären und meistern kann.

Der Wert des Alleinseins liegt aber nicht nur darin, dass man von anderen Menschen nicht gestört wird, sondern auch und oft noch mehr darin, dass man im Alleinsein die Begegnung mit den »Mächten« findet, deren Nöte und Berührung man im Alltagsleben so verhängnisvoll leicht übergeht oder gar nicht spürt. Sie sind immer von tiefgreifender Bedeutung und letztlich positiv, sowohl wenn sie verheißend wie wenn sie bedrohend oder doch zunächst bedrohend uns begegnen. Nur im Konnex mit den Weiten und Tiefen, die größer sind als wir Menschen, leben wir wirklich.

Jakob begegnen sie in Gestalt eines Hünen, der ihn ins Ringen zwingt. Jakob weiß noch nicht, was wir wissen, dass es Gott ist, der ihm zunächst so furchtbar, so feindlich, so dämonisch unerkennbar und bedrohend erscheint. Aber wenn wir es auch für die Jakobsgeschichte wissen: Für uns wissen wir es nicht. Und nun sollten wir wirklich dankbar das Alte Testament so annehmen, wie Gott es uns gegeben hat und in solchen Geschichten unsere Situation erkennen und aus ihnen Klärung finden.

Gott kann uns feindlich erscheinen. Wir haben alle unsere Wünsche an das Leben und unsere Vorstellung von unserem eigenen Leben. Wir finden das wahrscheinlich gar nicht besonders anspruchsvoll, empfinden unser Bild vom Leben sogar als die Lebenslage, die das Dasein eigentlich erst rechtfertigt. Und dann bricht doch Unerwünschtes, Unerwartetes, Zerstörendes ein, es nimmt die Freude, es zwingt die Kräfte zum letzten Anspannen, es droht das Herz zu zerbrechen. Wo bleibt Gott ...? Wir beginnen meist damit, an Gott zu zweifeln und im Unmut entweder zu verzagen oder stöhnend unter der Last weiter zu schleppen, und das Leben ist uns im Grunde nichts weiter mehr als ein Schleppen, zur Last, die zu tragen ist, kommt noch die Last der Enttäuschung.

Jakob sieht das Unheimliche, das Bedrohende in Person auf sich zukommen. Er ist nicht auf einmal frei. Er findet nicht plötzlich wieder, dass das Leben doch lohnt. Er nimmt das Ungewisse, das Bedrohende in der Art |4| an, in der es ihm begegnet und ihn herausfordert. Er ringt mit dem »Mann«. Was ist damit geschehen, und was geschieht dadurch? Solche Sinngeschichten sind uns nicht gegeben wie historische Berichte, die das Geschehe*ne* von *einst* uns erhalten, sondern als Deutungen unserer Seele, die das in ihr *jetzt* Geschehen*de* klären. Wir dürfen aus ihnen unsere Situation ablesen und lesen damit nicht hinein, was nicht in ihnen steht, sondern aus ihnen heraus, was für uns in ihnen enthalten ist. Der Maßstab des richtigen oder falschen Herauslesens liegt darin, dass es letztlich stimmt und uns weiterhilft, in diesem Falle, d. h. bei Geschichten der Heiligen Schrift, auf dem Wege des Glaubens im Sinne des Evangeliums.

Jakob nimmt hier die höheren Gewalten in der Form an, in der sie ihm erscheinen und nach Maßgabe der damaligen Erkenntnis und seiner inneren Reife erscheinen können. Den Männern des Neuen Testaments erscheinen nicht mehr dunkle Dämonen, die ihren Namen nicht sagen, sondern denen begegnet Christus und in ihm Gott. Aber wir sind nicht immer auf der Höhe des Neuen Testaments, und wenn wir in unserem Leben Gott nicht finden, dann sind wir persönlich, trotz Kirche und Evangelium und Frömmigkeit, in diesem Falle noch auf der Stufe, in der uns Gott in seiner Freundlichkeit durch die Jakobsgeschichte hilft, wenn wir ihrem Gang des Geschehens folgen.

Was tut also Jakob als Vorbild für uns? Er nimmt das Ringen an! Er nimmt es an, obwohl die Macht unheimlich und undurchsichtig ist, und obwohl er nicht weiß, was wird und wie lange seine Kräfte dem Ringer standhalten werden. Jakob stellt nicht Bedingungen, sondern er stellt sich den Bedingungen. Es wird uns schwer zu glauben, wie viel das ausmacht! Wie anders das Leben (man möchte sagen sogar schon vor der Glaubensfrage) aussieht, wenn man die Bedingungen, die es uns stellt, zunächst einfach annimmt, also auf die Situation eingeht, statt sie innerlich abzulehnen und damit die Bewältigungskraft zu verlieren.

Gott kann uns feindlich erscheinen: Damit ist noch lange nicht gesagt, dass er es ist. Unser Kampf mit dem Dämon besteht darin, dass wir unser verzerrtes Bild von Gott mit aller Kraft zu bewältigen versuchen und uns bemühen, dass wir (man wende das Bild sinngerecht unmittelbar an!) die Nacht durch |5| uns hindurch ringen, bis die Morgenröte anbricht, immer in dem möglichst festgehaltenen doppelten Wissen: Gott kann uns feindlich erscheinen, ohne es zu sein – und: In dem, was uns nur feindlich scheint, kann Gott sein, ohne dass wir ihn zunächst darin finden. Das kann in verschiedenen Stärkegraden uns erscheinen und ist doch schon im schwächsten eine Aufgabe für alle Kräfte: Gott versagt, erprobt, führt in das Nichts und in den Tod. Dennoch hat jedes Sinn und Lösung.

Gott versagt: Man täusche sich nicht darüber hinweg› wenn man dieses Gefühl hat. Gerade wenn man es sich ernstlich eingesteht, kommt man noch am ehesten über seine Unzulänglichkeit hinweg. Es sei nicht einmal die Rede jetzt davon, dass wir oft (wirklich nicht allzu selten!) unser eigenes Versagen auf Gott (wir nennen es gern: die Umstände) übertragen, ohne etwas von dieser Selbsttäuschung und Selbstrechtfertigung zu merken. Es können ja oft auch wirklich die Umstände sein. Auch das soll man ehrlich ins Auge fassen. Für uns ist kaum lösbar und oft praktisch kaum überwindbar das Ineinander der Gewissheit oder der Hoffnung, dass doch alles in Gottes Händen liegt und von ihm kommt mit der brutalen Wirklichkeit, in der feindliche, böse, zerstörende Kräfte sich auswirken, manchmal möchte man sagen: sich an uns austoben. Jakob aber musste zuerst auch denken, dass es ein Dämon sei. Er hat keine andere Hilfe als die, dass er das Ringen annimmt. Und offenbar ist's so gemeint, dass eben *in* diesem Ringen ihm allmählich deutlich wird, dass hier eine Segensmacht sich mit ihm eingelassen hat. Er spürt den guten Geist hinter der scheinbar bösen Kraft, die Macht hinter der Gewalt. Auch uns können im Ringen mit widrigem Geschick die guten Mächte allmählich spürbar werden, die im Kern darin walten, im Tiefsten sich darin verbergen und nicht ausschalten lassen. Wer in das Dunkel der Nacht hineinzugehen und hineinzuschauen wagt, dem gehen die Sterne auf. Christus hat in dieser Gewissheit Leiden und Tod durchgestanden und in dieser Haltung die Welt überwunden. Und wir sind mit anderen Erkenntnissen als Jakob in seine Nachfolge gerufen.

Gott erprobt: Das ist die zweite Stufe, sowohl der Erkenntnis wie der Kraft. Darin kann das Leiden uns seinen Sinn offenbaren: »Leid ist wie ein Kleid, von außen |6| schwarze Sammetnacht, von innen Gottes Purpurpracht.« Gott erprobt uns wohl nie nur zur Probe, sozusagen rein als sonst zweckloses Examen, sondern immer mit dem bestimmten Ziel, dass wir des Lebens Herr werden. Denn wenn wir des Lebens Herr werden, erkennen wir es tiefer und können ihm seine heilenden und tröstenden, letztlich seine beglückenden Kräfte und Sinngehalte abnehmen. Wir werden dann auch empfangsfähig für sie. Die mittelalterlichen Dichtungen sind ja zum Teil die Durchdringung des Heidentums vom Christentum, und in ihnen steht neben dem Ideal des Helden, der kämpfen kann, das Ideal des innig Glaubenden, der in allen Schicksalen Gottes Wege annimmt. In diesem Sinne stehen wir lebenslang »zwischen« Heidentum und Christentum, zwischen unvollendeter Glaubenshaltung und der Fülle der Erkenntnis Gottes, die uns in Christus gegeben ist und für die wir alle immer wieder noch nicht reif sind. Aber wenn wir alle feindlich und dämonisch scheinenden Mächte so angehen und in der Berührung des Ringens dann ihren Geist, den hinter ihnen wirkenden Willen zu unserer Läuterung erspüren, dann gehen wir einen verheißungsvollen Weg.

Und diese Verheißung bleibt dann und leuchtet auch über dem Unabwendbaren und durch es hindurch. Wirkliches Leid und die Unerbittlichkeit des Todes sind ja unausweichlich. In dieser Unausweichlichkeit liegt ihre erdrückende Kraft. Aber in ihr kann auch die tragende, hindurchführende Macht spürbar werden. Man kann hier nur sehr vorsichtig urteilen, und wer sich nicht, auch als Prediger, vor allem nicht selbst erfahrenem Leid in echter Erfurcht beugt und vor ihm zu schweigen bereit ist, übergeht die Wirklichkeit, und das tut nur weh. Aber wir haben nicht nur die Menschen, die unsere vielleicht kaum tragbaren Tiefen nicht zu durchschreiten hatten, wir haben nicht einmal nur Jakob, der ehrlich selbst mit fast dämonischer Kraft ringt, sondern wir haben Christus und die Großen, bekannt und ungekannten, die ihm gefolgt sind und in seiner Kraft überwunden haben.

Die Wende bahnt sich offenbar an in dem Erspüren der Segenskräfte durch die Tuchfühlung, die das Ringen gibt. Es ist nun erstaunlich, dass nach der Erzählung der Mann ihn, den Jakob, nicht überwinden konnte, und dass mit dem Aufkommen der Morgenröte die dämonischen Gewalten erlahmen. Der Mann |7| selbst bittet – und für die dämonischen Kräfte gilt: muss bitten: »*Lass mich gehen, denn die Morgenröte bricht an.*« Ohne Bild gesprochen: Wenn wir das Ringen durch die nächtlichen Dunkelheiten hindurch aushalten, dann müssen die Nebel weichen, in denen uns alles vielfach vergrößert erschien. Dann kommt der Tag.

Und der Tag gibt Jakob Kraft und Mut, diese Gewalt, die ihn dämonisch zuerst anging, nun zu bitten um ihren Segen. Er hat im Ringen die Segensmächte in ihr erspürt. Und nun kann er sagen: »*Ich lasse dich nicht, du segnest mich denn.*« Es ist wiederum rational nicht fassbar, dass hier gleichsam Gott in der Gewalt Jakobs ist und nicht fort kann, wenn ihn Jakob nicht gehen lässt. Im Leben ist es ohne Mühe erfahrbar, dass Gott sich vom inständigen Bitten festhalten lässt und den erbetenen Segen nicht vorenthält – dem, der bis dahin durchhält. Deshalb wird Tag aus der Nacht, weil Gott trotz allem von Anfang an dahinter steht und seine Hand in keinem Augenblick aus dem Spiel lässt. Deshalb ist uns immer der Tag nach den Nächten des Grauens verheißen, weil Christus das zur Klarheit gebracht hat, durch sein Leben und durch sein Wissen um den Vater im Himmel, was Jakob nur ahnt und in schwerem Ringen allmählich erfährt. Das Ringen wird uns auch nicht erspart. Aber es ist für uns, je getroster wir im Glauben stehen und an ihm festhalten, diese Gewissheit umso mehr eine tragende und tröstende Kraft von Anfang an in allem Ringen.

Eines bleibt: Er rührte das Gelenk seiner Hüfte an, und sie blieb verrenkt. Die Narben sind real und vergehen nicht. Aber auch Opfer können von Gott gesegnet sein, und sie sind es nicht von der Art des Opfers her, sondern von der Art her, wie wir sie tragen, und weil Gott uns nahe ist und treu bleibt. Und sind die Narben nur eine Last und nur ein Leid? Es ist doch eben in ihnen oft ein unmittelbarer Segen: als Mahnung, als Erinnerung an die Gefährdetheit unserer Seele durch das Leben, und als wirkliche Kraft, wenn wir sie ganz annehmen und auswerten. Und von alle dem her können wir den großen Schluss dieser Erzählung nun gerade, wenn wir ehrlich und nüchtern bleiben wollen, als eine Wirklichkeit nehmen, die es im Leben tatsächlich gibt, auch wenn man sie vielleicht |8| nun wirklich auf den Christenglauben beschränken und sagen muss, dass sie mindestens in dieser Vollkommenheit und Freiheit sonst nirgends in der Welt gewonnen werden kann.

Worin liegt dieser Segen Gottes? Zuerst darin, dass wir Gott haben und uns in seiner Hand wissen. Man würde nicht nur den Christenglauben, sondern auch die Wirklichkeit des Lebens verkürzen, wenn man diese Gottesgewissheit nicht als das erste und tragende nähme. Und wir sollten uns heute am allermeisten darauf besinnen, dass es zuerst und zuletzt einfach um Gott geht, um nicht mehr und nicht weniger, und dass die Wirklichkeit Gottes als unseres Vaters die Grundlage von allem anderen ist. Alle seelischen Kräfte, auch die größten, verlieren letztlich ihren Boden ohne das, verlieren ihre Tragkraft im Schwersten, wenn Gott, der lebendige Gott, uns nicht gewiss ist und wir nicht seiner Nähe gewiss sind.

Von daher, wenn wir diese Gewissheit unverkürzt fest halten, kommt dann die Freiheit gegenüber dem Leben. Auch sie wird nicht *einmal* erkannt, so, als ob sie dann nun eben da wäre. Sondern sie ist lebendige Kraft, immer uns angeboten, aber auch immer mit Sorgsamkeit festzuhalten und immer neu zu festigen. Die Jabbok-Furten können sich immer wiederholen. Und Leben ist immer Kampf. Mit Gott aber ist es auch immer Getrostsein und Freiheit. Wir wissen, wie leicht wir vor neuen Bedrohungen erschrecken. Und wir sollen nicht leichtsinnig werden, nicht sorglos, aber von der drückenden Macht der Sorgen frei; nicht gewissenlos, aber in unserem Tun und Lassen der Gnade Gottes gewiss, die auch Fehlentscheidung und Ungenügen gnädig aufnimmt; nicht blind gegen die Rätsel und Finsternisse des Lebens, sondern vertrauend auf den Herrn der Welt, der sie letztlich doch in seinen Händen trägt. »*Und er segnete ihn daselbst; und als Jakob an Penuel vorüber kam, ging ihm die Sonne auf.*« So geht Jakob in das Neue hinein, als ein neuer Mensch: »*Du hast mit Menschen und mit Gott gerungen und hast obsiegt.*«

Dass Jakob die Stätte seines Kampfes Penuel nennt, enthält alles: »*Ich habe Gott gesehen und meine Seele ist genesen.*« Ursprünglich ist das zu verstehen als die große Wendung gegenüber dem früheren Wort des Alten Testaments: »*Wer Gott sieht, muss sterben*« [2. Mose 20]. Jakob bleibt leben, obwohl er Gott gesehen hat. Und das Neue Testament stellt uns vor das Angesicht |9| Gottes in Christus. Gerade dies wollen wir aber nun zum Schluss nicht zu einer Phrase herabwürdigen. »Gott sehen« ist, auch im übertragenen Sinne, immer noch ein umstürzendes Ereignis, auch wenn wir es hinein nehmen in den Rahmen dessen, was bei uns normalerweise geschehen kann. Es geht eben darum, dass uns Gott so wirklich wird, als ob wir ihn sähen, das heißt so wirklich, wie alles das ist, was wir sehen und erleben. Unsere Erlebnisse, Kämpfe, Ängste, Wünsche und was sonst sollen uns nicht wirklicher sein als Gott, nicht näher sein, nicht mächtiger scheinen, nicht bedrängender sein. Und dann ist unsere Seele frei: wenn Gott uns ganz nahe, ganz wirklich ist, in Stunden des Ringens ebenso wie in Stunden der Klarheit und der Feier.

So dürfen wir in alles Neue unseres Lebens hineingehen in der Gewissheit des lebendigen Gottes. Wir (alten) so in unser Sein und Tun eingewöhnte Menschen dürfen jederzeit Wege annehmen, durch die wir neue Menschen werden können, wir dürfen in allem, was uns ängstet und bedrängt und über unsere Kräfte fordert, gewiss sein, dass irgendwie Gott bei uns ist und hinter verbergenden Gewalten uns sichtbar und spürbar werden will. »*Meine Seele ist genesen*«: Sicher hat Jakob auch weiterhin manches durchstehen müssen, aber er konnte im neuen Lande und im neuen Lebensraum seinen Weg gehen in der Gewissheit des Segens, der ihn begleitete.

»*Mein Seele ist genesen*«: Wie Jakob das sagen konnte in der Erfahrung des Gottes, der sich ihm in dem unbekannten Ringer offenbarte, so können wir es sagen als Menschen, die in Christus das Bild Gottes sehen und in seinem Leben das unerreichte Urbild und Vorbild haben davon, wie man mit Gott lebt. Für Christus bedeutete das, ganz sich als Sohn des Vaters wissen. Für uns bedeutet es, in den Worten unseres Textes, leben als ein Mensch und sein Schicksal bestreiten, dessen Seele genesen ist. Niemand unter uns zweifelt wohl, dass damit nun auch das Grundanliegen unserer Zeit bezeichnet ist. Unsere Zeit sorgt für das Leben, ringt um das Leben, arbeitet weithin fast hektisch für die Lebenserhöhung – und droht eben mit alledem das Leben zu verlieren. Es wird uns geholfen sein, so weit wir mit neuen Ohren hören und mit neuen Augen sehen, was Christus der Gegenwart bedeutet: dass an seiner Gottesnähe und an seiner Unbeirrbarkeit die Seele genesen kann.

Amen.

Solange Gott segnet

Predigt in Neuenkirchen zum Trinitatisfest (26. Mai 2013) mit Bezug auf 4. Mose 6,22–27

von Jürgen Ziemer

Liebe Gemeinde!

»Deutschland – *ein gottloses Land*«: Mit dieser Schlagzeile lockte eine große Tageszeitung[1] in der Karwoche, also kurz vor den großen Festen, ihre Leser. Das klingt ziemlich plakativ und auch ein bisschen großspurig, gleichwohl: ganz unberührt lässt mich eine solche Meldung nicht, und manchem von Ihnen mag es ähnlich gehen. Natürlich wissen wir längst, dass die Zahlen der Mitglieder in unseren Kirchen stark zurückgehen, und wir kennen die demographischen Faktoren, die diesen Trend verstärken. Aber es geht ja nicht nur um die Statistik. Es geht darum, ob und wieweit das Christentum – und darüber hinaus die Religionen insgesamt – nach wie vor eine prägende Kraft darstellen in den zentralen Debatten unserer Gesellschaft um Gerechtigkeit, um Europa, um ökologische und ethische Kultur.

Sind wir ein »gottloses Land«? Die Frage ist offen, ich kann und will sie nicht beantworten und schon gar nicht möchte ich mir anmaßen, Menschen, die nicht mehr zu einer Kirche gehören, als »gottlos« zu bezeichnen. Aber natürlich beunruhigt die provokante Frage. Und sie gibt uns zu denken – vor allem darüber, inwiefern es auch mit uns – als Christen, als Kirche – zusammenhängt, wenn es so lapidar heißt: »ein gottloses Land«!

Es könnte doch sein, dass Menschen unseres Landes immer weniger erfahren und erkennen können, dass und wie Gott unter uns lebt. Und das ist alarmierend. Viel kirchliche Präsenz trotz aller Säkularisierung, vor allem: viele Kirchen als Gebäude – und doch wenig Gott? Ganz symbolisch ist für mich eine winzige Szene, die Dorothee Sölle von einer ihrer Töchter im Kindesalter erzählt: wie üblich wurden auf Reisen Kirchen besichtigt. Einmal kamen sie zu einem besonders unansehnlichen Gebäude – ganz anders als Neuenkirchen! »Kein Gott

---

1 Die Welt vom 27.3.2013.

drin« lautete der kindliche Kommentar. Kinder spüren manchmal, was wir Erwachsenen nicht gleich sehen (wollen)[2]. Kein Gott drin!

Mancher erlebt nicht nur Kirchenräume so, sondern auch das, was da passiert. Manchmal vielleicht wenig, zu wenig, was man mitnehmen kann. »Kein Leitfaden. Kein Trost.« Heißt es in einer modernen Gedichtzeile von Michael Krüger[3]. Mithin: ein gottloser Gottesdienst? Vielleicht rührt das an Erlebnisse, die der eine oder andere unter uns kennt. Vielleicht hat es auch damit zu tun, wie ich selber Gott erlebe in meinem Alltag. Gottlosigkeit ist keine Frage von Zahlen und Quantitäten, sondern von persönlichen Erfahrungen und konkreten Wirkungen.

Der Festtag, die wir heute feiern, ist ein Fanal gegen unsere Gottlosigkeit, die Gottlosigkeit in uns und um uns. *Trinitatis* - ein Gottesfest. Es fasst die vorangegangenen Feste des Kirchenjahres zusammen. Es ist ganz dem Lob des dreieinigen Gottes - Vater, Sohn und Heiliger Geist - gewidmet. »Heilig, heilig, heilig ist der Herr Zebaoth, alle Lande sind seiner Ehre voll.« Gott lebt in sich und zugleich für uns. Er erfüllt die Welt mit sich und seinen Gnadenerweisen. Besonders eindrucksvoll wird das in unserem Predigttext aus dem 4. Buch Mose:

Und der Herr redete mit Mose und sprach: Sage Aaron und seinen Söhnen und sprich: So sollt ihr sagen zu den Israeliten, wenn ihr sie segnet.
Der Herr segne dich und behüte dich;
der Herr lasse sein Angesicht leuchten über dir und sei dir gnädig;
der Herr erhebe sein Angesicht über dich und gebe dir Frieden.
Denn ihr sollt meinen Namen auf die Israeliten legen, dass ich sie segne (4. Mose 6,22-27).

Die Einsetzung des *Aaronitischen Segens*, wie er uns aus dem Gottesdienst vertraut ist, stellt eine starke Gottesgeschichte dar, eine Hoffnungszeichen gegen die drohende Gottesleere, das Gott selbst setzt. Für Israel hatte dieser Segen allezeit eine hohe Bedeutung, auch im Alltag.

Der Segen - durch ihn will Gott selbst unter uns da sein, wirkend und gegenwärtig. Feierlich wird der Segensauftrag von Gott selbst zunächst an Mose und von diesem zu Aaron und seinen Söhnen weiter geleitet. Man wird erinnert an die Übergabe der 10 Gebote auf dem Sinai. Eine heilige Inszenierung! Das allein schafft eine Atmosphäre der Aufmerksamkeit und unterstreicht die hohe Bedeutung dessen, was nun kommt:

So sollt ihr sagen zu den Israeliten, wenn ihr sie segnet: Der Herr segne dich und behüte dich.

---

2 Dorothee Sölle: Gegenwind. Erinnerungen, Hamburg ^{3}1998, 312.

3 Zit. nach Georg Langenhorst: »Ich gönne mir Gott«, Freiburg 2009, 269.

Wo der Segen gesprochen wird, da ist Gott ganz nah. – Ja, *Gott selbst ist es, der segnet.* Deshalb regiert den Segensspruch grammatisch der Optativ, die Wunschform: Der Herr segne dich! Wer den Segen spricht, muss nicht selbst dafür einstehen. Er spricht nicht im Indikativ, mit der Wunschform wird gleichsam der Raum geöffnet, in dem Gott wirkt: Er segne dich. Der Segen ist also weder eine »Predigt über ...« noch ein »Gebet zu ...«. Es ist ein Handeln ganz eigener Art. »Ihr sollt meinen Namen auf die Israeliten legen, dass ich sie segne«, heißt es am Schluss unseres Textes. Wo gesegnet wird, ist sein Name ausgebreitet, ist Gott ganz da. Es ist wie eine Aura, die sich über das Volk legt. Und was den Segen gelingen lässt – das sind die, die sich segnen lassen, die bereit sind den Segen zu empfangen.

Gott segnet – das brauchen wir! Für viele Menschen scheint der Segen das Plausibelste zu sein, was es in der Kirche gibt. »Es gibt ein großes *Bedürfnis nach Segen*«, hat Reinhard Höppner einmal in den neunziger Jahren von den Menschen in Ostdeutschland gesagt. Dieses Bedürfnis ging und geht durch alle Berufsgruppen und es schließt Menschen ein, die keiner Kirche angehören. Damals hatten viele das Gefühl, an Wert verloren zu haben, mit ihren eignen Erfahrungen nicht mehr gefragt zu sein, ganz von vorne beginnen zu müssen. Heute mögen die Fragen anders lauten: Werden meine Kräfte reichen, einerseits, und andererseits: Werde ich überhaupt noch gebraucht? »Es gibt ein Bedürfnis nach Segen.« Viele sehnen sich gegen ein Gefühl von Ungewissheit und Leere nach etwas, das aufbaut und Kraft verleiht – ohne dafür dann gleich zur Kasse gebeten zu werden.

Und noch etwas anderes bestätigt diese Sehnsucht. Die Art und Weise, in der Menschen, die irgendeinen Fehler gemacht haben, in der Öffentlichkeit mit Häme und unkontrollierten Beschimpfungen fertig gemacht werden, von shitstorms in den Internetforen ganz zu schweigen, wirkt beunruhigend. Es gibt eine zunehmende Massenverbreitung von Unsegen, die das Bedürfnis nach wirklichem Segen verstärkt.

Der Segen ist göttliches Tun, das die Menschen ersehnen. Drei Segenssprüche umfasst er:

Der Herr segne dich und behüte dich!

Das ist der erste Akt des Segens. Der Segen ist mit leiblichen Gesten verbunden. Der Segnende streckt die Arme empor, und die Gesegneten erheben sich. Der Segen zielt auf die Bewahrung des Lebens. Wir werden als Gemeinde gesegnet und sind als Einzelne gemeint. Der Leib ist eingeschlossen in das Segenshandeln. In einer Grabhöhle im Hinnomtal bei Jerusalem fanden Archäologen Überreste von Verstorbenen, die ältesten aus dem 7. Jahrhundert. Neben verschiedenen Schmuckteilen wurden auch zwei Silberröllchen gefunden, die von einzelnen Personen an einer Halskette getragen wurden. Auf ihnen war der Aaronitische Segen eingraviert: »Der Herr segne dich und behüte dich.« Was für eine Entdeckung! Diese Röllchen sind das früheste archäologische Zeugnis praktischen Bibelgebrauchs überhaupt.[4] Menschliches Dasein ist gefährdet – unsere Gesundheit, unser Werk und unsere Wege, jeden Tag. Der Segen ist keine Garantie, und die Silberröllchen kein Talisman. Gott bleibt frei auch in seinem Segenshandeln. Manchmal aber entdecken wir erst nachträglich, wie der Segen wirkt, wie wir bewahrt worden sind – in all den Gefährdungen, die uns umgeben.

Der Herr lasse sein Angesicht leuchten über dir und sei dir gnädig!

Gesegnet werden heißt angesehen werden und angesehen sein. Gott eröffnet zu uns eine Beziehung. Der Segen löst uns aus der Anonymität und aus der Unsichtbarkeit heraus. Gott segnet heißt. »Gott schaut dich an!« Genau so lautete der Titel eines Buches[5], das ich früh als Student in die Hände bekam. Es handelte über orthodoxe Ikonen. Die Segenswirkung dieser Andachtsbilder beruht darauf, dass sie dem Betrachter den Eindruck vermittelt, nicht ein Bild Christi oder eines Heiligen anzuschauen, sondern durch dieses angeschaut zu werden. »Gott schaut dich an.« Eine schöne Vergegenständlichung des Segens. Seine Augen ruhen auf mir: ich darf sein, und Er ist mir gnädig gesinnt.

Der Herr erhebe sein Angesicht auf dich und gebe dir Frieden!

Der letzte Akt des Segens weist über den Moment hinaus. Er richtet sich aus auf den kommenden Frieden, den noch ausstehenden Schalom Gottes. Der Segen richtet uns aus auf das, was noch nicht ist, um das wir bitten und ringen: den Frieden, sein Reich. Der Segen, den wir ersehnen, hält zugleich unsere Sehnsucht wach.

So segnet Gott, und kein Gottesdienst endet, ohne dass er dies tut. Es ist sein immer neues *Geschenk*. Der Segen ist umsonst, und er gilt allen, die sich unter ihn stellen. Es werden keine Leistungen verlangt, nicht einmal die Kirchensteuerquittung ist Voraussetzung. Otto Haendler, ehemaliger Pfarrer von Neuenkirchen, dessentwegen wir in diesen Tagen hier zusammengekommen sind, hat sich einmal dagegen ausgesprochen, bei der Konfirmation von den jungen Leuten dauernd etwas zu fordern. Konfirmation sollte vor allem »Einsegnung« sein. Segen ist Geschenk: Ein »Geschenk erschließt«, »ein Geschenk macht frei«, sagte er.[6]

Natürlich muss es auch Forderungen geben, so wie Mose neben der Gabe des Segens die Tafel der Gebote empfing. Aber erst als Gesegnete werden wir frei auch für Gottes Gebot. Der Segen ist keine Belohnung, sondern ein Geschenk. Es gibt nur eine Bedingung: er muss angenommen werden. So lassen wir Gott in unser

---

4 Den Hinweis verdanke ich wie manche andere Anregung der Predigtmeditation über Numeri 6, 22–27 von Jan-Dirk Döhling in GPM, PTh 102, 2013, 286–293.

5 Konrad Onasch: Gott schaut dich an, Berlin 1949.

6 Otto Haendler: Grundriss der Praktischen Theologie, in: Ders.: Praktische Theologie. Grundriss, Aufsätze und Vorträge (= CHPTh 1), hg. u. eingel. von Wilfried Engemann, Leipzig 2015, 113–481, 395.

Leben ein. Gegen den Willen wird der Segen nicht wirken, der Segen ist keine Zwangshandlung. Nur wer ihn empfängt, kann davon leben.

Ein Geschenk ist er auch für die, die normalerweise ihn weitergeben - wie Aaron und seine Söhne, Pfarrerinnen und Pfarrer sowie alle zum Dienst Beauftragten. Es ist wunderbar segnen zu dürfen. So wie Otto Haendler es getan hat all die Jahre hindurch, in denen er hier Pfarrer war. Wir dürfen etwas geben, für das wir nicht arbeiten müssen; denn es kommt nicht von uns. Wir müssen nicht daran herumfeilen, ihn immer neu erfinden, wir dürfen uns an das halten, was Mose Aaron mitgeteilt hat. Der Segen hängt nicht einmal von unserer Person ab - nicht von unserer persönlichen Glaubwürdigkeit, nicht von unserer theologischen Beschlagenheit. Der Segen kommt, auch wenn die Predigt mittelmäßig und der liturgische Gesang dürftig waren. Man darf das alles kritisieren, aber der Segen bleibt.

Denn Gott segnet, und so lange er es tut, wird unser Land, wird unsere Kirche und wird unser eigenes Leben nicht gottlos sein.

Amen.

Predigen im Wirkungsfeld Otto Haendlers

Ein Nachwort

von Jürgen Ziemer

Zum Abschluss des Haendler-Symposions auf der Kanzel in Neuenkirchen zu predigen – das war eine große und schöne Herausforderung. Die am Trinitatisfest 2013 gehaltene Predigt ist freilich nicht als Verkündigung im Stile Otto Haendlers konzipiert worden. Solch ein Ansinnen hätte wahrscheinlich wenig mehr als fragwürdiges homiletisches Kunstgewerbe hervorgebracht, und es hätte zudem den Grundanliegen der Haendlerschen Predigtlehre kräftig widersprochen. Ein halbes Jahrhundert nach der Wirksamkeit Haendlers in Neuenkirchen, Greifswald und Berlin sind die politischen und sozialen, die kulturellen und religiösen Kontextbedingungen völlig andere geworden. Niemand wusste so genau wie Otto Haendler, dass Predigt eine Rede in der jeweiligen Gegenwart ist und dass so wenig wie das Evangelium »auch die Zeit nicht verraten werden darf«[1]. Wir predigen heute anders, müssen es anders tun – elementarer, voraussetzungsloser, wohl in der Regel auch kürzer (!), so wie es unserer Zeit entspricht.

Und dennoch: wenn ich in Haendlers Predigtlehre lese, entdecke ich aufs Neue, wie viel daraus für mich heute zur homiletischen Grundausstattung gehört. Und die Lektüre der Jabbok-Predigt verstärkt es: so fern und doch zugleich so nah, berührend bis in geistliche und seelische Details hinein. Das hängt letztlich wohl damit zusammen, dass die *tiefenpsychologische Hermeneutik*, wie sie Haendler verstehend, meditierend und verkündigend praktiziert, stets auf den existentiellen Sinn der biblischen Texte abhebt, also auf das, was uns in der Tiefe und Verborgenheit unseres Menschseins angeht. Es ist vor allem die Innenperspektive, auf die es ihm ankommt. So kann auch die Beschreibung der Landschaft zum »Abbild der inneren Situation« (Z.13 f.)[2] werden und damit auf menschlich Wesenhaftes weisen. Man versteht es sofort.

---

1 Otto Haendler: Die Predigt. Tiefenpsychologische Grundlagen und Grundfragen, in: Otto Haendler. Homiletik. Monographien, Aufsätze und Vorträge (= OHPTh 2), herausgegeben, kommentiert und eingeleitet von Wilfried Engemann, Leipzig 2017, 269–634, 290.

2 Die mit »Z.« angegebenen Ziffern beziehen sich auf die Zeilenzahlen der in diesem Band abgedruckten Predigt Otto Haendlers.

Ein anderer Aspekt des Predigens, der sich mir unverlierbar mit Otto Haendler verbindet, ist der Nachdruck, mit der er die *Rolle des Predigers* im Verkündigungsgeschehen beachtet. Man kann, heißt es in der Predigtlehre, nicht zur »Freiheit des Glaubens führen, wenn man selbst nicht die volle Freiheit gefunden hat. Denn was dazu gesagt werden kann und muss, wird nur im eigenen Erfahren entdeckt.«[3] Das ist ein sehr hoher Anspruch, aber daran kommen wir nicht vorbei. Nicht zuletzt deshalb ist die persönliche Annäherung an den Text und die Selbstauseinandersetzung des Predigers in der Vorbereitung so wichtig. In der Jabbok-Predigt wird das konkret angesprochen (Z. 124–136). Da ist kein »wir«, welches das Ich des Predigers nicht einschlösse. Gerade wo der Prediger seine Rolle wahr- und ernst nimmt, muss er sich als Person nicht vordrängen.

Haendler hatte schließlich auch gesehen, dass viele Menschen dem biblischen Wort mit großer *innerer Distanz* gegenübertreten. Wie sehr gilt das für uns heute! Haendler spricht vom »Fremdgefühl gegenüber dem Evangelium«[4] und wie wichtig es sei, wenn der Prediger in sich selbst etwas davon wieder findet. Das gilt heute in verstärktem Maße und »nur der Prediger, der auch mit denen sich im Tiefsten verbunden fühlt, die fern sind« wird mit ihnen »von gemeinsamem Ringen und gemeinsamem Wege« sprechen können.[5] Ihm oder ihr wird man die am Ringen Jakobs gewonnene Einsicht wohl am ehesten abnehmen, wonach alle unsere »seelischen Kräfte« ihren Boden verlieren, »wenn der lebendige Gott uns nicht gewiss ist und wir nicht seiner Nähe gewiss sind« (Z. 192–194).

Man ist erstaunt, wie nah uns Otto Haendler bei genauer Lektüre heute kommen kann.

Die Predigt über den Aaronitischen Segen war längst fertig, als im Symposion in Neuenkirchen die Jabbok-Predigt Haendlers zur Besprechung ausgeteilt wurde. In beiden Texten geht es um den Segen, also um das, was von Gott her gewiss macht. – Das hat mich denn doch ziemlich überrascht. Ein Zufall? Was denn sonst?

---

3 Otto Haendler: Die Predigt, a.a.O. (s. Anm. 1), 370.

4 A.a.O., 488.

5 Ebd.

Autorenverzeichnis

Prof. Dr. Wilfried **Engemann**
Professor für Praktische Theologie am Institut für Praktische Theologie und Religionspsychologie der Evangelisch-Theologischen Fakultät der Universität Wien

Prof. Dr. Volker **Gummelt**
Pfarrer der Evangelisch-Lutherischen Kirche in Norddeutschland (Kirchengemeinde Neuenkirchen) und Professor (apl.) für Kirchengeschichte an der Theologischen Fakultät der Ernst-Moritz-Arndt-Universität Greifswald

Dr. Isolde **Meinhard**
Hochschulpfarrerin an der Friedrich-Alexander-Universität Erlangen-Nürnberg

Prof. Dr. Michael **Meyer-Blanck**
Professor für Religionspädagogik an der Evangelisch-Theologischen Fakultät der Rheinischen Friedrich-Wilhelms-Universität Bonn

Dr. Christian **Plate**
Pfarrer der Evangelischen Kirche von Westfalen (Kirchengemeinde Wolbeck)

Prof. Dr. Jürgen **Ziemer**
Professor em. für Praktische Theologie am Institut für Praktische Theologie an der Theologischen Fakultät der Universität Leipzig